reinhardt

D1994995

Bleibende Spuren

BIOGRAFIEN

aus Basel – Stadt und Land

Herausgegeben von René Salathé

Friedrich Reinhardt Verlag

Gedruckt mit Unterstützung der Berta Hess-Cohn Stiftung, Basel

Unterstützt vom Swisslos-Fonds Basel-Stadt

SWISSLOS-Fonds
Basel-Stadt

Unterstützt vom Swisslos-Fonds Basel-Land

BASEL
LANDSCHAFT
SWISSLOS

Alle Rechte vorbehalten
© 2017 Friedrich Reinhardt Verlag, Basel
Projektleitung: Denise Erb
Umschlaggestaltung: Ursula Salathé
Layout: Morris Bussmann
ISBN 978-3-7245-2228-7

www.reinhardt.ch

Der Friedrich Reinhardt Verlag wird vom Bundesamt für Kultur mit einem Strukturbeitrag für die Jahre 2016–2020 unterstützt.

Wir danken für die freundliche Abdruckgenehmigung der Zitate und der Fotos. In einzelnen Fällen konnten die Rechteinhaber nicht ermittelt werden. Wir bitten um Hinweise an den Verlag, allfällige Honoraransprüche werden gerne abgegolten.

Vorwort

Biografien – ein weites Feld! Es gibt Biografien, die in umfassender Weise ein Leben nachzeichnen – zum Beispiel die in sieben Bänden vorliegende Jacob-Burckhardt-Biografie des Basler Historikers Werner Kaegi – und es gibt auch die kürzeren, nur wenige Zeilen oder Seiten umfassenden Wikipedia-Biografien. Die vorliegende biografische Anthologie geht einen anderen Weg: Sie verzichtet in der Regel auf die Wiedergabe ausführlicher Lebensbeschreibungen, versucht aber, wenn immer möglich anhand ausgewählter Selbstzeugnisse – literarische, rhetorische, wissenschaftliche oder auch künstlerische – Akzente und Schlaglichter zu setzen.

Biografische Schlaglichter können entweder «Momentaufnahmen» sein oder aber länger dauernde und ein Leben bestimmende Entwicklungen beleuchten. Oft gelingt es ihnen, Vergessenes und längst Abgelegtes wieder ins helle Tageslicht und ins Bewusstsein zurückzuholen – Vergangenes gegenwärtig zu machen und unerwartete Lebens- und Zeiteinblicke zu geben. Sicher möchte der Leser auch erfahren, welche Auswahlkriterien denn dieser Anthologie zugrunde liegen: Es geht sowohl um Prominente, deren Erinnerung ohne «Nachhilfe» weiterlebt, aber auch um weniger bekannte, «ganz gewöhnliche» Menschen. Wichtig ist auch der Hinweis, dass ich es in meiner Biografien-Auswahl nicht nur bei «historischen» Lebensberichten bewenden liess, sondern auch einige bekannte Zeitgenossen mit Selbstzeugnissen zu Worte gekommen sind. Sie lassen in gedrängter Form gegenwärtig Erlebtes und Erhofftes aufleben.

So ist ein überaus buntes, jahrhunderttiefes, aber auch aktuelles Mosaik entstanden, das vom unterschiedlichen Wirken «besonderer» oder auch ganz «normaler» Menschen berichtet. Zu Worte kommen Junge und Alte, Frauen und Männer, Politiker, Grafiker, Unternehmer, Wissenschafter, Gelehrte, Abenteurer und Künstler. Mit anderen Worten: Meine Anthologie lässt mit ihrer breiten Palette ganz unterschiedlicher Lebenserfahrungen und -einsichten erahnen, wie bewegt und abwechslungsreich sich die Lebensvielfalt in unserer nächsten Umgebung, im doch kleinen Aktionsfeld unserer beiden Halbkantone, entfaltet.

René Salathé
Reinach, Herbst 2017

Inhalt

Teil II: Aktuelle biografische Spuren

Teil 1

Ausgewählte historische Biografien

Helias Helye (um 1400–1475)
Der Buchdrucker

Nein, der Ruhm, den Buchdruck erfunden zu haben, kommt keinem Baselbieter zu, doch kann sich das Städtchen Laufen rühmen, dass einer seiner Bürger, Helias Helye nämlich, in Beromünster auf Schweizer Boden das erste datierte und mit Ortsangabe versehene Buch gedruckt hat. Es war eine 600 Seiten starke religiöse Anweisung. Heute begegnet uns nun dieser Mann mitten im Städtchen in einer von Rolf Brem gestalteten eindrücklichen Bronzestatue, in Beromünster dagegen, seinem Wirkungsort, hat man ihm zu Ehren in seinem früheren Wohnhaus eine nachgebaute Drucker-Presse mitsamt Setzkasten-Pult eingerichtet.

Auch im 20. Jahrhundert machte Baselland im Rahmen der Typografie von sich reden. 1937 entwickelte der Schweizer Schriftsetzer, Typograf und Grafiker Max Meidinger (1910–1980) im Auftrag seines Arbeitgebers, der Haas'chen Schriftgiesserei in Münchenstein, eine neue Schrift, die – wenig weltmännisch – auf den Namen «Neue Haas Grotesk» getauft wurde, aber bald als «Helvetica» einen globalen Siegeszug antrat.[1] Und sie ist auch heute noch als Produkt des bedeutenden Schweizer Designs der 1950er- und 1960er-Jahre überall in Gebrauch – nicht zuletzt auch im vorliegenden Buch. Ihr Biograf schreibt denn nicht ohne Stolz:
«Immer neutral und funktional ist die Helvetica zur Quintessenz von moderner Ästhetik geworden – weltweit.»[2]
«Helvetica» – der Name erinnert an die keltischen Ureinwohner der Schweiz, er zollt ihnen Respekt und lässt vergessen, dass unsere Vorfahren Analphabeten waren.

1 Matthias Buschle: «Eine Schrift geht um die Welt», in «Kleine Basler Weltgeschichte», Basel 2011, S. 156 ff.
2 Lars Müller: «Helvetica», Baden 2002.

Helye Platz

Enea Silvio Piccolomini (1405–1464) «An Wein und Korn ist Überfluss» – aus der Stadtbeschreibung

Wie sah Basel im 15. Jahrhundert zur Zeit des Konzils (1431–1449) aus? Da gibt es einen zuverlässigen Zeitzeugen: Enea Silvio Piccolomini, den bedeutenden Humanisten und späteren Papst Pius II.

In einer Stadtbeschreibung, die er 1438 während seines fast ein Jahrzehnt dauernden Aufenthalts anlässlich des Konzils verfasste, schildert Piccolomini detailreich seinen Arbeitsort: «Die Stadt Basel liegt in einer fruchtbaren und ertragreichen Landschaft. An Wein und Korn ist Überfluss. Gross ist auch der Reichtum an Äpfeln.
Basel wurde, wie man erzählt, erst vor achtzig Jahren durch häufige Erdbeben von Grund aus verschüttet, sodass nicht hundert Häuser aus der Zahl der Trümmer übrig blieben. Dies bestätigt die äussere Gestalt der Stadt, die wie aus einem Guss entstanden überall neu ist. Kein Haus verrät Altertümliches, nichts Altes, Baufälliges ist zu erblicken. Die Stadt liegt am stolzesten der Flüsse, dem Rhein, und wird von ihm in zwei Teile geschnitten. Kleinbasel liegt vollkommen eben und wird durch eine Anzahl Bäche bewässert und gereinigt. Grossbasel nimmt sich stattlicher und anmutiger aus, wie es auf zwei Hügeln und in dem dazwischen liegenden Tal kunstvoll erbaut ist. Die Kirchen weisen zwar keinen Marmor auf; doch sind sie aus gutem Material gebaut und ziemlich schmuckvoll. In den Kirchen werden eine Menge Reliquien aufbewahrt. An den Wänden der Gotteshäuser hängen die Wappenschilder der vornehmen Leute; dazu sind freilich nur ganz auserlesene Familien berechtigt. Die Dächer der Kirchen bestehen meistens aus buntglasierten Ziegeln, in denen das Sonnenlicht wunderbar zurückstrahlt. Auch manche Bürgerhäuser weisen das gleiche Schauspiel auf, sodass der Anblick der Stadt aus der Vogelschau ein ungemein zierlicher ist. Die Dächer sind steil, wodurch die gefährliche Ansammlung allzu grosser Schneemassen vermieden werden soll. Auf den Dachfirsten aber haben die Störche ihre Wohnung aufgeschlagen. Da nisten sie und füttern ihre Jungen. Niemand tut ihnen ein Leid an. Ja, es herrscht in Basel der Glaube, wenn man den Storchen ein Junges entwende, so legen die Alten in dem betreffenden Haus Feuer an.

Die Bürgerhäuser sind in ihrem Äussern sorgfältig unterhalten. Alle glänzen von Sauberkeit; auch sind sehr viele mit Malereien versehen und besitzen Gärten, Höfe und laufende Brunnen. Im Allgemeinen zeichnen sie sich mehr durch ihre zweckdienliche Einrichtung als durch Prunk aus. Weil wegen der nördlichen Lage der Stadt der Winter sehr lange andauert und sehr hart sein kann, rühmt sich jedes Haus, ein warmes Gemach zu besitzen. Man verstand es so, sich gegen die Unbill der Natur zu schützen, indem der Boden mit starkem Eichenholz belegt wird, während Wände und Decken zierlich mit Tannenbrettern getäfelt sind. Die Fensteröffnungen werden verglast, damit die Wärme nicht verfliegt. In dieser Stube wird gespeist, die Zeit mit allerlei Kurzweil verbracht, manchmal sogar auch geschlafen. Auch Singvögel werden in diesen Stuben in grosser Anzahl gehalten, deren Gezwitscher den Bewohnern manche angenehme Stunde bereitet. Mit bunten Tüchern und reich verzierten Teppichen wird ebenfalls viel Staat gemacht. Auf den Tischen erblickt man reichliches Silbergeschirr.

Die Gassen sind weder eng noch breit, sodass die Wagen einander ohne Hindernis ausweichen können. In der Stadt befinden sich einige nicht unansehnliche Plätze, wo die Bürger zusammenkommen, wo alles mögliche gekauft und verkauft, vertauscht und verhandelt wird. Es gibt daselbst auch stolze Brunnen, denen süsses, klares Wasser entsprudelt. Überhaupt trifft man solche in allen Strassen. Wer in Basel die Brunnen zählen wollte, müsste auch die Häuser zählen.

Sehr angenehm sind auch in der Stadt einige frische Rasenplätze, auf denen Eichen und Ulmen mit ihren breitgezogenen und niedrig gehaltenen

Zweigen kühlen Schatten spenden. Hier strömen aus der ganzen Stadt die jungen Leute bei festlichen Anlässen zu Tanz und Spiel zusammen. Hier messen sie sich im Wettlauf, im Ringen und Pfeilschiessen und tummeln die Pferde. Andere zeigen ihre Kraft im Steinstossen. Viele spielen Ball. Sie hängen auf dem Spielplatz einen eisernen Ring auf und schlagen den Ball mit einem Holz durch den Ring. Die übrige Menge singt unterdessen oder windet den Spielenden Kränze. Auch die Frauen und Töchter stellen sich ein und vergnügen sich mit Reigentänzen und Musik.
Die Ringmauern und Bollwerke möchten kaum einem kriegerischen Angriff oder einer regelrechten Belagerung Stand halten. Indessen hat die innere Stadt eine bessere Ringmauer, die aus Backsteinen und Steinplatten ausgeführt ist. Darunter finden sich jüdische Grabsteine mit hebräischen Inschriften eingemauert, die von der vertriebenen Judenschaft herrühren. In Basel ist man der Ansicht, dass die Einigkeit der Bürger der beste Schutz der Stadt sei; denn wo Eintracht herrscht, vermag auch der stärkste Feind nichts auszurichten.»[1]

1 Zitiert nach Paul Kölner: «Anno dazumal», Basel 1928, S. 48f.

Hans Bernhard von Eptingen (gest. 1484)
Die Pilgerreise

In Pratteln hängt eine der ältesten Glocken des Kantons Basel-Landschaft. Sie versieht ihren Dienst schon mehr als 500 Jahre und hielt 1484 nach kriegerischer Zerstörung von Kirche und Dorf ihren Einzug in den Glockenturm. An ihrem oberen Rand überrascht sie mit einer Inschrift in gotischen Kleinbuchstaben: «o rex glorie criste veni nobis cum pace anno domini m cccc lxxxlv» (O ruhmreicher christlicher König bringe uns Frieden. Im Jahre des Herrn 1484). Am Schlagring findet sich dagegen ein auch für den Nicht-Lateiner verständlicher Schriftzug; er hält fest, dass die Glocke dem Schlossherrn und Besitzer des Dorfes, Hans Bernhard von Eptingen, zu verdanken ist.

«osanna heis ich
in dem namen gooz ward ich
her bernhart von eptingen riter
und ganc gemein von bratelen machten mich
und ludwig peiger von basel gos mich»

Reisevorbereitungen

1460 unternahm Hans Bernhard von Eptingen – er mag damals um die zwanzig Jahre alt gewesen sein – eine Pilgerreise ins Heilige Land nach Jerusalem, wo er zum Ritter geschlagen wurde. Es war eine aussergewöhnliche Reise, deren Verlauf der gebildete Prattler ausführlich beschrieben hat; seine Hinweise zur nötigen Ausrüstung für die Reise sollten späteren Pilgern dienen. Und das ist seine Empfehlung: «… soll einer kauffen ein Schiffrockh (…) unnd zweÿ bar hossen unnd zweÿ oder dreÿ bar schuech (…) Auch dass einer nit stetigs in einem Kleÿd seÿ unnd voll leüss werd, dessgleichen dreÿ oder vier Hembdlein, dann sÿe verderben vast vom schweÿss unnd von viel weschen (…) Unnd lueg dass du ein guet theÿl seÿffen habest allerleÿ zueweschen (…) Item auch kauff ein kübell, seind darzue gemacht mit einem Lÿd (Deckel), hat ein loch, oben dorinn mit einem teckhell, zue einem schissstuol, ob einen noth angehen wurd, oder kranckh wurd, unnd nit uber auff gohn mag, das dann er sein notturfft darein thuen hin zuetragen (…) Item auch kauff ein Pfannen mit einem stÿl, unnd ein teckhell, allss einer seÿe gar reinckhlich darzue alda zuekhauffen findet. Auch so khauff schissell Teller, Glesser trinckhgeschir, Kannen oder Fleschen, Boggaln brechen aber gern. Auch khauff Tischlachen, zwelen (derber Leinen-/ Baumwollstoff), unnd was einer gedenckhen mag dass er darff unnd Inn-sonderheÿt Löffell, Saltzvass, und ein Hüenerkretzen (Korb), wohin einer khom dass er hüener darein khauff, auch Körb wann einer ans Port khombt, so er aussgoth etwas khauffen will, dass er hab darin ers trag (…) Auch ein Fleschen, darin was er zue trinckhen hab behalten mag, unnd dass es weder Zinn ÿssen noch dergleichen Zeüg seÿ, den er mit ihme trag dann er es gar kaum vohr den Heÿden behalten mag.»[1]

Im Heiligen Land

Die Reise ins Heilige Land beginnt in Venedig und führt das Segelschiff, das sich aber auch durch Ruder bewegen lässt, mit seinen Passagieren entlang der Ostküste der Adria über Kreta, Rhodos und Zypern zum Endhafen Jaffa. Der Binnenländer entpuppt sich dabei als aufmerksamer Beobachter der verschiedenartigen Schiffe in den Häfen, auch beschreibt er lebendig die vielen Inseln und Landschaften, die Kirchen, Befestigungen und Meerestiere und nicht zuletzt auch die fremden Menschen. Die nicht ungefährliche Reise zu Land erfolgt etappenweise zu Ross in Gruppen; mehrmals werden die Pilger überfallen und haben Wegzoll zu bezahlen. In Jerusalem geniessen sie eine grosse Stadtführung. Bemerkenswert ist die Tendenz, möglichst viele in der Bibel zentrale Begebenheiten in und um Jerusalem zu lokalisieren. «Spätmittelalterliche Frömmigkeitsformen aller Schattierungen vermischen sich hier mit dem ‹touristischen› Interesse, möglichst viele Gedenkstätten als handgreifliche Zeugen der Überlieferung gesehen zu haben. Aller Frömmigkeit zum Trotz vergisst Hans Bernhard aber auch die vielen Kamele auf der Strasse und das gute Essen bei den Barfüssern nicht.» Bevor die Pilger in die Grabeskirche eingelassen werden, erfolgt ihre Zählung. «An verschiedenen Herrschergräbern vorbei gehen sie direkt zum Heiligen Grab, anschliessend in einer von den Barfüssern angeführten Prozession von einer Gedenkstätte zur andern, sie lassen sich die verschiedenen Reliquien erklären und empfangen überall den Ablass. Anschliessend sucht sich jeder einen Schlafplatz. Hans Bernhard und seine Gesellen essen zunächst und ruhen dann bis um Mitternacht im Chor der Grabeskirche. Er hört eine Messe und bei Tagesanbruch eine zweite, während der er auch an der Kommunion teilnimmt. Danach ruhen sich die Pilger in der Pilgerherberge aus und reiten gegen Abend nach Bethlehem. Wieder sehen sie Gedenkstätten, die sie an biblische Personen oder Gegebenheiten erinnern …»

Ritterschlag und Heimreise

Nach einer zweiten Nacht in der Grabeskirche kommt es zum Höhepunkt der Reise, zum Ritterschlag. Hans Bernhard begnügt sich dabei nicht nur mit der Schilderung des Rituals, ihm liegt daran, seinen Lesern aufzuzeigen, welche Voraussetzungen ein angehender Ritter erfüllen muss: «Item dass ist also dass ein Jeglicher der Rÿtter orden mit dem schwert ann sich nemen will, der soll vorab von geburtt sein ein gueter Edellmann, und dass mann sein geschlecht dafür haltte, und dass er dass möge behaltten beÿ seiner treüw an eines Aÿdts Statt, er soll auch sein getreüw gerecht und warhafftig Inn allen dingen gegen Gott und gegen der welt. Er soll auch wider gerecht nit sein, unnd auch dess niemandt helffen. Er soll auch Gericht und Recht fordern auch Wÿtwen unnd weÿssen schirmen, und den Christlichen glauben helffen hand haben.» Nachdem Hans Bernhard gelobt hatte, sein Leben in dieser Weise zu führen, zog ein burgundischer Ritter das Schwert des Prattler Edelmannes, der es im Namen der Dreifaltigkeit küsste. Mit dem Umbinden des Schwertes endete die Zeremonie.

Die Heimreise führte den nunmehr in den Ritterstand aufgestiegenen Hans Bernhard von Eptingen nach beinahe fünfmonatiger Abwesenheit über Zypern und Morera wieder nach Venedig. Von da gings zu Ross durch die Poebene nach Mailand und über den Gotthard nach Einsiedeln. «Item am Müthwochen uff Sanct Leodogarÿ, do Rÿt ich nach dem Imbiss auss, und kam mit Gottes hilff von diser fahrt heim gehn Brattelen.»

1 Zitate aus Dorothea Christ: «Das Familienbuch der Herren von Eptingen», Liestal 1992, und aus der Textausgabe des Pilgerberichts im Ausstellungskatalog des Bürgerhaus-Museums Pratteln «Pilger – unterwegs zwischen zwei Welten», Pratteln 2015, Kapitel II.

Felix Platter (1536–1614)
Leichenräuber und Stadtarzt

Seinen ersten Unterricht genoss Felix Platter bei seinem Vater Thomas Platter, dem aus Grächen (VS) stammenden, die klassischen Sprachen unterrichtenden und berühmt gewordenen Rektor des Basler Gymnasiums «Schuoll uff Burg».

Das Studium der Medizin

Sechzehnjährig bezog er 1552 für viereinhalb Jahre die Universität von Montpellier zum Studium der Medizin. «Mein begirt und verlangen was von iugendt auf, in der artzny zestudieren und doctor zewerden», schreibt er in seinem Tagebuch, «dohin auch mein vatter gedocht, wll er auch dorin gstudiert hatt und mir oft anzeigt, wie die doctor in der artzny firtreffenlich weren und mir etwan, do ich noch kindisch, zeigt, wie sy auf rossen daher ritten …»[1] Tatsächlich hatte Felix Platter seit frühester Jugend anatomische Studien betrieben, nicht am Menschen, was die Kirche verbot, sondern am Tier. Er schreibt: «Ess war auch ein zeichen dises meines berufs, dass ich in zerster iugendt gern sac dieh thier metzgen, allein dorumb, dass ich dass hertz und andre inwendige glider sechen mecht, do ich dick (oft) gedocht, so ich die thier noch lebendig ansach: wass wunder dregst du in dir und wirt der metzger finden. Desshalb ich mich seer doruf gefreuwt, so man schwein gemetzget hatt …»

Die Studienreise

«Am suntag den 9 octobris bandt mir mein vatter zwei hembdt und etwas fatzenetlin (Taschentücher) in ein gwegsst thuch (Wachstuchrolle), mit mir zenemmen, gab mir auf die reiss 4 cronen in goldt, die neigt (nähte) er mir in das wammist und by 3 cronen in müntz, mit vermelden, er hette das gelt entlendt, wie auch dass, so er um das ross geben, schanckt mir zur letze ein Wallis thaler Mathiae Schiners cardinalis; den bracht ich nach jaren wider heim.» Die Reise ging über Lyon und Savoyen nach Lyon und Avignon; in Genf hatte sich Platter die Haare schneiden lassen. «Nach dem mittagessen beschuwten wir die stat und, wil man mir mein lang har, dass ich, wie domolen der bruch war, von iugendt uf drug, verweis, lies ich dozemol zum ersten mich kolben» (die Haare kurz schneiden lassen). In Montpellier fühlte sich Platter bald wohl; er besuchte nicht nur Vorlesungen und

Übungen, sondern nahm auch am gesellschaftlichen und studentischen Leben der Stadt teil. Anschaulich und aufmerksam schildert er unter anderem, «wie man die oliven inmacht ... wie man das baumöl macht ... wie man das meersaltz macht», aber auch Hinrichtungen und Gefangennahmen von Ketzern, die sich zum calvinistischen Glauben bekannten, finden in seinem Tagebuch ihren Niederschlag.

Anatomiestudien

Platter war ein fleissiger Student, er wollte alles, was für einen Arzt notwendig ist, lernen: «Ich hatt altzeit ein drib in mir, mich in allem, was eim medico von nöten zewissen.» Er wusste, dass er sich nach Beendigung seines Studiums in Basel gegen eine harte Konkurrenz zu behaupten haben würde. Entsprechend breit legte er darum sein Studium an. Vor allem suchte er sich in der Anatomie zu vervollkommnen und schreckte dabei nicht davor zurück, zusammen mit anderen Studenten bei nächtlicher Stunde auf Friedhöfen Leichen frisch Hingerichteter auszugraben und anschliessend zu sezieren. So führte ein Arzt aus Montpellier ihn und andere Studenten in der Nacht vom 11. Dezember 1554 vor die Stadt in das Augustinerkloster. «... do war ein verwegner münch, frere Bernhardt, der sich verkleidet und half uns darzu. Wir thaten heimlich im closter ein schlafdrunck (Abendtrunk), der wert bis mitnacht. Darnoch zogen wir in aller stille mit den weren fir dass kloster s. Denyss uf den kilchhof, do scharreten wir ein corpus herus, nur mit den henden, dan der grundt noch lugk was, wil es erst den tag war vergraben. Alss wir uf dass corpus kamen, legten wir ein seil doran und zarten ess mit gwalt heraus, schlugen unser flassaden röck (Nachtröcke) darumb und drugens uf zweien benglen bis an das stattthor; war um dry uren in der nacht. Do thaten wir die corpora an ein ort und klopften am kleinen thürlin, dardurch man etwan in und auss losst. Ess kam ein alter portner herfir im hembdt, that uns das thürlin auf. Wir batten in, er wolt uns ein drunck geben, wir sturben vor durst. Wil er den wein holt, zogen iiren dry die corpora hinin und drugens ob sich in des Galotins haus, dass nit fern vom thor, das also der thorwechter nit gwar wardt.» Am 16. Dezember wurde das gefährliche Experiment mit zwei Leichen wiederholt; später bewachten die Mönche den Friedhof und verunmöglichten damit den Studenten, ihren Wissensdurst auf diese makabere Weise zu befriedigen.

Im Mai 1557 beendete Platter seinen Aufenthalt in Montpellier – er hatte inzwischen zum Baccalaureus der Medizin promoviert – und ritt heim nach Basel. «Do sach ich mit freuden beide münsterthürn, die ich so lange jar nit gsechen hatt, schos mein bügsen ab in ein garten hüsle thür, 2 kugelen, und reiten … biss zu meins vatters hus.» In seiner Heimatstadt machte Platter rasch Karriere; er wurde fünfunddreissigjährig Stadtarzt, dann Spitalleiter und Professor der Universität, die er nicht weniger als sechs Mal als Rektor leitete. Als Wissenschafter war er kein Bahnbrecher, doch erlebten seine Schriften viele Auflagen. Als einer der Ersten untersuchte er methodisch Seelenstörungen, sodass man ihn zu den Vorläufern der modernen Psychopathologie zählen kann, auch bemühte er sich um die medizinische Statistik. Die sieben Pestseuchen, die er erlebte, hat er genau beschrieben. Bei diesen Pestilenzen setzte Platter unbedenklich sein Leben ein und bewies grosse Aufopferungsfähigkeit, worüber sein «Pestbüchlein» Auskunft gibt.

1 Zitate aus Felix Platter: «Tagebuch (Lebensbeschreibung 1536–1567)», herausgegeben von Valentin Lötscher, Basel 1976.

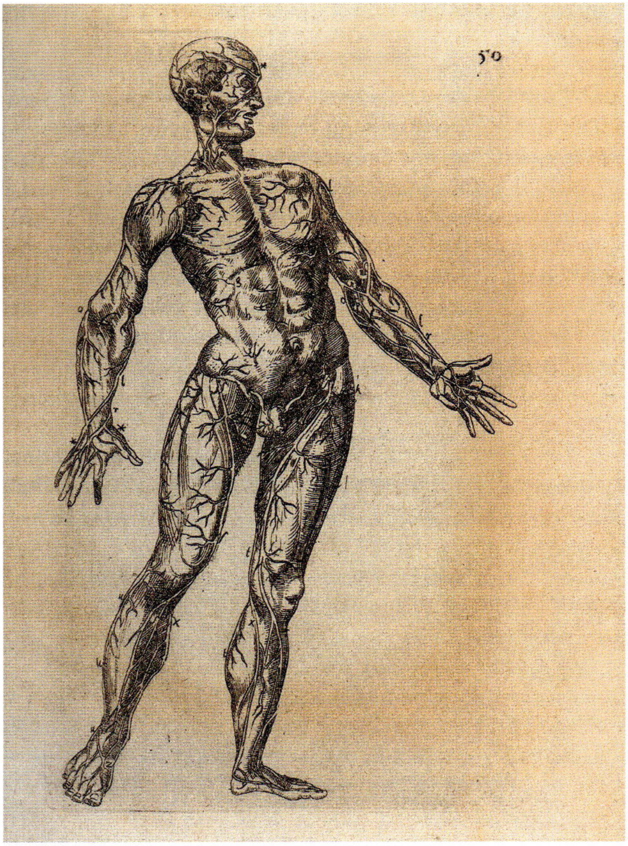

Thomas Platter d. J. (1574–1628) Am Hof von Königin Elisabeth I.

Der Apfel fällt nicht weit vom Stamm: So etwa könnte man das Leben von Thomas Platter d. Jüngeren, Spross einer zweiten Ehe seines Vaters, auf einen Nenner bringen. Wie sein Halbbruder Felix unternahm auch er eine Bildungsreise: In Montpellier studierte er Medizin, dann führte ihn 1595 bis 1600 eine längere Reise nach Spanien, Frankreich, den spanischen Niederlanden und England. Und genau wie Felix brachte auch er es in seiner Vaterstadt zu hohem Ansehen und zu Ehren: Er erwarb den Grad eines Doktors der Medizin und wurde 1614 zum Professor der Botanik und wenig später zum Professor der Anatomie gewählt. 1623/1624 bekleidete er die Würde des Rektors der Universität.

Londoner Eindrücke

Getreu der platterschen Familientradition verfasste auch Thomas einen umfangreichen Reisebericht. Aufschlussreich ist insbesondere der englische Abschnitt. In Dover sah Thomas die faulenden Schiffsrümpfe der untergegangenen spanischen Armada, an der Themsebrücke die auf Spiesse gesteckten Köpfe hingerichteter Verräter und im neuen Globe-Theater die Shakespeare-Tragödie «von dem ersten Kaiser Julio Caesare gar artlich agieren»[1]. Beeindruckt zeigte er sich vor allem vom Besuch Londons. «Ist die hauptstatt in Engellandt, so fürtreffenlich gegen anderen englischen stetten zerechnen, dass man sagt, Londen seye nicht in Engellandt, sondern Engellandt seye in Londen, weil die fürnembsten englischen sachen in unndt bey Londen gesehen werden, als dass welcher Londen recht besichtiget sampt der königlichen höf allernechst darbey, darf käcklich sagen, er habe Engellandt woll erkundiget.» Eine eingehende Betrachtung widmete er den englischen Frauen, «welche mehrteils blauwe, mit grauw vermischte augen haben, auch weiss undt hüpsch sindt, in Engellandt viel mehr freyheit als ettwan in anderen orten, wissen sich auch dessen woll zegebrauchen, dann sie in kleideren überaus prächtig, mehrtheils müessig spatzieren gehen oder auf gutschen fahren, unndt miessen es die mannen ihnen gar woll lassen gefallen …»

Höhepunkt der Englandreise war zweifellos der Einblick in die Hofhaltung Elisabeths I. in Richmond, wo Felix Zeuge der fast abgöttischen Verehrung des Volkes für seine Herrscherin wurde: «Wie sie auf einem gang zum fenster in hoff hinus ihr volck besahe, fulen sie alle mitt einander im hoff auf ihre knye zu boden nider, unndt sprach sie auf englisch zu ihnen: God bles mi piple! dass ist: Gott segne mein volck. Unndt schruwn sie alle mitt einander hinwider: God save the Queen! dass ist: Gott heilige die königin, unndt bliben so lang auf ihren knyen still ligen, biss sie ihnen mitt de handt ein zeichen gabe, dass sie solten aufstehen; dass thaten sie mit grössister reverentz, alss sie konten. Dann dass ist einmahl gewiss: die Engellender hulten sie schier nicht allein für ihr königin, sondern auch für ihr gott.» – «Sie wahre bey dem aller köstlichsten aussgezieret, in einem gantz weiss, atlissen, mitt goldt gestiktem stuck, hatt ein gantzen paradiss vogel für ein federposchen vornen auf dem haupt, mitt köstlichen edelgesteinen allenthalben versetzet, truge ein schnur von überauss grossen, runden perlinen am hals, hatt auch stattliche hendschu unndt köstliche ring darüber an. In summa, sie wahre auf das allerköstlichest aussgezieret, unndt ob sie damahlen 74 jahr alt wahre, scheinet sich doch noch zimblich jung geschaffen, als wann sie nicht über zwentzig jahr alt seye. Sie hatte ein gravitetisch königlich ansehen, unndt regieret, wie obgemeldet, ihre königreich mitt grosser bescheidenheit in erwünschtem friden, glückseligkeit unndt gottesforcht, hat ihren widerwertigen mitt göttlicher hülf unndt beystandt biss hero woll zu begegnen gewüst, wie dessen alle historien zeügnuss geben, unndt ob man ihren schon oft mitt gift unndt viel listen nach dem leben getrachtet, hatt sie doch gott yederzeitt wunderbahrlicher weiss erhalten.»

1 Zitate aus Thomas Platter d. J.: «Beschreibung der Reisen durch Frankreich, Spanien, England und die Niederlande 1595–1600», herausgegeben in 2 Bänden von Rut Keiser, Basel 1968. Der englische Abschnitt aus Band 2, S. 773–872.

Samuel Braun (1590–1668) Schiffschirurg und Afrikareisender

1624 erschien in Basel «Des Wundarztzet und Burgers zu Basel Schiffarten: Welche er in etliche newe Länder und Insulen/zu fünff onderschiedlichen malen/mit Gottes hülff/gethan. An jetzo aber/auff begeren vieler ehrlicher Leuthen/selbs beschrieben: und menniglichen mit kurtzweil und nutz zu läsen in Truck kommen lassen». Nach einer Lehre als Barbier und Wundarzt und Wanderjahren in der Kurpfalz ging der 1590 in Basel geborene Braun 1611 nach Amsterdam. Das lebhafte Getriebe der Weltstadt gefiel ihm gut, und sicher vernahm er beim Bartscheren und Aderlassen aus dem Mund holländischer Seefahrer viele wunderbare Berichte und manch abenteuerliche Erzählung über Indien und Afrika. Das weckte im Jungbasler die Reiselust und das Verlangen, einmal weit in die Welt hinauszukommen; wohin, war ihm ganz gleichgültig. So packte er die erstbeste Gelegenheit beim Schopf und liess sich im Dezember 1611 als Schiffschirurg auf ein holländisches Handelsschiff anwerben, das zu einer knapp zweijährigen Fahrt nach Niederguinea auslief.

Erste Afrika-Erfahrungen

Wir übernehmen Paul Kölners Zusammenfassung von Brauns Reisebericht: «Die Fahrt nach der Küste Niederguineas und an die Kongomündung mit ihrer Fülle an Eindrücken und Elebnissen war ganz nach Brauns Sinn. Da und dort wurde längerer Aufenthalt genommen: Ein Vierteljahr verweilte der ‹Meermann›, wie Brauns Schiff hiess, im Hafen von Loango, über sieben Monate am Kongo. Überall wurde mit den Eingeborenen reger Tauschhandel getrieben, Pfeffer, Elfenbein und Gold eingetauscht gegen Eisen, Glasperlen und billiges Tuch. Anschaulich erzählt Braun, wie solche Tauschgeschäfte etwa angebahnt wurden: ‹Endlich sind wir in Porto von Bansa Loango angekommen, da etliche schwarze Fischer zu uns in das Schiff kommen. Denn sie unsern Patron gar wohl gekannt, als welcher vor diesem mehrmals daselbst gwesen. Dieselbigen haben uns auf ihre Weise, mit wunderlichen Gebärden, auf den Knien, mit Zusammenlegen der Hände heissen willkommen sein und gesagt: Sacarella, Sacarella, das ist: Es freut uns, es freut uns, dass ihr kommen seid. Da ist unser Patron allein an das Land gefahren mit den Fischern, die ihn bis an des Königs Hof begleitet haben. Denn es mag niemand ans Land kommen, es komme denn ein

Schwarzer der Einwohner mit. Alsdann fragen sie erst den Magehüssy, das ist der Teufel, ob sie sollen trauen, ob wir Angekommenen ihrer Schaden begehren oder nicht. Welches ihnen auch der Magehüssy offenbaret, nachdem er als ihr Herr, dem sie mit Leib und Seele zugetan sind und dienen, mit dem angekommenen Volk zu handeln erlaubt hat. Darauf so gibt auch der König des Landes uns und andern Freiheit an das Land zu kommen, dass wir mit seinem Volk nach ihrem Brauch handeln mögen. Doch muss der Schiffsherr dem König eine Verehrung tun, wie wir deren auch ihm zwei Pfauen, zwei weisse Hündlein und eine holländisch Trommel verehrt haben. Welches man an des Königs Hof für ein solch stattlich Präsent gehalten, als wenn bei uns einem grossen Herrn viele tausend Dukaten verehrt wären worden. Denn sie hatten nie Pfauen noch weisse Hunde oder eine holländische Trommel gesehen. Sind also wohl und freundlich von den Einwohnern empfangen und gehalten worden.› Im Herbst 1613 lief der ‹Meermann› mit unsern Reisenden glücklich wieder in Amsterdam ein, nachdem er fast zwei Jahre unterwegs gewesen war.»[1]

Die Katze lässt das Reisen nicht

Brauns erste Reise war der Anfang einer Reihe anderer, von denen ihn zwei nochmals zur westafrikanischen Küste führten, die er in ihrer ganzen Länge von Sierra Leone bis zum Kongo kennenlernte. Zwei andere Fahrten trugen ihn ins Mittelmeer, wo er angesichts des Hafens von Lissabon Schiffbruch erlitt. Die Mannschaft rettete sich in die Boote und versuchte, als diese im Sturm sanken, durch Schwimmen das Gestade zu erreichen. Auch Braun wurde von den Wellen ans Land geworfen samt seiner «Barbierkiste», die sein unentbehrliches Handwerkszeug enthielt. Barmherzige Menschen nahmen sich des Pflegebedürftigen und Mittellosen an. Der Unglücksfall dämpfte aber keineswegs Brauns Freude am Seemannsleben. Abenteuerlust, der gute Sold und die Erlaubnis, unterwegs auf eigene Faust Handel zu treiben, liessen alle Bedenken schwinden. Er verdingte sich in Lissabon neuerdings als Wundarzt auf einem holländischen Kauffahrer, mit dem er das ganze Mittelmeer bis in die Levante durchkreuzte und auch einen siegreichen Kampf gegen fünf Piratenschiffe miterlebte.

Kaum wieder nach Amsterdam zurückgekehrt, trat er 1617 auf einem Kriegsschiff im Dienste der Generalstaaten seine letzte Reise an, die ihn drei Jahre von Holland fernhielt. Im Jahre 1612 hatten nämlich die Holländer zum Schutze ihres Handels an der Goldküste einen festen Platz, das Fort «Nassau», erbaut. Dessen Besatzung als Feldscher zu dienen, war Brauns neue Aufgabe. Er fand bei seinem Eintreffen eine von Fieber geplagte, rohe Soldateska vor. Angesichts der trostlosen Zustände wäre er

Samuel Brun/ des Wundartzet
vnd Burgers zu Baſel/

Schiffarten:

Welche er in etliche newe Län-
der vnd Inſulen/ zu fünff vnderſchied-
lichen malen/ mit Gottes hülff/
gethan:

An jetzo aber/ auff begeren vieler ehr-
licher Leuthen/ ſelbs beſchrieben: vnd men-
niglichen/ mit kurtzweil vnd nutz zu
läſen/ in Truck kommen
laſſen.

Getruckt zu Baſel/
In verlegung Johan Jacob Genaths.
Im Jahr 1624.

am liebsten wieder weggefahren. Aber sein starkes Pflichtgefühl hiess ihn bleiben, zumal der dortige alte Wundarzt dem Klima erlegen war und es schon lange an «Hulf und Rat wegen der Kranken gemangelt» hatte. Nach Kräften legte Braun Hand an. Das Bewusstsein seiner Unentbehrlichkeit, das Entgegenkommen des ihm wohlwollenden Kommandanten und noch andere Vorteile, die er genoss, söhnten ihn bald mit seiner Lage aus. In der sicheren Obhut der holländischen Festung fand er auch Musse, über Land und Leute, über die Tier- und Pflanzenwelt jener Gebiete Aufzeichnungen zu machen. Sie lassen ihren Verfasser als scharfen und klugen Beobachter erkennen.

Daheim

Im Herbst 1621 kehrte Samuel Braun von seiner letzten Reise heim. Als sesshafter Bürger seiner Vaterstadt übernahm er das Amt eines Spitalchirurgen. Jetzt fand er auch Zeit, seine Reiseerlebnisse und -erfahrungen schriftlich festzuhalten und in Druck zu geben, «damit also jhro viel sich darinnen erlustigen möchten». Er habe sich allerdings, heisst es im Begleitwort eines Freundes, «nach seiner angeborenen bescheidenheit» lange geziert, «endlich aber sich bewegen lassen/besonders weil er nichts von hör-sagen/sondern auss eigener Erfahrung geschrieben habe».

1 Zitiert nach Paul Kölner: «Anno dazumal», Basel 1929, S. 389 ff.

Rudolf Wettstein (1594–1666)
Wie ein Diplomat anno dazumal reiste

Der Bundesbrief von 1501 auferlegte der Rheinstadt Basel, deren diplomatische Geschicklichkeit von den Eidgenossen geschätzt wurde, die Pflicht des sogenannten Stillesitzens: Bei Zwistigkeiten innerhalb des Bundes hatte die Stadt neutral zu sein, ihre Aufgabe war es, zu vermitteln. Und so kommt es nicht von ungefähr, dass es ein Basler war, der nach dem Dreissigjährigen Krieg im Westfälischen Frieden von 1648 die Eidgenossenschaft vertrat. Seine Beglaubigung war allerdings nur von den reformierten Orten ausgestellt, der Auftrag jedoch betraf die ganze Eidgenossenschaft; sie sollte als Gesamtheit in den Friedensvertrag aufgenommen werden, und das erreichte Wettstein dank seinem schlichten, kenntnisreichen und geschmeidigen Auftreten. In einem minutiös geführten Tagebuch hielt der Basler die Umstände dieser Mission fest.

Die Reise nach Münster

«Den 4. Dezember Anno 1646 bin ich auf Befehl meiner gnädigen Herren der evangelischen Orte der Eidgenossenschaft in Gottes Namen nach Münster und Osnabrück abgefahren in einem gedeckten Schiff zusammen mit Vetter Rudolf Burkhard, Ratssubstitut, den meine gnädgen Herren mir mitgegeben, um mir zu helfen, mit Hans Jäcklin, dem Kurierreiter, und Hans Horn von Seehausen, der vorher Quartiermeister gewesen ist, und mit meinem Sohn Friedrich. Wir sind also mit dem Geleit Gottes morgens um sieben Uhr abgefahren.»[1]

Die Suche nach einer Unterkunft in Münster

«Ich bin am 18. Dezember nach überstandenem acht oder fast neunstündigem Weg in Münster glücklich angelangt. Am 19. haben wir um Losament Nachfrage gehalten.» (Ein Absteigequartier suchen müssen, da nichts vorbereitet war.)

Die Fahrt nach Osnabrück (Frühjahr 1647)

«Nachdem ich mit der Hauswirtin gerechnet, bin ich mit meinen Burschen aufgebrochen, auf einem langen Wagen oder Karren mit einem grünen alten Wachstuch samt der Bagage, und hat man in Osnabrück wohl sehen mögen, dass es nicht gerade der stattlichsten Gesandten einer sein müsse.

Der einzige Vorteil ist gewesen, dass ich wegen des Ausweichens der Kutsche oder ob ich rechts oder links fahren solle, nicht viel habe zanken müssen.»

Auf Unterkunftssuche in Osnabrück

«Ich habe drei Tage ein Losament suchen lassen. Gestern hat man mir eines gezeigt, das schlecht ist. Für drei Betten, sechs Tischlaken und zwölf Tüchlein fordert man monatlich 25 Reichstaler.»
Osnabrück «ist dem Land Kanaan nicht ungleich. Wie jenes von Milch und Honig geflossen, so dieses von saurem Bier und versalzener Butter und Speck. Es geht niemandem besser als meinen Stiefeln.»

Ein Arbeitstag

«4. Februar 1647. Habe den ganzen Morgen von fünf Uhr an bis abends um fünf geschrieben. Habe Briefe bei beiden Postauslieferungen empfangen (er zählt elf auf). Habe auch alle bis auf zwei beantwortet. Habe dabei den Antrag, den ich erneut an die kaiserlichen Gesandten machen muss, geändert und, wie mich dünkt, verbessert.»

Der Gesandte des Königs von Schweden macht Wettstein einen Besuch
«Ich habe den Gesandten gebeten, auf einen Sessel niederzusitzen, der nur eine Lehne hatte. Ich bin überrascht worden, sonst hätte ich zur Erhaltung der schweizerischen Reputation auch die andere weggebrochen. Aus dem alten schmutzigen Kissen haben noch die Federn herausgeschaut.»

Sorge um den Frieden
«Ich habe gesagt, es wäre zu wünschen, dass Gott die Herzen der Staatsmänner zum Frieden leitete und der Kummer einmal ein Ende nähme. Es wäre gut, wenn ein solcher Vertrag zustande käme, dass jeder Staat sicher neben dem andern existieren könnte und keiner zu stark wäre.»

Allein die Tatsache, dass das von Wettstein und seiner kleinen Delegation benutzte Schifflein nicht grösser als eine unserer heutigen Fähren gewesen sein dürfte, zeigt hinlänglich, dass der Schweizer Gesandte wegen der Knausrigkeit seiner Auftraggeber nur mit grosser Bescheidenheit auftreten konnte. Standesgemässer Lebensstandard blieb ihm verwehrt. Umso mehr achtete Wettstein darauf, dass die Schweiz den Republiken Venedig und Niederlande gleichgestellt war; dem protzigen Auftreten der Holländer begegnete er nur mit Ironie. Dankbar zeigte er sich dagegen, wenn er – und das geschah nicht selten – als neutraler Aussenseiter um Rat gebeten wurde. Doch nicht nur «Äusserlichkeiten» und Etikettfragen beeinträchtigten offensichtlich die Sisyphus-Arbeit Wettsteins. Er litt auch unter grausamen «Leibesindispositionen»: «Kurz vor Münster habe ich die ganze Nacht sehr grosse Schmerzen von Podagra (Gicht) erlitten, sodass ich am andern Tag mit Jammer und Schreien in die Stiefel und aufs Pferd gekommen bin.» Wettstein fand Kraft im Glauben: «Wenn ich bedenke, wie ich beschaffen, hätte ich wahrlich Ursach zu schreien ‹Herr, bleib bei mir, es will Abend werden›, welches zwar mein täglich Gebet, aber da sich etwas Ungeduld einmischen will, bete ich auch ‹Halte dem Herren und weigere dich nicht seiner Züchtigung›.»

Wettsteins ehrenvolle Grabinschrift im Münsterkreuzgang lässt nur zwischen den Zeilen erahnen, unter welch prekären Umständen – äusseren wie auch inneren – der grosse Basler seine Mission zu Ende führte, denn, so bemerkte er, «das basilische Ei wollte gar lange nicht ausgebrütet werden».

1 Zitate aus René Teuteberg: «Stimmen der Vergangenheit», Basel 1982, S. 101–107.

Hieronymus Annoni (1697–1770)
Die Alpentraversierung

Hieronymus Annoni, der über dreissig Jahre als Pfarrer in Waldenburg und Muttenz wirkte und ein «Wegbereiter des Basler Pietismus» war, dürfte heute nur noch Theologen bekannt sein. Wenn er in unserer Anthologie Eingang findet, dann nicht wegen seiner theologischen Schriften und seines «Christlichen Gesangbuchs», sondern wegen seiner verschiedenen Reisetagebücher: Vom Juli 1730 bis Oktober 1731 führte ihn nämlich eine Reise durch die Schweiz und 1736 bereiste er das Elsass, die Niederlande und Deutschland.

Die Reise durch die Schweiz unternahm Annoni als Privatlehrer; seine tagebuchartigen Aufzeichnungen waren als Rechenschaftsbericht für die

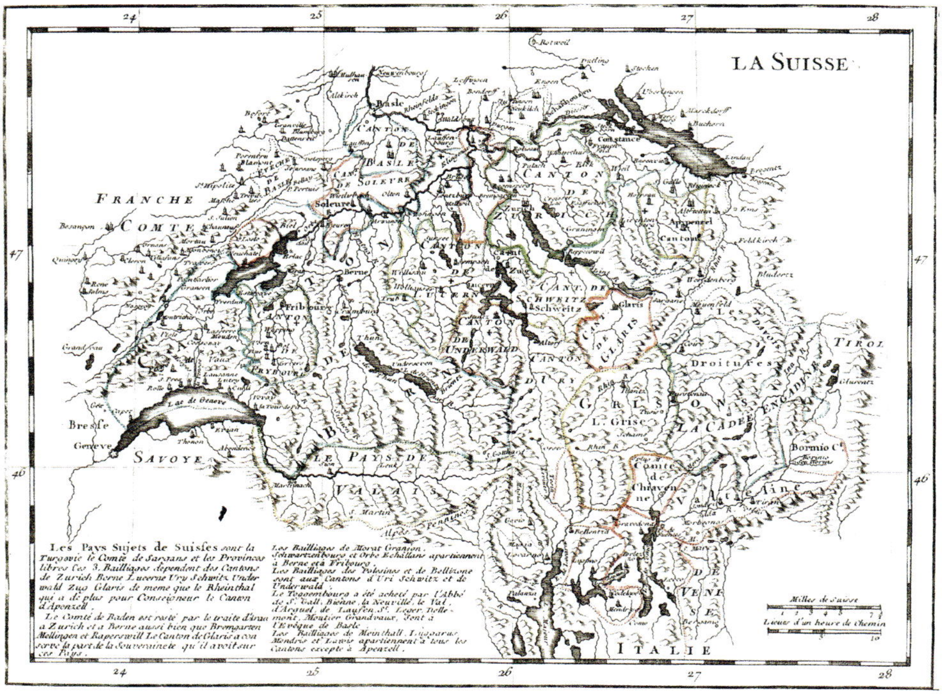

Eltern gedacht, so wie Annoni auch über das ihm zur Verfügung gestellte Geld gewissenhaft Buch führte.

«In adeligen und begüterten Familien war es üblich, dass die Söhne zumeist in Begleitung ihres Privatlehrers auf Kavalierstour gingen. Sinn und Zweck dieser Reisen war es, sich in vielfältiger Weise weiterzubilden, Kontakte zu Seinesgleichen zu knüpfen und Weltläufigkeit zu erlangen. Eine solche standesgemässe Bildungsreise traten im Juli 1730 der damals fast 16-jährige Johann Georg Im Thurm und sein zwölfjähriger Cousin Hans Ulrich Hegner, Sohn des Winterthurer Stadtschreibers, unter der Obhut Annonis an. Längeren Aufenthalten in Neuenburg und Lausanne, die vor allem dem Erlernen der französischen Sprache dienten, schloss sich eine ausgedehnte Rundreise an»[1], die über Schaffhausen, Neuenburg, Lausanne, Leuk, Bern, Luzern, Altdorf, Schwyz, Einsiedeln, Glarus nach Graubünden führte. Die mehr als 500-seitigen Aufzeichnungen berichten über die Reiseart – zu Fuss, zu Pferd, mit Kutsche oder Schiff – über Herbergen, aufgesuchte Personen und Sehenswürdigkeiten – und geizen nicht mit Kommentaren zum Gesehenen, Gehörten und Erlebten. Annoni war bestrebt, möglichst viel kennenzulernen, er beherrschte die Umgangsformen der gehobenen Gesellschaft mühelos und nutzte die Möglichkeit, mit vielen bedeutenden Zeitgenossen ins Gespräch zu kommen.

Reisevorbereitungen

«Ein halbes Jahr vor Antritt der Reise bat Annoni den berühmten Zürcher Naturforscher Johann Jakob Scheuchzer ‹um dero Gutachten, wie ein junger Mensch der zwar kein grosser Literatus werden, anbey aber doch von den Studiis einen Geschmack haben, und sich zum Dienst des Vaterlandes praepariren soll, die erste Reise durch unser liebes Schweizerlsnd einzurichten› habe, welche Routen er nehmen und was er besichtigen solle. Die Antwort lautete: ‹Was die Reise anbetrift durch die Schweitz, kan man anfangen und enden wo man wil, und gefiele mir das einte Jahr der Tour, in einem andern Jahr ein anderer› (...)

Scheuchzers Reiseführer, die ‹Délice de la Suisse›, der ‹Mercurius Helveticus› und eine Scheuchzersche Landkarte gehörten zum Reisegepäck und wurden unterwegs fleissig konsultiert. Die beiden Knaben waren standesgemäss ausgerüstet mit Degen, Perücken und silbernem Reisebesteck, der Informator mit Büchern, Perücken und einer Tabakspfeife. Unterwegs wurden allerlei Anschaffungen getätigt. Von Zeit zu Zeit wurde das auch durch Fossilien, Münzen und Bücher immer umfangreicher werdende Gepäck durch Sendungen nach Hause erleichtert. Da man ohne Knechte reiste, wurden je nach Bedarf Träger eingesetzt.»

Die Alpentraversierung

«Abenteuerlich war der ‹mehr als schreckliche Weg›, welcher die am 6. August von Leuk aufgebrochene und von Gepäck- und Sesselträgern begleitete Reisegruppe über die Gemmi ins Kandertal führte. Die gefahrvolle Partie schilderte Annoni mit dem Schaudern, welches die noch kaum erschlossene Alpenwelt damals bei Reisenden auslöste. Albrecht von Hallers 1729 erschienene hymnische Bewunderung der Alpen war wohl noch nicht bekannt geworden. Die Deutung gewisser Formationen als Spuren der Sintflut erhöhte das Grauen. Der Wechsel vom Wallis ins Bernbiet erschien dem Berichterstatter, ‹wie es einem seyn mag, der aus einer Grümpel-Kammer in ein meublirtes Zimmer geführet wird. So wild und unordentlich stehet und gehet es in jenem zu, und so säuberlich und angenehm siehets in disem aus.›»

Holländische Eindrücke

«Auf ihrer zweiten Reise wurden Annoni und seine Gefährten des Öfteren Zeugen prunkvollen höfischen Lebens. Sie erhielten eine Anschauung von Reichtum und Macht, von Glanz und Herrlichkeit. Als Bürger eines Staatswesens, welches zumindest der Ideologie nach das republikanische Ideal vertrat, betrachtete Annoni derartige Spektakel äusserst kritisch. Auch aus religiösen Gründen konnte er allen unnötigen Prunk und Luxus nicht gutheissen.» Viel Raum nehmen in Annonis Reisenotizen die Begegnungen mit führenden Persönlichkeiten des Pietismus aus. Eindrücklich schildert er aber auch, wie es Schweizer Auswanderern in Rotterdam erging: «Es gienge unter ihnen sehr confus her, und bej den meisten war die Reue und das Missvergnügen aus dem Angesicht zu lesen, also dass auch nur bej wenigem Zuspruch es Seufzer und Thränen setzte und uns das Elend dieser Menschen sehr zu Herzen gienge. Viele, sonderlich junge, lagen kranck an den Kinderblatern, und die Schweitzer hatten bereits über 17 von ihren Kindern begraben. Viele suchten sich die Melancholie mit Sauffen, Singen und Spihlen zu vertreiben, zu denen sich auch einheimische Leute gleicher Art geselleten. Viele, deren Seckel bereits lähr waren, liessen ihre Kinder betteln gehen. Kurz, es war ein jämmerliches Spectacul und zugleich auch eine lebendige Prob, wie sehr das Verlangen nach Reicher- und Fürnehmerwerden die Menschen verderben könne.»

1 Zitate aus Hildegard Gantner-Schlee: «Hieronymus Annoni (1697–1770). Ein Wegbereiter des Basler Pietismus», Liestal 2001.

Daniel Bruckner (1707–1781) «Historische und natürliche Merkwürdigkeiten der Landschaft Basel»

Wie kam es zu diesen «Merkwürdigkeiten»? Daniel Bruckners «Anrede an die deutsche Gesellschaft in Basel», eine Vereinigung von Literatur- und Geschichtsfreunden, gibt die Antwort:

«Hochehrwürdiger Herr Vorsteher! Hochgeehrte Herren!

Nach der Gewohnheit unserer Gesellschaft pflegen die Mitglieder derselben von Zeit zu Zeit verschiedene, so wohl in eigener Arbeit als auch in Übersetzungen bestehende Stücke in den Versammlungen vorzulesen. Hiebey steht einem jeden frey, sich eine beliebige und etwan in seine übrigen Geschäfte einschlagende Materie zu erwähnen. Da ich nun seit einiger Zeit günstigen Anlas gehabt, die historischen Merkwürdigkeiten unserer Landschaft zu untersuchen, und einige wichtige Entdeckungen darinn zu machen, so bin ich hierdurch auf die Gedancken gebracht worden, diese Materie zu einem Stoffe meiner Ausarbeitung vor die Hand zu nemen, und einen Versuch in Beschreibung historischer und natürlicher Merkwürdigkeiten unsers Baslergebietes zu wagen.»[1]
Und so beschreibt Bruckner rückblickend am Ende seiner Forschungstätigkeit das «Handwerk» des Historikers; seine Überlegungen haben ihre Gültigkeit auch im Zeitalter der Digitalisierung nicht verloren: «Eine vielleicht nicht unnütze Wissensbegierde hat mich verleitet, einen Versuch zu wagen über die historischen und natürlichen Merkwürdigkeiten der Landschaft Basel. Ohne Vorgänger und fremde Anleitung ward dieses Werkn unternommen und nunmehr durch göttlichen Beystand bis an die Abhandlung von Augst zu Ende gebracht: Und darauf ist so viel Fleiss und Zeit verwendet worden, als meine Amtsgeschäfte nur erlauben konnten; sie haben aber auch öfters Gelegenheit und Anlas gegeben, die Untersuchungen mit Nachdruck vorzunehmen. Alles ist gleichsam in disem Werk neu und unerwartet, aber auch wahrhaft und gegründet, da es aber unmöglich ist, in dem Anfange alles zu seiner Vollkommenheit zu bringen, so zweifle ich gar nicht auch an einigen Fehlern, so ich möchte begangen haben; die künftigen Zeiten können solche verbessern.»

Versuch einer Beschreibung
historischer und natürlicher
Merkwürdigkeiten
der
Landschaft Basel.
XII. Stück.
Von dem
Amte Homburg.

Es wird kein einig Werk der Menschen Gunst gewinnen,
Es rühre denn zugleich und schmeichele den Sinnen.
Prinz Kantemir.

Basel, bey Emanuel Thurneysen, 1755.

So die Erklärungen Daniel Bruckners zu seinen in den Jahren 1748 bis 1763 erschienenen «Merkwürdigkeiten». In der Wahrnehmung des Baselbietes kommt ihnen eine Schlüsselrolle zu. Wir schreiben das Jahr 1748 und stehen mitten im Zeitalter der Aufklärung. Was gibt es in Basel aufzuklären? Das Nächstliegende: die Basler Landschaft vor den Toren der Stadt – ihre Geschichte, ihre Natur. Wer kennt sie? Vielleicht wissen einige «Verwaltungsbeamte», die im Auftrag der «gnädigen Herren» auf der Landschaft zum Rechten sehen, etwas mehr. Für «normale» Städter, vor allem aber

auch für die Landbewohner selbst, bleibt indessen die von ihnen bewohnte und bewirtschaftete Landschaft mit ihrer Geschichte und Natur weitgehend ein Buch mit sieben Siegeln. Wie und wo hätten sie auch die Zeit erübrigen können, um ihrer Vergangenheit oder auch ihren natürlichen Gegebenheiten nachzugehen? Es gab ja damals weder eine einschlägige «Kantonsliteratur» noch Buchhandlungen und Bibliotheken. Ebenfalls fehlten öffentliche Verkehrsmittel – Tram, Bahn oder Autobus –, mit denen die Landschaft zu erwandern gewesen wäre. Ein Ausflug – beispielsweise von Liestal nach Basel – war tatsächlich auch noch hundert Jahre später eine wirkliche Reise, so wie es Johannes Kettiger (1902–1860), der bekannte Baselbieter Philanthrop, in seinen Jugenderinnerungen beschrieben hat, denn «Basel ist drei volle Stunden von unserem Heimatort (Liestal) entfernt und drei Stunden Entfernung zwischen zwei Orten war in der Zeit, da die Eisenbahnen noch nicht liefen, eine weite Kluft».
Umso bemerkenswerter ist daher das Erscheinen des «Vesuchs einer Beschreibung historischer und natürlicher Merkwürdigkeiten der Landschaft Basel». Seine Lektüre war allerdings nur wenigen vorbehalten, denn Lesen war noch ein ausgesprochenes Vorrecht – beispielsweie der Pfarrherren, die auf der Landschaft wirkten und meistens auch Stadtbürger waren. Stadtbürger war auch Bruckner, der Autor der «Merkwürdigkeiten». Er hatte die Rechte studiert und wurde Mitglied des Grossen Rates und 1748 Ratssubstitut. Als solcher hatte er uneingeschränkten Zugang zu den städtischen Archiven, und so entstand im Laufe der Jahre in dreiundzwanzig mit Kupferstichen von Emanuel Büchel bereicherten «Stücken» das Muster einer Heimatkunde auf wissenschaftlicher Grundlage.
Wir blättern diese dreiundzwanzig, den Dörfern der Landschaft gewidmeten «Stücke» durch und erfreuen uns an den schön gestalteten und einladenden Titelseiten. Sie überraschen mit abwechslungsreichen Vignetten, die von Mal zu Mal mit oft moralisierenden Sprüchen zeitgenössischer Schriftsteller garniert sind. Einer dieser Sprüche verdient es, besonders hervorgehoben zu werden. Er ist dem dreizehnten, dem Städtchen Waldenburg gewidmeten «Stück» vorgesetzt:

«Legt doch, ihr Sterblichen, das Fernglas aus der Hand!
Macht euch die Gegenden, die ihr bewohnt, bekannt.»

Das Motto von Bruckners historischer Forschung ist damit angeschlagen.

1 Zitate aus den «Merkwürdigkeiten», die seit 1974 auch in einer Faksimile-Ausgabe zugänglich sind.

Johann Peter Hebel (1760–1826) «Z'Basel an mym Rhy»

Wer kennt es nicht, dieses eigenwillige Basler Lied? Es ist zweifellos das grösste Geschenk, das ein Dichter der Stadt am Rheinknie je gemacht hat, und heute derart selbstverständlich in aller Leute Mund, dass eine Umfrage zu ihrem Schöpfer Johann Peter Hebel nur zu bescheidenen Resultaten führen würde. Denn die Tatsache, dass ein «Heimwehbasler» diese Verse aus der Ferne geschrieben hat, ist in Basel längst aus dem allgemeinen Bewusstsein verschwunden wie auch der hochdeutsche Titel des Gedich-

tes: «Erinnerung an Basel». «So unmittelbar und gegenwärtig empfindet man diesen Text, der in der Vertonung von Hans Abt aus dem Jahr 1884 zur viel gesungenen Stadthymne wurde.»[1]

Johann Peter Hebel wurde am 30. Mai 1760 in Basel in der St. Johanns-Vorstadt, im heutigen Totentanz 2, als erstes Kind geboren. Seine Eltern verbrachten den Sommer in der Stadt als Bedienstete der Patrizierfamilie Iselin-Rhyner, den Winter in Hausen im Wiesental, wo der Vater bis zu seinem frühen Tod als Leinenweber arbeitete. Dieser Wechsel vom kleinen Dorf in die Stadt, die 1779 14475 Einwohner zählte, prägte den jungen Hebel. In der Stadt besuchte er die Münsterschule und erlebte auch die sozialen Unterschiede: «Ich bin von armen, aber frommen Eltern geboren, habe die Häfte der Zeit in meiner Kindheit bald in einem einsamen Dorf, bald in den vornehmen Häusern einer berühmten Stadt zugebracht. Da habe ich frühe gelernt arm sein und reich sein.» Basel muss er offenbar wie seinen Hosensack gekannt haben, 1812 schreibt er jedenfalls: «Vor einigen Tagen lernte ich den H. Graveur Hueber kennen. So einer kommt mir recht. Er musste durch alle Gassen und Gässlein mit mir schlupfen. Am Ende gestand er mir, dass ich Basel besser kenne als er.» Als Hebel dreizehn war, erkrankte seine Mutter schwer. Mit einem Ochsenkarren eilten er und der Hausener Vogt nach Basel, um die Kranke heim nach Hausen zu bringen, sie starb jedoch unterwegs. Ein Jahr später trat Hebel ins Karlsruher Gymnasium ein, seiner späteren Wirkungsstätte. Sein Wunsch, «an einem friedlichen Landorte, unter redlichen Menschen als Pfarrer zu leben und zu sterben», ging nicht in Erfüllung, 1819 wurde er der erste Prälat der lutherischen Landeskirche und damit auch Mitglied der ersten Kammer der badischen Ständeversammlung. Als Abgeordneter widmete er sich vor allem der Bildungs-, Kirchen- und Sozialpolitik.

Hebels literarisches Schaffen begann 1799 nach der Rückkehr von einer Reise ins Wiesental. Inspiriert von der Sehnsucht nach seiner Heimat, veröffentlichte er die 32 den «Freunden ländlicher Natur und Sitten» gewidmeten «Allemannischen Gedichte». Auch «Die Erinnerung an Basel» ist später im Umfeld der «Allemannischen Gedichte» entstanden (Strophen 1, 3, 4):

Z'Basel an mym Rhy,
jo, dört möchti si!
Weiht nit d'Luft so mild und lau,
und der Himmel ist so blau
an mi'm liebe Rhy!

Aber uf der Pfalz
alle Lüte gfallt's.
O wie wechsle Berg und Tal,
Land und Wasser überal
vor der Basler Pfalz!

Uf der breite Bruck,
für si und zruck,
nei, was sieht me Herre stoh,
nei, was sieht me Jumpfere goh,
uf der Basler Bruck!

1 Zitate aus Wilhelm Altwegg: «Johann Peter Hebels Werke», Bände 1, 2 und 3, Zürich, Berlin.

Johann Ludwig Burckhardt (1784–1817)
Der erste Basler Orientalist

«Ein Basler mamens Scheich Ibrahim …»: So titelte die «Neue Zürcher Zeitung» im Dezember 2012, als Basel die Wiederenteckung der Nabatäerstadt Petra durch ihren Mitbürger Johann Ludwig Burckhardt mit einer Ausstellung feierte. Wer war dieser Basler Scheich?

«Johann Ludwig Burckhardt, der Patriziersohn, hatte in London 1808 von der ‹African Association› den Auftrag zu einer Expedition an den Niger erhalten. Zur Vorbereitung dieser abenteuerlichen Reise härtete er sich körperlich ab, studierte die arabische Sprache und besuchte in Cambridge Vorlesungen in Astronomie, Medizin, Chemie und Mineralogie. Am 14. Februar 1809 schiffte er sich in Malta ein und fuhr nach Aleppo, wo er sich unter dem Pseudonym Sheikh Ibrahim Ibn Abdallah als muslimischer Kaufmann ausgab und seine Arabischkenntnisse verfeinerte. In den folgenden Jahren erkundete Burckhardt unter seinem arabischen Namen Palmyra, Damaskus und den Libanon sowie heilige Stätten des Islams. 1812 ging er östlich vom Roten Meer vorbei über die Sinai-Halbinsel nach Kairo. Mit einem Schutzbrief des ägyptischen Vizekönigs Muhammad Ali Pascha versehen, folgte er dem Nil aufwärts bis zum nubischen Ort Dongola. Am 22. August entdeckte er (aus europäischer Sicht) die Stadt Petra wieder.
1814 unternahm er eine zweite Reise nach Nubien und gelangte über Berber nach Shendi und mit einer Kamelkarawane über Taka nach Suakin am Roten Meer. In der nubischen Wüste entdeckte er den versunkenen Tempel von Abu Simbel wieder (...) 1814 hielt er sich in Mekka auf und nahm auch an der Haddsch teil. Wegen Fieberanfällen und der Ruhr musste er bis April 1815 in Medina bleiben. Nicht auskuriert, gelangte er im Frühjahr 1816 wieder nach Ägypten und unternahm eine weitere Reise zur Halbinsel Sinai (...) Er starb am 15. Oktober 1817 in Kairo. Burckhardt wurde auf eigenen Wunsch unter arabischem Namen auf einem muslimischen Friedhof begraben. Sein Grab ist bis heute erhalten geblieben.»[1] Das ist die dürre lexikalische Lebensübersicht dieses aussergewöhnlichen Baslers, der alle seine ausgedehnten Wüstenreisen in Tagebüchern festhielt und sich dabei zugleich als Journalist, Geograf und Ethnologe zu erkennen gibt.

Briefe aus der Wüste

Eine lebendige Illustrationsquelle von Burckhardts Reisen bilden auch seine zahlreichen Briefe, insbesondere jene, die er an seine Eltern im fernen Basel schrieb. Ein Beispiel, der Brief an seine Eltern vom 15. Januar 1811: «Nach 2½ Jahren habe ich endlich die Freude gehabt, wieder Nachricht von Euch zu erhalten. Ich empfieng ihn durch den Österreichischen-Kaiserlichen Konsul. Er war ihm von Constantinopel aus zugeschickt worden (...) Ich habe, seit ich im Juni 1810 an Euch schrieb, eine sechs monathliche Reise durch die Wüste nach Palmyra, von dort nach Damascus und nach Baalbec, das Gebirge Libanon, den Fluss Jordan und die ganze umliegende Gegend von Damascus gemacht, und bin erst seit 16 Tagen, gerade am Neujahrstage, wieder nach Aleppo zurückgekehrt. Meine Absicht zu An-

fang meiner Reise war, einige Monathe unter den Zelten der Araber in der Wüste zuzubringen und über Damascus wieder nach Aleppo zurückzukehren. Ich hatte mit einem Anführer der Araber oder Scheikh einen freundlichen Contract gemacht, mich von hier aus nach Palmyra, den berühmten Ruinen in der Mitte der Wüste, zu führen und von dort mich bis zu den Zelten seiner Leute zu begleiten, die ungefähr 30 Stunden von Damascus sich befanden. Es fand sich aber, dass mein Scheikh eine Canaille war. Seiner Nachlässigkeit hatte ich es zu danken, dass ich 3 Tagreisen von Aleppo, als ich einen guten Freund im Städtchen Hamah besuchen wollte, von den Feinden seines eigenen Stammes angefallen und aller meiner Effecten beraubt wurde. Wir waren einer gegen fünf und sahen leicht ein, dass Gegenwehr unnütz seyn würde. Unsere Feinde begnügten sich, uns auszuziehen, doch nicht ganz aufs Hemd, und liessen uns laufen. Das einzige, was mich schmerzte, war eine gute Englische Uhr und eine Magnetnadel. Was meinen Geldbeutel anbetrifft, so hatte ich mich schon auf einen dergleichen Vorfall vorbereitet und selbst auch keinen Rappen mit mir genommen, sondern mein nöthiges Kleingeld nach Damascus geschickt (…)
Er gab mir einen einzelnen Mann von seinen Leuten, mit dem ich 9 Tage nach meiner Abreise von Aleppo in Palmyra eintraf und dort während 2 Tagen die wunderbaren Ruinen betrachtete. Ja, wir alle kennen das Alterthum als das merkwürdigste Überbleibsel alter Baukunst, in dem bewundernswürdigen Tempel der Sonne und um ihn herum haben sich die Araber häuslich niederglassen und elende Hütten dort gebaut, welche jedoch mit Gärten und fliessendem Wasser umgeben sind, welcher Anblick in der Mitte der trockenen Wüste äusserst erfrischend ist. Der Scheikh von Palmyra oder Tedmor, welchen Namen die Araber den Ruinen geben, zwang mich, ihm das wenige zu überlassen, was die Araber in der Wüste mir gelassen, sodass ich in einem sehr erbärmlichen Zustande, aber dessen ungeachtet in guter Gesundheit meine Rückreise durch die Wüste nach Damascus wieder antrat, wo ich die Möglichkeit fand, mich von den Mühseligkeiten meiner Reise wieder zu erholen (…)
Nach Verlauf jener Zeit verliess ich Damascus, um die Ruinen von Baalbec oder Heliopolis zu besuchen, welche drei Tagereisen von Damascus am Fusse des Gebirges Libanon gelegen. Ich verweilte mich dort drei Tage, bestieg dann das Gebirge, wo ich interessante Mineralien fand und welches seit Menschengedenken immer das ganze Jahr hindurch auf seinem Gipfel mit Schnee bedeckt ist, dieses Jahr ausgenommen, welches vorzüglich trocken und warm in hiesiger Gegend war. Ich besuchte die berühmten Cedern des Libanon, von denen auf einem einzigen Häufchen beysammen ohngefähr 600 stehen, elf von welchen durch ihre Grösse und Gestalt

muthmassen lassen, dass sie wohl 3000 Jahr alt seyn können. Ich folgte dem Gipfel des Libanon, von welchem ich eine ausgedehnte Aussicht über das Meer und die Küste hatte, mehrere Tage, sah dort Gegenden, die eine auffallende Ähnlichkeit mit den Alpweiden hatten, betrat dann das Gebiet der Drusen und verfolgte meinen Weg bis an die Quellen des Jordan, eines Flusses, der unmittelbar an der Quelle ungefähr die Grösse des St. Alban-Dichs hat (...)»

Burckhardt und die arabische Sprache

Und zum Abschluss noch drei Zitate: Das erste belegt, wie sehr sich Burckhardt mit der arabischen Sprache identifizierte, das zweite lässt den unverwüstlichen Basler erkennen, und das dritte wartet mit einer allgemeinen Reiseerfahrung auf.

«Meine Beschäftigung in Aleppo habe ich die ganze Zeit meines Aufenthaltes fast ausschliesslich der Arabischen Sprache gewidmet, und habe es nun darin so weit gebracht, dass ich beynahe alles verstehen und mich gleichfalls, obgleich noch nicht mit Geläufigkeit, verständlich machen kann. Da die Bewohner des Morgenlandes insgemein eine Passion für wunderbare Geschichts-Erzählungen haben, so habe ich letzten Winter die Mühe genommen, die Geschichte von Robinson Crusoe ins Arabische zu übertragen, mit den nöthigen Abkürzungen und Zuzsätzen, welche der Geist der Sprache und des Volkes nöthig macht. Diese Beschäftigung ist von grossem Nutzen gewesen zur Erlernung der Sprache, und ich nehme mir vor, im folgenden Winter mich auf ähnliche Weise zu beschäftigen (...)»

«Ich fühle, dass meine Deutsche Sprache sich verwildert. Seit nun beynahe fünf Jahren habe ich selten oder beynahe gar keine Gelegenheit gehabt, sie zu sprechen, und nothgedrungen muss ich jetzt mein Journal und meine Correspondenz in Englischer Sprache halten. Meine Übung im Arabischen, einer Sprache die nicht gesprochen, sondern herausgegurgelt werden muss, wird es mir hoffentlich leichter machen, das Hoch-Zürcherische zu studieren (...)»

«Ich werde nun in wenigen Tagen nach dem Süden abreisen. Es thut mir leid, Aleppo zu verlassen, wo ich mehrere vortreffliche Freunde gefunden habe, als Herrn Barker, Herrn von Masseyk, vormahliger holländischer Consul und andere. Ein Reisender sollte ein steinernes Herz haben, um sich nirgends attachieren zu können.»

1 Zitate aus «Briefe aus dem Orient», herausgegeben von Therese Wollmann, Bern 2003.

Anna Maria Feninger (1797–1827)
Das Eheversprechen

In die Franzosenzeit des Laufentals fällt die folgende rührende Geschichte, die sich um das Glöcklein der Laufener Kapelle St. Martin rankt.
«Anna Maria Feninger (1797–1827) war die Tochter des Bürgermeisters von Laufen. Sie hatte ihrem Bräutigam, der im Sterben lag, versprochen, nie mehr zu heiraten. Doch es war Krieg, und bei einem Gefecht zwischen den alliierten Mächten und den Franzosen auf dem Burgbergfelsen wurde der österreichische Offizier, Graf von Brat, von einer Kanonenkugel getroffen und in das Haus des Bürgermeisters Feninger gebracht, wo er von der Tochter Anna Maria gepflegt wurde. Er verliebte sich in sie und hielt um ihre Hand an. Gerade, als sie ihr Jawort geben wollte, wurde von unsichtbarer Hand das Martinsglöcklein geläutet. Anna Maria erinnerte sich plötzlich an ihr Treueversprechen und widerstand der Werbung. Sie blieb ledig. Seit der Zeit, so erzählt der Volksmund, wird jedes Versprechen, das man einem Sterbenden gibt, dem unsichtbaren Glöckner anvertraut. Er mahnt die Lebenden durch sein unverhofftes Läuten daran, ihr Wort zu halten.»[1]

1 René Salathé: «Glocken im Baselbiet», Liestal 2011, S. 96.

Scherenschnitt von Ursula Vögtlin, Grellingen.

Johann Jakob Kettiger (1802–1869)
Die Reise nach Basel

Liestaler, die heute einen Ausflug nach Basel unternehmen, haben es leicht: Der öffentliche Verkehr, aber auch private Autos stehen ihnen zur Verfügung. Allein mit der Bahn ist das Rheinknie täglich mehr als 100-mal problemlos in 11 bis 14 Minuten zu erreichen. Wir blenden zurück ins Jahr 1810, da war ein Basler Ausflug noch etwas Aussergewöhnliches, denn «Basel ist drei volle Stunden von unserem Heimatort (Liestal) entfernt und drei Stunden Entfernung zwischen zwei Orten war in der Zeit, da die Eisenbahnen noch nicht liefen, schon eine weite Kluft», schrieb Johannes Kettiger (1802–1869), der bekannte Baselbieter Philanthrop, in seinen «Jugenderinnerungen».

Wie sehr muss der Achtjährige von seinem ersten Ausflug nach Basel beeindruckt gewesen sein! Die Reise erfolgte in einem sogenannten Botenwagen. «Der Bote fuhr alle Andertage nach Basel, um dort Waaren zu holen, und nahm gelegentlich Personen mit, die in der Stadt Geschäfte zu verrichten hatten. Ein schweres, unschönes Fuhrwerk, doch so eingerichtet, dass Waaren und Personen vor der Unbill der Witterung geschützt waren. Eine sogenannte Blahe oder Blache von grober Leinwand war ausgespannt und wölbte sich über nahezu die ganze Länge des Wagens. Unter dieser sassen die Mitfahrenden zwar geschützt vor Wind und Wetter, aber auch eingesperrt, wie in einem Gefängniss. Kaum, dass vorn ein etwelcher Ausblick möglich war (…) Man hätte um 4 Uhr abfahren sollen, denn um 7 Uhr wolle er das St. Alban-Thor passiren, brummte der Bote (…) ‹Hup›, rief er endlich und langsam gings vom Ort über schlechte Pflaster hinweg. Beim untern Thor des Städtchens ein kleiner Halt, da der Thorwart eben daran war, die Pforte aufzuschliessen. Jetzt knarrte diese, der Wagen schwankte in das tiefe Geleis und bald war die offene Landstrasse erreicht. Es war eine lange Fahrt, und ich mochte es kaum erwarten, bis der Tag anbrach. Endlich stellte sich dieser ein und mit ihm drang ein kühler Luftzug in den Wagen. Bald nahm die Hardwaldung die Strasse in sich auf. Als der Wald zur Hälfte durchfahren war, da wies auf einmal die Mutter nach der Öffnung des Wagens und rief: ‹Schau dort den hohen Thurm, das ist das St. Alban-Thor und geht keine Stunde mehr, so wird es erreicht sein, und sieh, dort etwas davon die Münsterthürme!› Wie hoch sie waren, wie

kerzengerade sie dastanden – noch sehe ich es und noch empfinde ich, was ich damals empfunden, als ich die Gebäude in den kalten Morgen hineinragen sah. Der Fuhrmann trieb jetzt, als es näher an die Stadt zurückte, seine Pferde stärker an, also dass wir rasch vorwärtskamen. Das Ende des Waldes war erreicht und wir fuhren hinab auf das rechte Ufer der Birs. Da erhob der Mann im Wagen seine Hand, zeigte hinüber auf die entgegengesetzte Anhöhe und sprach: ‹Sieh, dort ist noch etwas, das du noch nie gesehen. Aber eine gefährliche Merkwürdigkeit und eine unliebsame Einrichtung für diejenigen, wegen deren sie da ist. Siehst du jene Pfosten und Balken?› Es war der Galgen, der auf einem nicht sehr entfernten Hügel sichtbar war. Er stand nicht mehr da, als ich etwas später wieder nach Basel kam. Der Mann erzählte, wie lang es sei, dass der Letzte daran gehangen, wie dieser geheissen und warum er gehängt worden sei. Der unheimliche Eindruck verlor sich wieder, als wir nun mehr uns dem Thore näherten. Wie die Mutter richtig verheissen, wurden wir unangefochten durchgelassen (...)»[1]

1 Johann Kettiger: «Jugenderinnerungen», Liestal 1810.

Friedrich Nüsperli (1803–1876) «Das erste Locomotiv»

Friedrich Nüsperli ist als «Vater der Baselbieter Heimatkunden» in die Geschichte seines Kantons eingegangen. Er war von 1837 bis 1861 Bezirkslehrer und Präsident des Volksbildungsvereins Baselland. Als Initiant der Baselbieter Gemeindeheimatkunden verfasste er 1863 dazu ein einheitliches Schema. Es liegt den 63 alten Gemeindekunden zugrunde, die heute mit über 3000 handschriftlichen Seiten im Staatsarchiv deponiert sind. Für alle, die sich im Kanton mit Landes- und Volkskunde sowie mit Ortsgeschichte befassen, sind sie eine wertvolle und unentbehrliche Quelle.

Nüsperli selbst hat mit seiner «Heimatkunde der Gemeinde Thürnen 1863» ein überzeugendes Vorbild abgegeben. Es steht unter dem «Sinnspruch» J. Kettigers: «Lern die Geschichte und Beschaffenheit deiner Heimat kennen: Dann erst, wenn du mit dieser Kenntnis ausgerüstet bist, wird es möglich sein, von der Geschichte anderer Völker und von der Beschaffenheit fremder Länder dir eine richtige Vorstellung zu machen.»[1] Die Widmung: «Möge Geist und Liebe weiter wirken in den Herzen der schlichten Dorfbewohner Thürnens und der ewige Baumeister der Welt seinen Tempel erbauen in unserer Mitte.
Geschrieben am 30. Jahrestag des Sieges an der Griengrube den 3ten August 1863 (sig.) Frid. Nüsperli aus Aarau gewesener Lehrer, dermalen Finanzsekretär Liestal.»
In den 1960er-Jahren erfuhr die «Heimatkundebewegung» unter dem Druck des rasanten Bevölkerungswachstums des Kantons und der gesteigerten Mobilität eine Renaissance. Sie hat bis 2014 zu 69 «neuen» Ortsmonografien geführt.

Wir zitieren aus Nüsperlis Thürner Heimatkunde zwei Abschnitte:

«Das erste Locomotiv»
Wer kennt sie nicht, die Redensart «Unter Dampf stehen»? Doch heute, wo es bald keine Dampfmaschinen mehr gibt, wird es immer schwieriger, sie über den Sprachgebrauch hinaus auch wirklich zu erleben. Ganz anders war es 1872: «Das erste Locomotiv kam von Sissach nach Läufelfingen bei Thürnen vorbei den 8ten April 1872», hält Nüsperli fest, um dann die «In-

nere Einrichtung des Locomotivs» zu beschreiben: «Einmal entströmen demselben schwarze Kohlenwolken untermischt mit glühenden Funken, im nächsten Augenblick bricht weisser Dampf hervor, entweder hustend und wallend durchs Kaminrohr oder zischend unten hinaus. Bei Nacht fliegen Feuerflammen auf wie beim Wetterleuchten. Siedendes Wasser spritzt nach dem Willen des Lenkers aus der Nähe des Cylinders, wo es sich nicht ansammeln darf, oder Sand streut sich auf die Schienen, wenn Thau oder Reif die Reibung der Räder verhindert hat. Auf einen leichten Druck der Hand des Locomotivführers wird ein gewaltiges Rollen und Grollen im Innern des gewaltigen Kolosses gehört. Nach dem bis auf eine Stunde weit vernehmbaren schrillen Ton seiner Pfeife bewegt es sich mit dem angehängten langen Zug von Wagen federleicht vorwärts (...) Die Personenwagen, von Form eines Dampfschiffes mit Verdeck, sind nicht nur aussen und innen zierlich ausgestattet, sondern eine Bequemlichkeit darbietend wie kaum in einem andern Lande, das so der Fall ist.
Da ist keine Rede von ‹Stehwagen› oder von Wagen, die kein sicheres Verdeck hätten. Sie können leicht gereinigt, erleuchtet, gelüftet und selbst in III. Klasse geheizt werden. Nach Belieben lässt sich im Wagen der Centralbahn stehen, sitzen, spazierengehen, sogar liegen, wenn man eine freie Bank hat. Wie jedes Locomotiv seinen Führer und Heizer hat, so haben die Personenwagen ihre ‹Conducteure›, welche die Ordnung im Wagen handhaben, die an der Casse gelösten Carten ‹coupieren› (löcheln) und einziehen, den Stillstand des Zuges durch Bremsen bewerkstelligen, beim Einsteigen die Ortschaften, wohin der Zug geht, ausrufen und beim Halten den Ort, wo man ist. Diese Conducteure befinden sich nicht, wie etwa in Frankreich, ausserhalb der Wagen, sondern gehen durch deren Inneres in dem Gang ab und zu, schreiten auch von einem Wagen in den anderen. Ein Seil, Pfeifenleine genannt, läuft über den ganzen Wagenzug weg, von hinten nach vorn, ist hier mit der Pfeife des Locomotivs so verbunden, dass zum Beispiel bei Gefahren, ein Anziehen der Leine mit der Hand, selbst vom entferntesten Theile des Zuges ein Pfeifen bewirkt, das den Locomotivführer wie die ganze Dienstmannschaft aufmerksam macht und warnt. Der Zugführer trägt, wie der Oberbootsmann auf dem Seeschiff, seine Pfeife an einer Kette und erteilt damit seine Befehle. ‹Vorwärts› (ein Stoss), ‹Rückwärts› (zwei Stösse), ‹Halt› (drei Stösse). An ihm hängt eine rothe Ledertasche an rothem Riemen über die Schulter, während der gewöhnliche Conducteur nur eine schwarze Tasche an schwarzem Riemen trägt. Auf dem Zugführer ruht die Verantwortlichkeit für den ganzen Zug, während der Locomotivführer über seine Maschine zu wachen hat und für diese einstehen muss.»

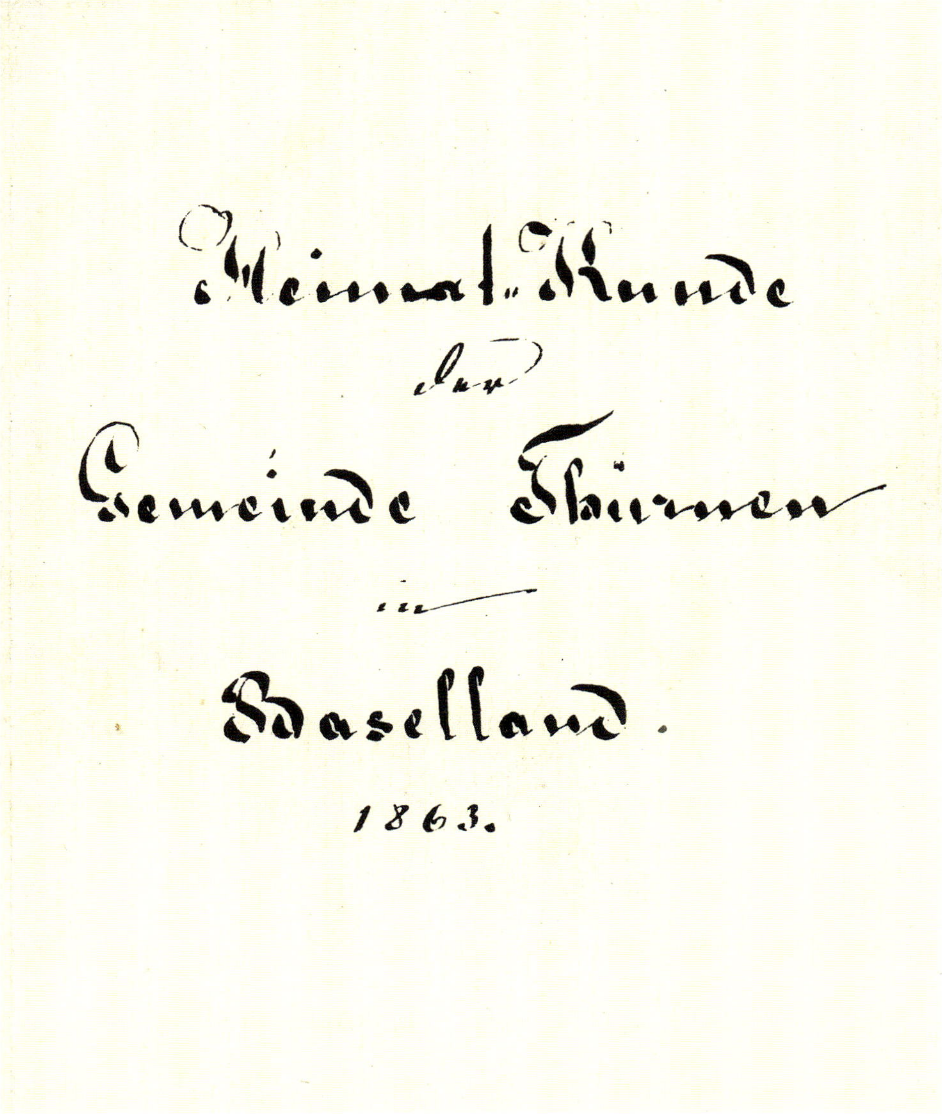
Heimat-Kunde
der
Gemeinde Thürnen
in
Baselland.
1863.

«Eine Viertelstunde, ehe ein Zug abgeht, wird auf dem Bahnhof Sissach mit einer Glocke geläutet. Zehn Minuten später zum 2ten Mal in zwei Zügen. Ist dann alles zur Abfahrt bereit, rufen die Conducteure ‹Fertig!›, der Zugführer giebt mit einem gedehnten Pfiff dem Locomotivführer das Zeichen zur Abfahrt, dieser wiederholt dasselbe mit seiner Dampfpfeife, die Glocke schlägt dreimal an, der Weichenwärter und nach ihm Bahnwärter stossen ins Horn und der Zug setzt sich in Bewegung.»

Die Vorzüge der Eisenbahn

Über die Vorzüge der Eisenbahn braucht man zu Beginn des dritten Jahrtausends keine Worte mehr zu verlieren. Anders 1863. Wir hören ein Jahr nach der Eröffnung der alten Hauensteinlinie Nüsperlis «Lobgesang»:

«Durch die Eisenbahn kommen die Leute weiter in der Welt herum, sehen da viel Nützliches und bringen es zur Anwendung heim. Die Vereine, Hochzeiten und Taufgesellschaften, statt im Wirtshaus die Zeit zu versitzen, unternehmen kleinere oder grössere Ausfahrten und veredlen sich so das Vergnügen.»

Auch dürfe nicht vergessen werden, «dass die Anwohner der Eisenbahn an den vorüberfahrenden Zügen eine richtige Uhr und einen fast untrüglichen Barometer hätten; denn wenn am Morgen eine ‹Stangen› Dampf von Sissach her bis Sommerau lange weilt, so ist das ein Schönwetterzeichen. Hört man von oben herab den Bahnzug weit her, so bleibt das Wetter gut. Wird aber der Zug von unten herauf weither gehört, so ist oder wird das Wetter regnerisch werden.»

Auch auf die Tiere wirke der Betrieb der Eisenbahn ein. «Das Rind staunte die vorübergehenden Züge an wie ein neues Scheunentor (…) Die Pferde bebten vor der Erscheinung gewaltig zusammen und wollten Reissaus nehmen. Bald aber gewöhnten sie sich an das Rollen, Schnauben und Wiehern ihrer Namensvettern und stehen bei deren Vorübergehen ganz ruhig. Auch die Thiere des Feldes fanden sich bald in die Sache (…) Wir beobachteten einen Raben, der etwa 100 Schritte von der Bahn im Felde einherschritt, als der Zug unter Hervorzischen des Dampfes vorbeibrauste. Er erhob sich, flog auf einen Baum, der auf der Hälfte des Abstandes sich befand, wendete sich der Bahn zu, neigte geziemend sein Haupt und begrüsste die vorübereilenden Wagen mit seinem höflichen Gekrächze.»

1 Zitate aus René Salathé: «Die Baselbieter Heimatkunden des 19. und 20. Jahrhunderts», in «Schweizer Volkskunde», Heft 4, Basel 1994, sowie «Dörfliche Identität im Spiegel der Heimatkunden des 19. und 20. Jahrhunderts», in «Baselbieter Heimatblätter», März 1997.

Johann August Sutter (1803–1880)
Gold, Gold, Gold!

Baselbieter, die es zu internationalem literarischen Ansehen gebracht haben, lassen sich an einer Hand abzählen. General August Sutter gehört zweifellos zu dieser Handvoll. Wir erinnern an Blaise Cendrar und an Stefan Zweig, der in seinen «Sternstunden der Menschheit» dem Baselbieter Auswanderer ein bewegendes Denkmal gesetzt hat: «Die Entdeckung Eldorados». Das Leben dieses eigenwilligen Menschen bewegt auch heute noch; Helen Liebendörfer hat dem Baselbieter Abenteurer mit dem Roman «Hansdampf in allen Gassen» die Ehre erwiesen und 2005 ist aus der Feder Bernard R. Bachmanns, eines Nachkommen schweizerischer USA-Auswanderer, eine umfangreiche Biografie erschienen, die wertvolle, bisher unbekannte Quellen und originelles Bildmaterial bringt: «Ein Leben auf der Flucht nach vorn». Wir entnehmen diesem Werk einen Brief Sutters vom 12. Mai 1848 an seinen Schneider Romie. Er wirft ein packendes Schlaglicht auf die Anfänge der kalifornischen Gold-Rush-Szene und illustriert, wie skrupellos Sutter selbst gegen die von ihm aus einleuchtenden Gründen verfügte Geheimhaltung der Goldfunde in der Sierra Nevada verstossen hat.

«Werter Herr: Mit jedem Schiff erwarte ich Ihre Neuigkeiten; auch den Anzug, den Sie mir versprochen haben; und ebenso die Jacke, die Sie mir umgehend machen sollten, habe ich nie erhalten. Wahrscheinlich bezweifeln Sie meine Fähigkeit, Sie bezahlen zu können. Sie brauchen in dieser Hinsicht nichts zu befürchten, denn wir haben jetzt Gold genug im Sacramento, und sobald Sie mir die Kleider liefern können, können Sie mir auch die Rechnung schicken, die ich in reinem Gold bezahlen werde. Ein paar Beschreibungen der Bodenschatz-Funde finden Sie in der Presse. Die Entdeckungen, die täglich gemacht werden, sind wirklich erstaunlich. Wir haben den grössten Fund an Schwemmgold, von dem man je gehört hat. So weit wir das heute beurteilen können, erstreckt sich das Fundgebiet über eine Länge von 100 Meilen und 70–80 Meilen Breite. Silber ist auch vorhanden. Major Reeding (gemeint ist wohl ‹Reading›, Anm. d. Autors) und ich haben die erste Silbermine gefunden, neulich wurden weitere gefunden. Es gibt auch eine Menge Quecksilber und Eisenerz mit einem Eisengehalt von 85% in unerschöpflichen Mengen und all das in der Nähe von schönen Flüssen, die sich auch für Wasserantriebe eignen. Anfänglich ha-

ben die Goldgräber 4–5 Dollar pro Tag verdient (heute entspricht das etwa 70–80 Dollar, Anm. d. Autors). Das stieg dann bis auf 10–16 Dollar (Wert 2003 etwa 180–290 Dollar), und heute ist es mehr als das. Einige finden sehr viel; ein Mann hat in einer einzigen Waschpfanne 60 Dollar (ca. 1100) gefunden, und vor einigen Tagen hat ein 15-jähriger Junge an einem einzigen Tag 70 Dollar verdient. Innert 6 bis 7 Wochen haben einzelne Mormonen 600–1000 Dollar gemacht. Das Geschäft läuft schon sehr gut. Die Läden kaufen oft pro Tag 20–30 Unzen. Unsere neue Stadt ‹Suttersville› wird mit absoluter Sicherheit innert kurzer Zeit die zweite Stadt Kaliforniens hinter San Francisco. Dieses Jahr wird viel gebaut werden. Hätten Sie nicht auch Lust, auf einem Ihrer Grundstücke zu bauen? In den Bergen, nahe bei meiner Sägemühle, entsteht ebenfalls eine Stadt. Schon kaufen die Leute dort mein Bauholz und zahlen es sofort mit Gold, was mir die Mühe erspart, das Holz nach San Francisco zu verschiffen. Wir haben hier auch einen Markt für unser Mehl und alle anderen Produkte. Sie werden im ‹Californian› bald einen Artikel darüber lesen. Bitte tun Sie mir den Gefallen, Herr Romie, und lassen Sie mich nicht lange warten. In 5 Monaten erwarte ich meine Familie, die über die Rocky Mountains anreist, zusammen mit einigen Verwandten und Freunden, was für Neu-Helvetien grosse Änderungen bringen wird.
Mit freundlichen Grüssen an Sie und Ihre Familie.»[1]

1 Bernard R. Bachmann: «General J. A. Sutter. Ein Leben auf der Flucht nach vorn», Zürich 2005, S. 164.

Georg Herwegh (1817–1875)
Der Dichter der Freiheit

Die Passanten, die in Liestal vom Bahnhof ins Städtchen streben, werden es in der Regel nur wenig beachten, das Herwegh-Denkmal, das die Erinnerung an einen der bedeutendsten Sympathisanten der revolutionären Vergangenheit des Kantons wachhält.
Gestiftet wurde das Denkmal – ein Medaillon des Dichters Georg Herwegh vor einem etwa zwei Meter hohen Obelisken – 1884 vom deutschen Arbeiterverein: «Zum Volke stand'st Du ohne Wanken/Am Throne ging's Du stolz vorbei/Lass es Dir noch im Grabe danken!/O freies Herz nun bist Du frei!/ Zu den Gestirnen wirst Du schweben./Dein Sängername lischt nicht aus!/ Und der Lebendige wird leben/weit über Tod und Grab hinaus.»
Für Herwegh, einen Vorkämpfer des liberal gesinnten Jungen Deutschlands, war die Schweiz das «Land der Sehnsucht». Am 5. März 1843 war er von der Augster Bürgerschaft um zwei Uhr nachmittags «gegen Erlass von 600 Schweizerfranken und eines Feuereimers» eingebürgert worden, und nur zwei Tage später beantragte der Regierungsrat dem Landrat, den Petenten ins basellandschaftliche Staatsbürgerrecht aufzunehmen, dies auch vor dem Hintergrund, dass «sein ökonomisches Fortkommen auf völlig selbstständigem Fuss» beruhe.

1841 hatte Herwegh seine berühmt gewordene Sammlung «Gedichte eines Lebendigen» veröffentlicht. Sie wurde zu einem richtigen Bestseller und erlebte mehrere Auflagen. Heute kommen wir mit dem Pathos des Freiheitsdichters nicht mehr zurecht. Eine kleine Kostprobe aus seiner Hymne an die Schweiz möge dies veranschaulichen:

«Land der Sehnsucht, drin sich die Ströme wie muthige Rebellen
In die Ebene niederstürzen, auch der Rhein mit seinen Wellen.
Auch der Rhein mit seinen Wellen, der die vielen Worte hört –
Ob's die deutschen Fürsten ahnen, dass sich auch der Rhein empört?»

«Land der Sehnsucht» – eine Umschreibung, die angesichts des Flüchtlings-Elends im zweiten Jahrzehnt des dritten Jahrtausends nicht aktueller sein könnte!

GEORG HERWEGH
1817 - 1875
Foto: Peter J. Meier

Hyazint Bayer (1822–1851)
Der Raubmörder

Sommer 2016: In der Türkei wird die Wiedereinführung der Todesstrafe diskutiert.

Herbst 1851: In Liestal wird die letzte Hinrichtung im Baselbiet vollzogen.

1873 führt der Landkanton anstelle der Todesstrafe die lebenslange Haft ein.

«Rund 10 000 Baselbieterinnen und Baselbieter sollen sich auf der ‹Blutwiese› im Liestaler Gestadeckgebiet gedrängt haben, als am 15. Oktober 1851 Scharfrichter Jakob Mengis dem Raubmörder Hyazint Bayer mit dem Schwert den Kopf abschlug. Auf dem Schafott hatte sich der aus Friedrichshafen stammende Bayer noch an die Zuschauenden gewandt und unter Tränen und in eindringlichen Worten die Jugend vor dem Bösen gewarnt. Die Liestaler waren gerührt. Danach sollte es nie wieder eine Hinrichtung auf Baselbieter Boden geben.

Josef Viktor Widmann (1842–1911), bis heute einer der bekanntesten Baselbieter Journalisten und Schriftsteller, hat als neunjähriger Pfarrerssohn diese letzte Hinrichtung miterlebt. In seinen Jugenderinnerungen beschrieb er jedoch nicht den gefassten, reuigen Todgeweihten, sondern einen angsterfüllten Verurteilten: ‹Wer den vor Furcht Halbtoten in diesem Moment gesehen hat, wird jedenfalls nie der oft leichtsinnig geäusserten Ansicht beipflichten, die Todesstrafe sei keine schreckliche Strafe.›»[1]

Was hatte zur Verurteilung Hyazint Bayers geführt? Der aus einer unehelichen Beziehung stammende und vagabundierende Büchsenmacher hatte dem Bubendörfer Posamenter Heinrich Wiesner 36 Franken geraubt, ehe er ihn mit 20 Stockhieben totschlug. Widmann machte für die brutale Tat die verzweifelte Liebe zu einer geldgierigen Fabrikarbeiterin verantwortlich, der Bayer angeblich nie so viel bieten konnte, wie diese von ihm verlangte. Für das damals rund 3000 Einwohnerinnen und Einwohner zählende Städtchen war die Hinrichtung ein Grossereignis, das nicht zuletzt den Wirten die Kasse füllte. Auch von der Presse wurde es ausgiebig kommentiert, während im Buchhandel die Lebensgeschichte des 29-jährigen Raubmörders erschien – «nebst seinem aufrichtigen Geständnis über die That. Beides von ihm selbst in der Gefangenschaft zu Liestal niedergeschrieben.»

Und noch ein bemerkenswertes Detail zur letzten Exekution auf Baselbieter Boden: An der Hinrichtungsstätte wurde sowohl für die Familie des Mordopfers wie auch für die Braut des Hingerichteten Geld gesammelt. Während für die Opferfamilie nur sieben Franken zusammenkamen, spendeten die ergriffenen Baselbieter der Mordbraut 24 Franken.

PS: In Basel fand die letzte Hinrichtung 1819 statt.

1 Zitate von Bojan Stula, in «Basellandschaftliche Zeitung», 29.7.2015.

Martin Birmann (1828–1890) «Kinder der Landstrasse»

Nein, den Begriff «Kinder der Landstrasse» kannte Martin Birmann noch nicht, er entstand erst 1926, als die Stiftung Pro Juventute ein «Hilfswerk für die Kinder der Landstrasse» initiierte und propagierte: «Wer die Vaganität erfolgreich bekämpfen will, muss versuchen, den Verband des fahrenden Volkes zu sprengen, er muss, so hart das klingen mag, die Familiengemeinschaft auseinanderreissen.» Tatsache ist jedoch, dass der Kampf gegen die Nicht-Sesshaften eine lange Vorgeschichte hat und schon im 19. Jahrhundert durchaus aktuell war. Die «Jugenderinnerungen» des bekannten Baselbieter Armeninspektors und Politikers Martin Birmann (1828–1890) beweisen es; denn sie berichten vom Einsatz gegen die sogenannten «Heimatlosen»: «Eine Arbeit eigentümlichster Art war ihm (dem Armeninspektor) die Fürsorge für die Heimatlosen. Es bestanden im Kanton ausser einer Anzahl von Vereinzelten oder Paaren noch zwei grössere Banden, welche, von Standort zu Standort wandernd, die umliegenden Dörfer als Bettler, Kesselflicker, Korbflechter und Mausefallenhändler durchzogen. Es ging ihnen aber schon jener wilde Heroismus ab, welcher die Banden noch am Ende des vorigen Jahrhunderts erfüllt und zum Kampf gegen die staatliche Ordnung gestärkt hatte, sowie jene Romantik, die sie den Hofbewohnern bald zum Schrecken, bald zum innigsten Vertrauten machte. Nun sollten wenigstens die Kinder in die gesellschaftliche Ordnung eingereiht werden. Es waren noch einundzwanzig, für welche Plätze in Familien gesucht werden mussten, und der Armeninspektor übernahm im Auftrag der Regierung die Versorgung gerne. Er musste damit immer wieder von vorne anfangen, da den Kindern die Schranken des häuslichen Lebens, die Arbeit und vollends das Vertrauen am Schultisch geradezu unausstehlich vorkamen. Kaum erschien ein Verhältnis geordnet, als wieder alles auseinanderging. Die Alten belagerten oder belauschten in der Nacht die Pflegeorte der Kinder – ein Pfiff oder ein Ruf, und Alt und Jung waren verschwunden. Auch an Drohungen liessen sie es nicht fehlen. Es war noch etwas übrig geblieben von der alten Solidarität der Truppe, die Kinder wurden als ein gemeinsames Eigentum betrachtet, da deren Genealogie ohnehin unmöglich festgestellt werden konnte, und so blieb der Widerstand ein fest organisierter, bis das letzte Glied der Bande aus dem Kanton verschwunden war (...) Manchen Gang machte der Armeninspektor (...) An den Kreuzwegen, an bestimmten Buchen, er sah aus den eingeschnitzten Zeichen die Zahl und die genommene Richtung einer Abteilung oder auf Aussichtspunkten den vom Lagerplatz aufsteigenden Rauch. Oft trug er die Kleinsten auf der Schulter stundenweit und führte die Grösseren an der Hand, obschon sie gewöhnlich krätzig waren. Dabei war er wenig erbaut von den fuhrmannsmässigen Flüchen lieblicher Mädchen oder vom Geschick der Knaben, welche unterwegs nebenbei mit leichtem Wurf ein Huhn oder eine Ente niederstreckten. Manche Stunden brachte er inmitten der Bande zu, des Sommers im Waldesschatten, des Winters im Schutze dichter Tannen oder eines leeren Heuhäuschens, oft mit Schimpf, oft trotzig, selten freundlich empfangen. Er eignete sich auf diesen Wanderungen in immer ausgebildertem Grade eine genaue Orts- und Personenkenntnis an, ohne die er niemals durch die Schwierigkeiten dieser Arbeit gedrungen wäre.»[1]

Heute, bald 130 Jahre nach Birmanns «Jugenderinnerungen», bewegt das Schicksal der «Heimathlosen» noch immer, verändert hat sich lediglich ihre Bezeichnung: Wir reden von «Fahrenden», und meinen damit die kleinen Minderheiten der Jenischen und der Sinti. Gemäss der eidgenössischen Kommission gegen Rassismus lebten 2014 zwischen 30 000 und 40 000 Jenische in der Schweiz. Nur gerade zehn Prozent waren nicht sesshaft, während die Sinti, deren es in der Schweiz nur einige Hundert gibt, mehrheitlich eine fahrende Lebensweise führen. Sowohl Jenische als auch Sinti leiden noch immer unter Pauschalisierungen, Diskriminierungen und Vorurteilen. Sie kämpfen daher seit Jahrzehnten für eine Aufarbeitung ihrer Vergangenheit und erhoffen sich damit einen wirksamen Schutz ihres Brauchtums, ihrer Sprache und Geschichte. Es ist ja noch gar nicht lange her, dass die Stiftung Pro Juventute zwischen 1926 und 1973 mehrere Hundert Kinder aus Familien mit fahrender Lebensweise fremdplatzierte. Die Aktion «Kinder der Landstrasse» hatte damals zum Ziel, diese Kinder zu sesshaften Menschen zu «erziehen» und sie damit dem «Einfluss der als asozial beurteilten minderheitlichen Lebensverhältnisse zu entfremden und sie an die vorherrschende mehrheitsgesellschaftliche Lebensweise anzupassen». Erst 1986 entschuldigte sich Bundespräsident Alphons Egli für die finanzielle Beteiligung des Bundes an dieser Aktion, die mit der systematischen Wegnahme der Kinder eines Volkes einen kulturellen Genozid darstellt. Und 2016 versprach Bundesrat Alain Berset anlässlich der «Fecker-Cilbi» in Bern den Jenischen und Sinti die Anerkennung als nationale Minderheit – eine symbolische Geste an zwei Volksgruppen, die auf Jahrhunderte der Marginalisierung und Diskriminierung zurückblicken.

1 Zitate aus Martin Birmann: «Reichtum in der Armut – Jugenderinnerungen», herausgegeben von Fritz Klaus, Liestal 1964, S. 87f.

Ernestine Allemandi-Petit (1838–1893)
Das Testament

Über das Leben dieser gebürtigen Französin wissen wir wenig, und trotzdem lebt die Erinnerung an sie weiter. Sie war die Schwiegertochter des französischen Generals Michael Napoleon Allemandi-Ehinger, der sich in Augst hatte einbürgern lassen und auf dem ehingerschen Gut Maulbeerbaum- und Seidenraupenzucht betrieb.
Ernestine Allemandi war mit ihrem Schicksal zufrieden, sie fühlte sich dem Kanton Baselland und der Augster Bevölkerung herzlich zugetan und erliess ein Jahr vor ihrem Tod ein Testament, das als Allemandi-Stiftung in die Geschichte eingegangen ist und noch heute nachwirkt.
So liest sich Jahr für Jahr eine amtliche Mitteilung der Stadtverwaltung Liestal – und auch in Augst erfolgt eine entsprechene Mitteilung des Gemeinderates: «Durch die Vergabung der Eheleute Allemandi-Petit ist der Stadt Liestal ein Kapital zugekommen, aus dessen Zinsen jährlich ein Beitrag an die Aussteuer einer Braut von oder in Liestal zu verabreichen ist, mit dem Zweck, die Verehelichung mit einem rechtschaffenen jungen Mann zu erleichtern. Laut testamentarischer Weisung dürfen sich die Bewerberinnen nicht selbst melden, sondern dies soll durch andere Einwohnerinnen oder Einwohner geschehen. Schriftliche Hinweise zu Brautleuten, welche sich bis Ende Mai 2017 zu verehlichen gedenken, sind bis spätestens Ende April 2017 willkommen bei der Stadtverwaltung Liestal.»[1]
Die Zinsen des Legats in der Höhe von 30 000 Franken kommen also alljährlich zu zwei Dritteln Liestal und zu einem Drittel Augst für die Aussteuer armer unbescholtener Töchter zu. Den derart Beschenkten winkt am Hochzeitstag erst noch eine «Allemandi-Denkmünze». Wiewohl niemand bestreiten wird, dass die Idee dieser Stiftung nur guten Absichten entsprang, glaubte der Augster Dorfchronist 1904 doch darauf hinweisen zu müssen, dass das Legat «schon manches Unheil gestiftet habe». Er gab zu dieser auf den ersten Blick absurd klingenden Behauptung die Erklärung, dass schon mehrere Ehen ausschliesslich wegen der Aussicht auf die wenigen Hundert Franken der Allemandi-Stiftung geschlossen worden seien. Er wisse aber mehr als ein Mädchen zu nennen, das nach der Verheiratung ins Elend geraten sei, weil ihr «derart geköderter Mann» sie verlassen habe. Tempi passati. Heute dürfte sich niemand mehr wegen der Aussicht auf einen Zuschuss aus der Allemandi-Kasse zu einer Heirat bewegen lassen,

denn schon lange hat sich der Wert der Ausschüttungen wegen der Geldentwertung beträchtlich verringert. Wie beinahe «exotisch» der Allemandi-Beitrag heutzutage wirkt, beweist, dass unlängst bei der Übergabe der Gedenkmünze in Augst eine derart überraschte «züchtige» Braut glaubte, sie sei Opfer der «Versteckten Kamera» geworden.

1 René Salathé: «Neue Baselbieter Merkwürdigkeiten», Liestal 2016, S. 140.

Emil Frey (1838–1922)
Flegeljahre eines Bundesrates

Es war einmal ein kleiner Schwerenöter, der seine Eltern schon als Zwölfjähriger auf Trab hielt. Er hiess Emil Frey und war gewissermassen «der Inbegriff des Ungehorsams gegenüber Weisungen, die von den Eltern oder der Erzieherin kamen, und zog häufig seine beiden jüngeren Brüder ebenfalls in dieses Fahrwasser, sodass für manche Erwachsene das Trio insgesamt als höchst unerzogene Jugendbande galt, der man das Schlechteste zutraute».[1] Und dies im gutbürgerlichen Arlesheim!

Die Ermahnung

Beredter Ausdruck dieser elterlichen Erziehersorgen ist das folgende Mahnschreiben, das Emils Mutter im August 1850 aus einem Kuraufenthalt in Bad Brestenberg nach Hause schickte: «Wenn Du doch, lieber Emil, nur einmal recht in Dich gehen und recht ernstlich über Dich selber nachdenken würdest, so würdest Du gewiss einsehen, dass es so durchaus nicht bleiben darf mit Dir. Du würdest Dir vornehmen, Dich zu bessern, ganz anders zu werden, und wenn Du dann alle Abende beim Schlafengehen und alle Morgen beim Aufstehen, wie ich es Dir schon oft gesagt habe, den lieben Gott um seinen Beistand bei Deinem Vorhaben bitten würdest, gewiss würde es nach und nach besser kommen mit Dir! Ach, wie glücklich würdest Du Deine Eltern machen, wenn Du nur auch rechten Ernst und Willen zeigtest, wie gern würde ich dann allen Verdruss und allen Kummer vergessen, den Du mir schon gemacht, wenn ich hoffen dürfte, Dich bald auf besserem Weg zu sehen! Gib Dir denn Mühe, lasse mich hoffen, dass Dein Bruder Iwan, wenn er wieder zuhause sein wird, statt wie bisher ein böses, von nun an ein gutes Vorbild an Dir haben werde.» Doch Emil liess sich nicht beeindrucken. Das unbotmässige Verhalten des Sohnes ärgerte den gestrengen Vater, seines Zeichens Obergerichtspräsident, derart, dass er bei den Lehrern der Bezirksschule Therwil am 14. März 1851 Unterstützung holte. «Auch ist derselbe junge Mensch», klagte er, «gestern abend – patre absente – der ohnehin sehr angegriffenen Mutter recht insolent begegnet. Sie verbot ihm das Pfeifen während des Lernens; es half nichts, ja, er pfiff noch stärker. Ergreifen Sie, Tit., den Anlass, Ihren Discipel an seine Pflicht zu erinnern, und zwar auf eindrückliche Art (...)» Die väterliche Sorge begleitete den jungen Frey auch nach Amerika, wohin Emil nach einer turbulenten Studienzeit an einer landwirtschaftlichen Schule in Jena geflüchtet war. Geflüchtet? Ja, gewiss, denn in Jena hatte Emil, getragen von den Wogen studentischer Anlässe und Festlichkeiten, Schulden über Schulden gemacht; was er zurückzahlen konnte, wurde oft durch neue Anleihen ersetzt. In Amerika hoffte er bei intensiver Arbeit in einer freieren Umgebung inneren Frieden, Selbstvertrauen und Standfestigkeit zu gewinnen. Die Reise, die er Ende November 1860 antrat, war eine Flucht vor sich selbst und den Eltern, die mit ihrem strengen bürgerlichen Verhaltenskodex seine noch unausgegorene Persönlichkeit dauernd infrage stellten. «Wenn wir auch der Hoffnung uns hingeben», schrieb ihm der Vater in einem Abschiedsbrief vom 8. November 1860 in beschwörendem Tonfall, «dass Amerika Dir eine schöne Zukunft eröffnet. So ist uns allen doch sehr, ja unendlich schwer ums Herz (...) Doch lass mich lieber schweigen: Weisst ja doch, wie Dein Vater fühlt in diesem Moment! (...) In Amerika angekommen, nur nicht umhergedämmert und geschlingelt, sondern der Arbeit sich in die Arme werfen! (...) Lass den Junker wie den Stutzer (oder Geck) ganz in Euopa zurück. Wir alle bitten Dich inständig hierum. In Amerika heisst's Vogel friss oder stirb, höre ich von jeher. Denk an Deine Schulden, als unter welchen die materiellen (wenn auch sehr stark) doch nicht als die drückendsten Dir vorkommen sollen, bei weitem nicht so intensiv und gravierend wie die moralischen. Bedenke doch, mein Sohn, wie unendlich viel, wozu Leichtsinn und Hoffart Dich verleiteten, Du durch Rechtschaffenheit und Arbeit zu tilgen hast.» Kein Zweifel – Emil Frey hat die Ermahnung seiner Eltern bedacht: Er war von 1891 bis 1897 Bundesrat, und ausser ihm hat es tatsächlich bis heute kein Baselbieter mehr in die Landesregierung geschafft.

1 Zitate aus Fritz Grieder: «Der Baselbieter Bundesrat Emil Frey – Staatsmann, Sozialreformer, Offizier», Liestal 1988.

Peter Rickenbacher (1841–1915) «Der Zegliger Peter alias Saupeter»

Peter Rickenbacher, der Zegliger Peter, ist zweifellos der erfolgreichste und bekannteste Naturheiler des Baselbiets; er selbst bezeichnete sich als Homöopath. Unzählige Anekdoten und Berichte belegen sein Wirken; er war eine eigentliche Berühmtheit und auch bekannt für seine rauhe und direkte Sprache. Seine Patienten pflegte er durchwegs zu duzen. Wie kam er zu seinem Übernamen? Gemäss einem Gewährsmann des Baselbieter Volkskundlers Eduard Strübin soll Peter Rickenbacher bereits als Wagner-Lehrling in Ormalingen heilend tätig gewesen sein: «Als dort einmal die Schweine erkrankt seien, habe er ihnen einen Heiltrank gebraut, der wunderbar geholfen habe. Nach diesem Erfolg begann er auch die Leute zu kurieren.»[1]

Und hier nun einige Müsterchen zum Leben und Wirken des Zegliger Peters. Aus der Dorfchronik von Zeglingen 1904: «Zur Belebung des Dorfes tragen auch die Patienten des Homöopathen Peter Rickenbacher viel bei. An Sonntagen sprechen gewöhnlich über 100 Personen bei ihm vor. Aus den entferntesten Gauen des Schweizerlandes, aus dem Elsass und dem Schwarzwald eilen sie herbei und suchen Heilung von Leiden, welche die Kunst der Professoren gespottet haben (...) Schon in frühen Morgenstunden füllen sie das geräumige Wartezimmer, besetzen Gang und Treppe und belagern förmlich das Haus. – Ein wahres ‹Bethesda›! – Soll man die Geschicklichkeit oder Kühnheit des Heilkünstlers oder das Zutrauen des Publikums bewundern?»

«Gütterli» spielten in der Heilkunst des Zegliger Peters eine grosse Rolle. Die Gütterli sollen nach einem Gewährsmann etwa so gross wie ein Männerdaumen gewesen sein, fassten circa zehn Zentiliter Flüssigkeit und kosteten «es Fränkli». Die nach Heilung Suchenden brauchten diese Fläschchen für den Urin, denn zum Stellen der Diagnose gehörte neben anderen Methoden namentlich der Harnbeschau ... «Sehr häufig ist es vorgekommen, dass nicht nur Angehörige das Wasser ihres zu Hause krank darniederliegenden Familienmitglieds nach Zeglingen gebracht haben, sondern dass Leute Fläschchen des halben Dorfes oder der ganzen Verwandtschaft zur Untersuchung vorlegten. So seien einmal zwei Hebammen aus dem Schwarzwald gekommen und hätten etwa zwei Dutzend ‹Gütterli› mit Urin der Frauen des Dorfes mitgebracht.»

«Ein Oltinger Bauer kam in die Sprechstunde. Als er ihn ‹abgefertigt› hatte, gab ihm der Zegliger Peter noch den Ratschlag, zwischenhinein einmal ein Glas Wein zu trinken. Der Bauer: ‹Herr Doktor, I bi Abstinänt!› Reaktion des Zeglingers: ‹Also suff, wenn denn im Himmel bisch!›»

«Üblicherweise begab man sich zu den Konsultationen nach Zeglingen. Einmal in der Woche hielt aber Peter Rickenbacher auch Sprechstunden in einem Sissacher Wirtshaus. Da zu seinen Lebzeiten die Hauenstein-Basislinie noch nicht existiert hatte, legte er den Weg in der Postkutsche bis nach Sommerau und weiter im ‹Läufelfingerli› zurück. Von den Postkutschenfahrten wusste der Kutscher zu berichten: ‹Oft fuhr mit dem gleichen Kurs auch Frau Pfarrer Senn aus Kilchberg. Weil er dann etwas unanständige Witze erzählte, beschwerte sich die Frau bei der Kreispostdirektion in Basel. Dies brachte dem Peter Rickenbacher eine Sperre von einem Monat ein.›»

«Zum Zegliger Peter kam eines Tages ein abgemagertes Mannli und klagte über Magenbeschwerden. Der Vielbeschäftigte erkundigte sich nach Beruf und Tätigkeitsort. Getreulich erstattete der Heilungsuchende, der als Lehrer in einem kleinen Dorf amtete, Bericht, worauf ihn der Naturarzt kurz und barsch anfuhr: ‹Se, do hesch es Fränkli, gang, iss öppis rächts, und es wird der scho besser!›»

«Meine im Jahr 1965 verstorbene Mutter stammte aus Bretzwil und erzählte früher immer und immer wieder vom Zegliger Peter. Mama wurde 1881 geboren. Anno 1892, also 11-jährig, erlitt sie einen schweren Schlittelunfall, wobei ihr unter anderem die Hüfte ausgerenkt wurde.
In grösster Sorge brachte sie ihr Vater zur Untersuchung nach Basel ins Spital zum damaligen Professsor Socin, welcher aber keinen anderen Ausweg wusste, als dem Mädchen das Bein zu amputieren. Doch war ihr Vater damit nicht einverstanden. Lieber wollte er ein Kind auf dem Friedhof sehen, als es mit einem Bein durch's Leben gehen zu lassen. So wurde das Mädchen wieder eingepackt und schweren Herzens gings damals per Chaise nach Bretzwil zu. Alles wartete auf den Tod des unglücklichen Kindes.
Da, es war an einem Sonntagmorgen, ritt der Zegliger Peter durchs Dorf, mein Grossvater ersuchte ihn inständig, das sterbenskranke Kind anzusehen. Nach kurzer Untersuchung sagte er: ‹Dem Mädchen kann ich helfen, aber gerade Beine kann ich ihm keine mehr geben.› Mit einem Ruck streckte er das Bein, welches dann wie lahm herumbaumelte. Dann sagte er: ‹Nun müsst ihr machen, was ich euch sage. Ihr müsst Hunde schlachten, das Fleisch sieden und in dem Sud das Mädchen baden. Alle Wochen

zweimal, dann, ohne das Kind abzutrocknen, es in ein Leintuch wickeln, damit das Fett in den Körper einwirken kann.› Vom eingesottenen Hundeschmalz musste es auch jeden Tag einen Löffel voll essen. Mein Grossvater sagte seinem Kind, das sei arabischer Honig und er habe viel Geld dafür bezahlen müssen, sonst hätte es ja nichts davon hinuntergeschluckt! – Alle 14 Tage kam der Zegliger Peter, um nach der Patientin zu schauen, und es geschah das grosse Wunder, dass das Mädchen nach ein paar Monaten wieder gehen lernte, zwar zuerst an Krücken. Leider aber kam die ausgehängte Hüfte nie mehr an ihren richtigen Platz. So musste die Mama mit einer ausgestossenen Hüfte durchs Leben gehen. Mama hat den Zegliger Peter immer als ihren Retter in bester Erinnerung gehalten.»

Die heilende Tätigkeit des Zegliger Peter war nicht unbestritten. Ärzte und Tierärzte beobachteten sein Wirken: «Sie schienen auf der Lauer zu liegen, um ihm nach dem geltenden Sanitätsgesetz von 1865 strafbare Handlungen vorzuwerfen und ihm, dem unliebsamen Konkurrenten, durch Anzeige beim Sanitätsrat zu beseitigen.» Doch auch die vor Gericht gezogenen Fälle schmälerten seinen Ruhm nicht. 1902 wurde Peter Rickenbacher sogar in den Landrat gewählt, dem er bis 1909 angehörte. Anlässlich des Gesangfestes in Sissach von 1905 zierte ein Schild mit folgendem Wortlaut sein Haus:

«Hier wohnt der Doktor Peter,
Das merkt euch vor der Hand.
Und braucht ihr ihn später,
Ist Euch sein Haus bekannt.

Doktor Peter ist unser Mann,
Der vielen Leiden helfen kann;
Auch Katzenjammer am Morgen
Vertreibt er ohne Sorgen.»

1 Zitate aus Dominik Wunderlin: «Der Zegliger Peter – ein Baselbieter Naturheiler in Akten, Anekdoten und Zeugnissen», in «Baselbieter Heimatblätter» Nr. 4, 1980, S. 633ff.

Carl Spitteler (1845–1924) «Liestal ist und bleibt meine Heimat»

Von den Basler Dichtern zu Stadt und Land verdient nur gerade einer den Titel eines Olympiers. Es ist Carl Spitteler, der mit seiner Hexameter-Dichtung «Der olympische Frühling» das homerische Versepos erneuert und damit internationalen Ruhm geerntet hat. 1919 wurde der Liestaler mit dem Literatur-Nobelpreis ausgezeichnet.
Vielleicht könnte man angesichts seiner in die antike Sagenwelt greifenden Dichtung nun meinen, der von einem unstillbaren dichterischen Fernweh getriebene Schriftsteller habe darob den Blick für die Realität verloren – der Schein trügt: Spitteler schwebte nie über den Wolken, er war ein klug beobachtender Zeitgenosse. Das beweisen unter anderem seine Briefe an die Eltern während seiner Russlandjahre (1871–1879). Sie berichten anschaulich vom Leben in der russischen Hauptstadt St. Petersburg, wo sich der junge Hauslehrer in «Schweizerischer Gemütlichkeit in kaiserlichem Glanz» wohl sein lässt. Unvergessen bleibt seine berühmt gewordene Rede «Unser Standpunkt», mit der er 1914 für unbedingte Neutralität der Schweiz im Ersten Weltkrieg und gegen eine drohende Spaltung zwischen Deutsch- und Welschschweiz eintrat – Beweis genug, dass Spitteler Zeit seines Lebens ausserordentlich stark heimatverbunden war, sodass er selbst im hohen Alter bekannte: «Liestal ist und bleibt meine Heimat.»[1] Da kann es nicht verwundern, dass er auch glaubhaft von der «Schweizer Krankheit», dem Heimweh, zu erzählen weiss. In seinem schönen Prosarückblick «Meine frühesten Erlebnisse» berichtet er nach einem Umzug seiner Familie von Liestal nach Bern von diesen Gefühlen:

«Schon nach einem halben Jahr hatten wir Kinder die Berner Sprache angenommen, während die Eltern immer ihre heimische Mundart bewahrten. In der Folge verbernerten wir beide ganz und gar, sodass wir später den Schulkameraden in Basel völlig als Bernerbuben erschienen, auch mit unserer Aussprache Lehrern und Schülern anfänglich lebhaftes Ergötzen bereiteten. Nicht das Emmentaler Deutsch eines Gotthelf und Loosli, sondern das Stadtbernische eines Tavel oder Greyerz. Im Innersten jedoch, im Herzen, blieben wir Basellandschäftler. Zu lebhaft leuchteten in unserer Erinnerung die tausend und abertausend Erlebnisse der vier ersten Kinderjahre, zu wenig beseelte uns die Anhänglichkeit an unsere Grosseltern, Vettern und Verwandten, zu zahlreiche Freunde, Bekannte und Gönner hatten wir zurückgelassen, als dass wir uns dessen hätten entledigen können. Wir fühlten uns in Bern von der ersten Stunde an als Abwesende und bald als Verbannte. Mit der Zeit übernahm uns ein sehnsüchtiges Heimweh, das den Hintergrund unseres gesamten Gefühlszustandes bildete und mit den Jahren nicht abnahm, vielmehr immer deutlicher ins Bewusstsein emporwuchs. Das Wort ‹Heimweh› kannten wir zwar nicht und das Wort ‹Heimat› verstanden wir nicht. Anders als unsere Mutter, deren Augen feucht erglänzten, wenn wir kräftig und ruhig sangen ‹Heimat, Heimat über alles›. Aber die Sache kannten wir: die glühende Sehnsucht nach den zurückgelassenen lieben Menschen und trauten Örtlichkeiten.

Ein Wort war es, das unsere Sehnsucht im Traum und im Wachen seufzte: das Wort Liestal. Mit Liestal meinten wir nicht das Städtchen, denn mit diesem verbanden uns nur wenige und verhältnismässig unbedeutende Erinnerungen, sondern vor allem die lieben Menschen, die in Liestal wohnten, die Grossmutter, der Grossvater, der Ünggeli usw., sodann in zweiter Linie das Haus und die Umgegend des Hauses, wo sie wohnten, also die Brauerei. Nicht etwa das Häuschen unseres Vaters; denn alles, was einst Liebes darin gewesen war, war ja mit uns nach Bern gezogen: Mutter, Vater und Agathe. Fremde Menschen hausten jetzt darin, es galt unserm Herzen für leer, wir würdigten es, wenn wir in den Ferien nach Liestal reisten, keines Blickes.

Von der Heftigkeit unseres Heimwehs kann ein anderer sich schwer eine Vorstellung machen; zumal es sich um Kinder handelt, von denen doch die Sage geht, sie lebten in den Tag hinein. Wo fange ich an, um von den tausend Proben einige zu berichten? Der Spaziergang nach dem beliebten Ausflugsort ‹Enge› lud unser Herz mit Wehmut, weil dort die Aare zu sehen ist, die in der Richtung gegen Liestal strömt. In der Gerechtigkeitsgasse, an der linken Ecke gegen das Rathaus, neben dem Apotheker Müller, gab es ein Haus, das von aussen wie die gemeinen Häuser aussah, aber aus dem Hofe innen im Hause fuhr der Postwagen nach Liestal, und zwar, wie Papa uns sagte, nicht bloss ein- oder zweimal im Jahr, sondern täglich. Es gab also Pferde, sogar Menschen: einen Kutscher und einen Kondukteur, die Glücklichen, die jede Woche nach Liestal fahren durften! Ja warum, wenn man es doch nun kann, fahren nicht alle Menschen alle Wochen nach Liestal? Und wenn die andern Menschen nicht wollen, warum nicht wir? Jammervolle Traurigkeit schlug uns nieder, wenn irgendein Umstand uns an das Posthaus erinnerte; besser gar nicht daran denken.

Einmal machten unsere Eltern in Gesellschaft anderer mit uns eine Spazierfahrt in die Nähe von Schönbühl. Wir wussten, dass Schönbühl die erste

Poststation auf dem Wege nach Liestal ist. Da bettelten wir allen Ernstes, bloss weiterzufahren, da wir doch schon unterwegs seien, und konnten nicht begreifen, warum wir stattdessen rückwärts nach Bern kehrten. Ebenso später, als wir mit der Schule ein Reischen nach dem Weissenstein machten. Auf einer Anhöhe über Solothurn zeigte ein Lehrer gegen das Hauensteingebirge: ‹Dort geht es nach Langenbrugg und Liestal›, verkündete er. Nun also. Wenn es doch dort nach Liestal geht, warum gehen wir nicht nach Liestal statt auf den unnützen Weissenstein? Im wachen Zustande drängten die täglichen Sorgen und Vergnügungen das Heimweh in den Hintergrund. Aber von Zeit zu Zeit die nächtlichen Träume! Wenn mein Bruder eines Morgens zu mir oder ich zu ihm sagte: ‹Ich habe von Liestal geträumt›, so verstanden wir einander und seufzten. Das gemeinsame Heimweh vornehmlich hat uns die Bruderliebe gelehrt. Wohl kam ab und zu dieser oder jener der schmerzlich Vermissten auf Besuch zu uns nach Bern, und solche Besuche wurden als Herzerquickung mit jubelnden Freudenstürmen begrüsst, allein das war ein Trost, nicht eine Erfüllung; die Ankunft eines Einzelnen schürte die Sehnsucht nach sämtlichen. Nur eines half zum Glücke, zum zeitweiligen Glücke wenigstens: die Ferienreise nach Liestal, wenn sie uns erlaubt wurde, und sie wurde uns fast alle Jahre einmal erlaubt. Ha, wie da unsere Herzen klopften! Wie wir angstvoll zwischen Furcht und Seligkeit die letzten Tage und Stunden vor der Abreise im Erwartungsfieber dahinlebten, besorgend, es könnte noch in der letzten Minute ein dummes Hindernis dazwischenplumpsen. Mein Bruder freute sich einmal in der letzten Nacht vor der Abreise so unsinnig, dass er am Morgen sich krank meldete und die Liestaler Reise unterbleiben musste. Ich kann es ihm noch heute nicht recht verzeihen.

Der Weg aber, der nach Liestal führte, wurde uns zur heiligen Strasse. Natürlich! Er führte in die Seligkeit. O wie wir den auswendig kannten! Zuerst Schönbühl. Dort entschied es sich. Wenn man beim Gasthof Schönbühl um die richtige Ecke herum war, in der Richtung gegen Utzendorf und Jegenstorf, so war man gerettet. Nichts konnte einen mehr zurückholen. Aber die richtige Ecke musste es sein; denn es liefen eine Menge Strassen bei Schönbühl nach allen Richtungen. Zum Beispiel nach Biel. Weswegen läuft eine Strasse nach Biel? Gibt es denn auf der Erde Menschen, so verstandesblöde, so stumpfsinnig, so glückblind, dass sie nach Biel mögen statt nach Liestal? Kaum zu glauben. Aber es scheint so. – Hinter Schönbühl musste man Geduld schöpfen, denn bis Solothurn wurde es langweilig. Mit Solothurn hatte man die Hälfte gewonnen. Dürrenmühle und die Clus winkten als die ersten heimatlichen Grüsse aus der Ferne. Langenbrugg, nun ja, die Urgrossmutter wohnt dort, das ist schon etwas, obschon noch nicht das Rechte, mehr nur eine Andeutung. Dagegen Jöris Gärtlein und die Waldenburger Schlossruine, o Wonne! Das ist schon halb Liestal. Jetzt Herz und Augen auf! – Aber warum dauert es von Waldenburg nach Liestal noch so unvernünftig, so endlos lange? Was soll das für einen Zweck haben? Gar nicht zu erleben. – Endlich, endlich heisst es: ‹Seht ihr dort den Kirchturm von Liestal?› Da tanzte die Ungeduld eine Erlösungspolka. Und das erste Mal, dass wir in den Ferien nach Liestal durften, tastete ich am nächsten Morgen im Halbschlaf mit der Hand an die Tapete, ob es auch zweifellos wahrhaftig wahr sei, dass ich nicht bloss im Traum, sondern in haltbarer, gegenständlicher Wirklichkeit die Glückseligkleit erlebte, im leibhaftigen Liestal aufzuwachen, in der Brauerei, beim Grossvater, bei der Grossmutter, beim Ünggeli und allem andern, was das Herz heilt.»[2]

1 Gottfried Bohnenblust: «Carl Spitteler, Dichter und Heimat», Bern 1985, S. 6.
2 Carl Spitteler: «Lachende Wahrheiten», Leipzig 1920, S. 151–156.

Foto: Peter J. Meier

Liestal: Das Carl-Spitteler-Denkmal «Prometheus und die Seele» von August Suter (1887–1965).

Jakob Arnold (von) Salis (1847–1923)
Das Lob des Wassers

Der Wasserhahn mit fliessend kaltem oder warmem Wasser ist längst für uns alle reine Selbstverständlichkeit. Das war nicht immer so! «Die Rede des Herrn Pfarrer Salis bei der Einweihung der Wasserversorgung von Seltisberg, Sonntag, den 25. Juli 1886» erzählt von diesen alten Zeiten.

«‹Das Beste aber ist Wasser!›, hat ein alter Weiser im fernen Osten einst gesprochen. Überhaupt galt und gilt im ganzen Morgenland das Wasser so recht als eine der grössten Wohlthaten und Segnungen; ein wasserreiches Land ist für den Morgenländer ein beneidenswerthes, ein glückliches Land. Brunnen, Wasser, Cisternenwasser, schön ist ihm das Bild, welches er am liebsten anwendet zur Bezeichnung von Glück und Wohlsein; und gar die Wasserquelle, fliessendes, lebendiges Wasser! – darüber hinaus gibts Nichts mehr!
Ja, die Herrlichkeit des Paradieses weiss die Schrift nicht schöner zu schildern, als indem sie sagt: Ich will den Durstigen geben von dem Brunnen des lebendigen Wassers … Wir begreifen diese Lobpreisung des Wassers wohl, wenn wir etwa daran denken, wie schlimm ohne solches das heisse Morgenland bestellt ist, mit seiner Vegetation, mit seinen Heerden, bis hinauf zu seinen verschmachtenden Menschenkindern.

Unser Seltisberg ist zwar kein Morgenland; aber oft wahrlich auf seiner Bergeshöhe auch so schlimm daran gewesen wie das Morgenland. Da fliesst kein Bächlein und entspringt keine Quelle. Unsere ehrenwehrten Altvordern haben zwar das Ihrige gethan, so gut sie's konnten, und so, wie Jedermann in früherer Zeit sich eben unter solchen Umständen zu helfen suchen musste. Sie waren nicht etwa hinter Anderen zurückgeblieben, als sie die zahlreichen Cisternen hier oben gruben, die hohen, praktischen Gestelle zum Wasserschöpfen errichteten. Und wer weiss, ob's nicht darum hier oben so diebessicher gewesen ist, weil das fremde, landstreichende Volk Respekt hatte vor den vielen hohen Galgen! – Aber befreit von der Morgenlands-Noth war unser Seltisberg darum doch nicht: das Wasser aus den Sodbrunnen war so, dass der Seltisberger, wenn er von Etwas sagen wollte, es sei schön hell und klar, es nicht verglich mit dem Wasser, sondern eher mit dem gebrannten Wasser. Und wenn dann ein recht tro-

ckener Sommer war, und diese so zu sagen gegrabenen Brunnen kein Wasser gaben – dann war der Seltisberger noch schlimmer dran als der Morgenländer in der Wüste: dieser hat dann seine Kameele, aus deren Magen er, wenn die Noth am grössten ist, am Ende noch Wasser bekommen kann; der Seltisberger aber besitzt keine solchen Thierlein; sein Kameel war dann das Wasserfass, das er in's Oristhal hinabführen und dort tränken musste. Eine solche Karawane war ein mühsam Geschäft. Und wenn dann in solchen Zeiten der Trockenheit und Dürre gar eine Feuersbrunst ausgebrochen war – das freundliche Bergdorf hätte ja werden können wie Sodom und Gomorrha. – Wir wollen denn nicht vergessen, heute ein herzliches ‹Gott sei Lob und Dank!› zu sagen dafür, dass er das bis dahin in Gnaden verhütet hat.

Und jetzt? Ja, jetzt kann man, mit dem Psalmisten, von Seltisberg singen wie er von Jerusalem: ‹Es soll die Stadt Gottes fein lustig bleiben mit ihren Brünnlein!› Nun strömen sieben stattliche Brunnen in prächtige Steinbecken einen Wasserstrahl, so voll und hell, dass sich Ortschaften im Thal drunten euch darum beneiden, dass es jeden Vorübergehenden gelüstet, davon zu trinken, selbst wenn er keinen Durst fühlt …
Jawohl, es ist für unser Bergdorf ein grosses geschichtliches Ereigniss, welches dasselbe allerdings mit Fahnen und Kränzen und allem Fest-

schmuck feiern darf! – Ein Ereigniss, das Jahrzehnte rückwärts – wenn nicht Jahrhunderte – und ebensolche vorwärts an Bedeutung für die Wohlfahrt dieser Ortschaft Seinesgleichen nicht hat. Der Durchstich der Landesenge von Suez und dergleichen kann uns hier oben sehr einerlei sein, gegenüber dem Gelingen der Wasserleitung von der einen Bergwand des Oristhales zur andern herauf. Jenes hat unser Dorf nicht im Mindesten berührt und beeinflusst; dieses dagegen hat sie förmlich umgestaltet. Man sieht ihr ja von ferne schon die Veränderung an: von unsern fremden Gästen hat vielleicht manch Einer heute, beim Eintritt in's Dorf, gemeint, er sei verirrt: da haben alle Häuser ein neues schmuckes Aussehen erhalten; die Strassen und Plätze, alles ist freundlicher, sauberer, frohmüthiger anzuschauen. Aber innerlich, im Leben der Dorfbewohner, wird auch Manches anders werden: das Leben überhaupt weniger mühevoll, weniger sorgenreich. Die Gesundheit wird's auch nicht zum Schaden verspüren, dass gutes, klares Wasser durch's Dorf fliesst; denn Gefahr von ‹Wassersucht› zieht damit nicht ein. Und wenn Einer und der Andere das neue Wasser so lieb bekommt, dass ihm dagegen das gebrannte Wasser gar trüb und unlauter vorkommt und er von diesem gebrannten Wasser eine rechte ‹Wasserscheu› kriegt, und dafür eine rechte Sucht nach Brunnenwasser – so ist wahrlich diese ‹Wassersucht› keine böse Krankheit, sondern eine, von der ich wünschen möchte, dass alle Dorfbewohner nicht nur, sondern alle Dörfer und Dörflein unseres Baselbietes, von der Birs bis zum Hauenstein hinauf, davon angesteckt würden! – Und wenn jetzt schon die Frauen und Töchter der Seltisberger etwas geschwätziger werden – während der Wasserzuber unter der Brunnenröhre sich von selber füllt; – und wenn schon da Einer und dort Eine das Liedlein singen werden, das man hier oben nicht singen konnte: ‹Jetzt gang i an's Brünneli, trink aber nit!› – so wird auch das nicht so gefährlich werden. Und wenn in manch eine Frau oder Tochter eine wahre Wasch- und Putzwuth fährt, so seid ihr ja ‹Mann's genug›, um endlich zu gebieten: ‹Jetzt ist's denn gut! S'hat Alles seine Grenzen!› – Also ist aller Grund vorhanden zu einem echten Freudenfeste.

Nun möchte ich mir aber auch noch ein Wort erlauben als Pfarrer dieser Kirchgemeinde! (...)»[1]

1 Zitiert nach Hanspeter Hamel: «Der beredte Baselbieter», Liestal 1982, S. 112ff.

Johann Salathé-Schneider (1856–1919)
Das Kopierbuch

Albert Salathé, der Enkel von Johann Salathé-Schneider, hat das Kopierbuch seines Grossvaters zum Gegenstand einer genealogischen Spurensuche gemacht. «Gekannt habe ich meinen Ahnen nicht, er wurde einige Jahre vor dem Tag meiner Geburt in seinem Heimatort Frenkendorf zu Grabe getragen. Beim Versuch, allerhand Gerümpel aus vergangenen Zeiten loszuwerden, stiess ich im Nachlass meines Vaters auf ein handgeschriebenes Buch von Joh. Salathé-Schneider, meinem Grossvater: ein solid gebundenes Buch im A4-Format, 399 hauchdünne, nur einseitig nutzbare Seidenpapierseiten. Der Titel: «Copie de lettres».

Es handelt sich also um ein «Kopierbuch», in dem durch Einlage eines Kohlepapiers handschriftliche Texte auf die Seidenpapierseiten übertragen wurden. Der erste Eintrag trägt das Datum des 14. Mai 1886, der letzte in immer gleichmässiger, schöner Handschrift ohne Korrekturen auf Seite 268 jenes vom 28. Dezember 1918 – Joh. Salathé war zweifellos über die Entwicklung der Schreibmaschine orientiert. Er war kaufmännischer Angestellter einer Speditionsgesellschaft in Basel, die sich der seit Ende des 19. Jahrhunderts aufgekommenen Verwendung von Schreibmaschinen wohl kaum entziehen konnte. Aber mein Grossvater bestellte zum Beispiel sein Bahnabonnement nach Basel handschriftlich bei der Station Niederschönthal (heute Bahnhof Frenkendorf).

Wahrscheinlich überstieg der Luxus einer privaten Schreibmaschine die ökonomischen Möglichkeiten der Familie Salathé; meine Grosseltern hatten sieben Kinder, meine Tanten und Onkel, die ich mit Ausnahme eines in Amerika verschwundenen Fritz alle gekannt habe und in bester Erinnerung behalte.

Grossvater hatte einen zweiten Beruf: Er war Bauer. Ein grosser Teil seiner Kopien betrifft die Bestellungen von Düngemitteln, Korrespondenzen mit einer Mühle und so weiter; in einem Brief vom 16. April 1916 an einen Viehhändler fordert er diesen auf, er möge die ihm für Fr. 900.– verkaufte Kuh holen und bezahlen.

Vor allem aber wandte sich Joh. Salathé als engagierter Bürger mit Eingaben, Vorschlägen, Berichtigungen an die Gemeindebehörden, den Regierungsrat in Liestal und so weiter. Er verstand es, in immer höflichem Tonfall die demokratischen Grundrechte zu nutzen, und stellte sich der Allgemeinheit als Berater, Vormund und Mitglied der Schulbehörden zur Verfügung.

In einer an die Vogtverwaltung in Liestal gerichteten Rechnung vom 6. Dezemver 1912 über Fr. 5.20 mit zehn Positionen figurieren folgende Beträge: vier Briefe à Fr. 0.05, eingeschriebene Briefe à Fr. 0.15, viermal «Gang nach Liestal» à Fr. 1.– (d.h. Fussmarsch Frenkendorf–Liestal–Frenkendorf, gegen zwei Stunden! A.S) und den «Vogtlohn»: Fr. 0.75.
Erstaunlich viele Kopien betreffen Vater Salathés Kinder. Er legte grossen Wert auf die französische Sprache, schrieb in perfektem Französisch Briefe, um seinen Kindern einen Aufenthalt im Welschland oder eine Teilnahme an einem Sprachkurs zu sichern. Er erkundigte sich am 15. Juni 1914 bei einer Versicherung in Genf über die Gültigkeit der Police zugunsten seines Sohnes, «qui se trouve maintenant à Londre», er intervenierte, wenn ihm die Strafe eines Lehrers übertrieben schien und so weiter.

Joh. Salathé-Schneider war ein weltoffener Mann, manchmal wohl etwas pingelig oder gar rechthaberisch. Obwohl in seinen Kopien davon keine Rede ist, darf man annehmen, dass er die politischen Probleme und technischen Entwicklungen seiner Zeit aufmerksam zur Kenntnis genommen hat und ein gründlicher Leser der von ihm abonnierten Zeitung war. Er lebte in einer Zeit des Umbruchs, der überwältigenden Neuerungen und der das tägliche Leben massgeblich modifizierenden Einflüsse. In seinen Kopien ist davon nur indirekt, am Rande die Rede – aber der alerte Geist dieses schreibfreudigen Mannes dürfte sich mancherlei Fragen gestellt haben.
In der etwas mehr als dreissig Jahre umfassenden Zeit des Kopierbuches wurde das erste Elektrizitätswerk von Thomas A. Edison in Betrieb genommen, begann die Revolution des Verkehrs mit dem Automobil, dem Flugzeug, setzte sich die drahtlose Kommunikation mit Marconis Erfindungen durch und so weiter. Zudem wurden – natürlich noch unerkannt – die weitgehend für die Greuel des 20. Jahrhunderts Verantwortlichen geboren: Lenin, Stalin, Mussolini, Hitler – sie erlebten den Ersten Weltkrieg und schmiedeten aus den Trümmern einer «Welt von Gestern» (Stefan Zweig) ihre Ideologien, die den Gärstoff für den Zweiten Weltkrieg lieferten.
Wir wissen natürlich nicht, wie künftige Generationen unsere Zeit rezeptieren werden und ob die Flut der heute verfügbaren Informationen dem nagenden Zahn der Zeit widerstehen kann, etwa durch zeitresistente Festplatten und entsprechende Betriebs- und Empfangsapparate, oder ob von unserem «Heute» nur auf Papier Ausgedrucktes überlebt. Sicher scheint jedenfalls, dass handschriftliche Zeugnisse unseres Alltags immer seltener verfügbar sein werden. Joh. Salathé-Schneiders handschriftliches Kopierbuch ist schon gegen Ende seiner Benutzung zum Relikt einer vergangenen Zeit geworden.»

Albert Hägler (1858–1930) und Carl Benjamin Dunkel (geb. 1860) Baselbieter Auswanderer

Ist die Schweiz heute dank der Personenfreizügigkeit ein Land der Einwanderer, so war sie bis ins 20. Jahrhundert ein Land der Auswanderer. In den allermeisten Fällen waren es wirtschaftliche Gründe, die zu diesem folgenschweren Schritt führten.

Die Schweiz stellte 1891 von insgesamt 669 321 USA-Einwanderern nicht weniger als 11 293. Abenteuerlust, vor allem aber Auswegs- und Hoffnungslosigkeit hatten sie in die Ferne getrieben, wo sie auf ein besseres Auskommen hofften; in den allermeisten Fällen waren es «Wirtschaftsflüchtlinge», doch es gab auch Ausnahmen.
Dass die Abfahrt in Basel turbulent ausarten konnte, zeigt eine Schilderung aus «Die ergötzliche Amerikafahrt» des Baselbieters Albert Hägler.
«Am 6. September reisten wir in Titterten ab. Ein lieber Kamerad führte uns mit dem Fuhrwerk bis Basel, wo wir bereits vor acht Tagen unsere Reisekosten bei der Agentur Zwilchenbart bezahlt hatten. Wer beschreibt das Chaos, das wir vor dem Hause der Reiseagentur in Basel antrafen! Ein bekränzter Wagen, voll von Auswanderern aus dem Fricktal, war gerade angekommen. Ein kleiner Mann mit einer Handharmonika liess seine Weisen hören, daneben Gesang, Johlen und lautes Reden, betrübte Gesichter mit tränenden Augen, ein Durcheinander ohnegleichen. Auf einmal ertönte eine Glocke im Bureau Zwilchenbart, und der Agent zeigte uns an, dass jeder von uns eine Wurst und einen halben Liter Wein beziehen könne. In einer halben Stunde war der Imbiss verzehrt. Wir erhielten Bescheid, dass um fünf Uhr unser Zug zum Einsteigen bereit stehe. Schlag halb sechs fuhr der Zug in Basel ab. Morgens um neun Uhr kamen wir in Paris an. Überfahrt nach New York: In Le Havre konnte ich sofort das Schiff besteigen. Bald wurden die Anker gelichtet, und der Dampfer fuhr langsam aus dem Hafen. Zehn Tage dauerte die Überfahrt bis New York. Auf unserm Schiff waren etwa 185 Passagiere, ein buntes Durcheinander von allen Nationen. Ich gesellte mich drei gleichaltrigen Burschen zu. Am dritten Tag machte ich meinen Kollegen den Vorschlag, wir wollten probieren, ob wir ein Lied zusammen singen könnten. Begeistert sangen wir zuerst ‹O mein Heimat-

land›. Bald wurden wir von Mitfahrenden umringt und beklatscht. Kollege Schaub, auch ein Baselbieter, der eine prächtige Tenorstimme hatte, stimmte noch das ‹Rütlilied› an. Da sahen wir manche Träne glänzen, und als wir am Ende waren, wollte das Händeklatschen kein Ende nehmen.»[1]

Einer von ihnen ist der seit seinen frühen Jugendjahren kriminelle Carl Benjamin Dunkel. «Er stiehlt überall und alles; Schuhe, Schmuck, Uhren, aber auch einfach Essen, um zu überleben. Was er nicht verzehrt, versucht er zu barem Geld zu machen. Er wird praktisch jedes Mal erwischt und bestraft. Bereits als 17-Jähriger hat er eine eindrückliche Liste an Delikten

zusammen, Trunkenheit, seinen Eltern entlaufen, Diebstahl, Vagantentum, Obdachlosigkeit, betrüglicher Bettel, Herumlungern mit einem italienischen Mädchen, Betrügereien, eine Uhr gestohlen, Bettel und immer wieder Diebstahl.»[2] Kurzum: ein hoffnungsloser Fall. Glücklicherweise gibt es einen Ausweg: Er heisst Amerika, und so beschliesst der löbliche Gemeinderat von Bottmingen, ihn dorthin zu spedieren, denn eine Überfahrt kommt letztlich doch billiger, als ihn, den Nichtsnutz, auf Kosten der Gemeinde auszuhalten – eine Praxis der Sozialfürsorge, die in jener Zeit nicht ungewöhnlich war. Doch Bottmingen machte die Rechnung ohne den Wirt. «Weil die Vereinigten Staaten von Amerika mit der Schweiz ein völkerrechtliches Abkommen geschlossen haben, wonach vorbestraftes ‹Gesindel› nicht nach den USA kommen darf, lässt die Einwanderungsbehörde Dunkel gleich auf dem Dampfer sitzen und schickt ihn sozusagen postwendend nach Le Havre zurück.»
Und so hat unser Schweizer «Auswanderer» die beengende Reise zwischen Ratten und Fäulnis gleich zweimal umsonst ertragen müssen.

1 Paul Suter (Hg.): «Die ergötzliche Amerikafahrt des Baselbieter Albert Hägler», in «Baselbieter Heimatblätter» Nr. 3 und 4, Liestal 1946/7.

2 «Nah dran, weit weg», Geschichte des Kantons Basel-Landschaft, Liestal 2001, Band 5, S. 118ff.

Theodor Herzl (1860–1904)
«In Basel gründete ich den jüdischen Staat»

«Wenn ich den Baseler Kongress in einem Satz zusammenfassen wollte – was ich öffentlich nie tun würde –, wäre es: ‹In Basel gründete ich den jüdischen Staat.› Wenn ich das öffentlich erklärte, würde man als Antwort darüber lachen. In vielleicht fünf Jahren, bestimmt in fünfzig, wird jeder es erkennen.»[1] Das schrieb Theodor Herzl, der Verfasser der 1896 erschienenen politischen Programmschrift «Der Judenstaat. Versuch einer modernen Lösung der Judenfrage», am 3. September 1897 in sein Tagebuch. Er sollte recht bekommen: 1948 ging seine Prophezeiung in Erfüllung!
Warum stand die Wiege Israels in Basel? Weil die Rheinstadt als «judenpolitisch» neutral galt und die Basler Regierung in diesem Sinn den Plan eines Zionistenkongresses positiv aufnahm.
«Am Sonntag, 29. August 1897, einem heissen Sommertag, wurde der Zionistenkongress im Kasinosaal eröffnet, zu dem man knapp dreihundert Delegierte aus sechzehn Ländern erwartete. Die Stimmung war feierlich, die Einladungskarte forderte ‹schwarzes Festkleid›, wer nicht im Frack erschien, wurde zurückgewiesen. Auch das Tagungsgebäude war festlich geschmückt, die Bühne mit grünen Tüchern ausgeschlagen, vor dem Haus wehten speziell entworfene blau-weisse Fahnen mit Davidstern.»

Ziel von Herzl und seinen Mitstreitern war es, die heterogenen zionistischen Strömungen – politisch, religiös und sozial – unter einen Hut zu bringen.

«Wir wollen alles hervorkehren, was uns eint, und alles in den Hintergrund stellen, was uns trennt», schrieb etwa Max Nordau. Ein Mittel zu diesem Zweck war eine geschickte Inszenierung. In seinem Tagebuch notierte Herzl: «Ich hetzte die Leute allmählich in die Staatsstimmung hinein und brachte ihnen das Gefühl bei, dass sie die Nationalversammlung seien.»
Die zweite Strategie lautete, Beschlüsse so offen und allgemein zu halten, dass alle Beteiligten dahinterstehen konnten, wie beispielsweise das am ersten Kongresstag beschlossene und durch Akklamation verabschiedete ‹Baseler Programm›». Es sah für das jüdische Volk die Schaffung einer öffentlich-rechtlichen gesicherten Heimstätte in Palästina vor. Nach 22 Zionistenkongressen – neun waren in Basel durchgeführt worden – war das Ziel erreicht. Der zweiundzwanzigste Kongress – es sollte der letzte sein – fand wiederum in Basel statt; Tagungsort war der rote Saal der Mustermesse.
«Nach dem Mord an sechs Millionen Juden, der Vertreibung der Überlebenden und der Vernichtung des osteuropäischen Judentums hatte dieser Zionistenkongress eine besondere Bedeutung und Aufgabe. Es wird berichtet, dass der damalige Präsident der Bewegung, Chaim Weizmann, später erster Staatspräsident Israels, tief erschüttert war, weil er fast keine vertrauten Gesichter mehr unter den Teilnehmern fand.
Auch an diesem letzten Zionistenkongress wehten vor dem Tagungslokal wieder die blau-weissen Fahnen, flankiert von einer Schweizer und einer Basler Fahne, war wieder festliche Kleidung vorgeschrieben. Im Saal hing ein grosses Bild von Theodor Herzl, dem Begründer des politischen Zionismus. Seine Vision war real geworden: ‹In Basel gründete ich den jüdischen Staat.›»

1 Zitate aus Matthias Buschle und Daniel Hagmann: «Kleine Basler Weltgeschichte», Basel 2011.

Leo Zehntner (1864–1961)
Baselbieter Dörfer um 1880

Leo Zehntner, Arztsohn aus Reigoldswil, hat sich nach einem bewegten Leben als Entomologe in den Tropen mit unzähligen wissenschaftlichen Publikationen einen Namen gemacht; nach seiner Rückkehr in die Heimat betätigte er sich politisch in Gemeinde und Kanton an vorderster Front. Seine Jugenderinnerungen enthüllen schonungslos die tristen Wohnverhältnisse der Baselbieter Bevölkerung in den 70er-Jahren des 19. Jahrhunderts.

«Die Dörfer machten in meiner Jugendzeit lange nicht den guten und sauberen Eindruck wie heutzutage. Die Häuser wurden wenig unterhalten, und es sah in vielen Ortschaften, auch bei uns in Reigoldswil, stellenweise armselig aus. Die Strassen und Gassen befanden sich in schlechtem Zustand. Sie waren meist auch schmäler als heute, schon wegen der vielen Mistgruben, die zahlreich ihnen entlang lagen. An mehreren Stellen ergoss sich die Jauche auf die Strasse, wenn sie nicht einen Weg in den Bach fand. Nur wenige Häuser waren mit Dachkäneln versehen, sodass sich das Regenwasser von den Dächern auf die Gassen ergoss und mit Strassenstaub einen dicken Kot bildete.

Damals, als der Hauptverdienst von der Hausposamenterei abhing, trieben eben alle Leute etwas Landwirtschaft, um einigermassen gegen die hin und wieder auftretenden Krisen in der Industrie geschützt zu sein. Wo es nicht zum Halten von Rindvieh langte, begnügte man sich mit ein paar Ziegen. Einige Hühner und oft auch ein Schwein vervollständigten den Viehbestand. Deshalb gab es damals die vielen Mistgruben, aber anderseits auch keine leeren Scheunen wie heute.

Der Dorfbach war immer voll Unrat, viel ärger noch als heute, weil neben viel anderem alle toten Hühner und Katzen hineingeworfen wurden. Hühner wollte beinahe niemand essen, es graute den Leuten davor, also wurden sie in den Bach geworfen.

Ganz schlimm sah es mit den Wohnungen aus, sowohl was ihre Einrichtung als auch die Raumverhältnisse betrifft. Man kann sich die Zustände von damals heute kaum vorstellen. Reigoldswil stellte wohl ein besonders krasses Beispiel dar. In den Wohnungen waren mindestens 300 der grossen Seidenband-Webstühle aufgestellt, die in den besten und hellsten Zimmern platziert waren, oft zwei bis drei in einem Raum. Da keine Arbeitszeit

vorgeschrieben war, wurde viel zur Nachtzeit gearbeitet, gelegentlich, wenn alle Ware rasch geliefert werden musste, die ganze Nacht hindurch. Als Beleuchtung dienten die ‹Funzeln›, einfache Blechgefässe mit einem Docht, ohne Lampenglas, die viel Dampf und Rauch erzeugten. In jedem Raum brannten gewöhnlich ihrer drei, eine beim Webstuhl, eine bei der Windmaschine und eine beim Spülirad. Mit der Lüftung hielt man zurück, besonders zur Winterszeit, denn Kälte und Feuchtigkeit beeinträchtigten den Gang der Webstühle. Trotz der schlechten Luft schliefen viele Posamenter infolge Raummangels in den Stuben, ja an manchen Orten hatte man unter der ‹Choust› eine Art grosser Schubladen angebracht, die abends hervorgezogen wurden und dann als Bettchen für die Kinder dienten (…) Die grösseren Kinder schliefen in Nebenstuben oder in abgewandeten Kammern, aber oft auch auf dem offenen Estrich. Das habe ich mit meinem Bruder auch mitgemacht, obschon bei uns zu Hause nicht posamentet wurde. Ich erinnere mich noch sehr gut daran, wie wir im Winter bei starkem Wind am Morgen Schnee auf unseren Bettdecken fanden. Er war unter den Ziegeln hineingeweht worden.
Zum beschränkten Raum kam, dass die Stubenböden durchwegs aus breiten Brettern bestanden, die fingerbreite Fugen aufwiesen. Diese füllten sich mit der Zeit mit allerlei Unrat, wo sich manches Ungeziefer aufhielt. Da die Leute auf Sauberkeit achteten, wurden die Zimmerböden jeden Samstag mit viel Wasser und Sand gefegt und weiss gescheuert. Aber durch dieses regelmässige ‹Pflätere› wurde auch der Unrat in den Fugen jeweilen aufgeweicht, und da sich namentlich die Jungstadien der Flöhe mit Vorliebe dort aufhielten, entwickelten sich diese Insekten derart, dass sie eine wahre Plage bildeten. Seitdem in neuerer Zeit die alten Stubenböden herausgerissen und durch gut schliessende Riemenböden ersetzt worden sind, hat es in diesem Punkt gebessert.
Die Küchen waren früher meist in primitivem Zustande und schlecht beleuchtet. Es wimmelte darin nur so von Küchenschaben, die in der Nähe der Feuerherde gute Schlupfwinkel fanden. Bei manchen Leuten herrschte oft Unordnung in den alten Wohnungen. Dort waren auch Wanzen und Kopfläuse zu Hause (…)
Angesichts der geschilderten Wohnverhältnisse taucht die Frage auf, ob es unter der Bevölkerung nicht gar viele Krankheiten gegeben habe. Gewiss war das der Fall, aber im Grossen und Ganzen lief alles noch gnädig ab. Die schwachen Naturen starben eben schon als Kinder oder als Jugendliche, und nur die Starken widerstanden. Namentlich starben viele kleine Kinder weg, weil die Säuglingspflege auf dem Lande im Argen lag. Die Geburten waren viel zahlreicher als heutzutage, und trotz grösserer Sterb-

lichkeit gab es eine ganze Anzahl Familien mit zehn, zwölf und mehr Kindern. Man darf nun aber nicht glauben, dass all die geschilderten Zustände nur in Reigoldswil geherrscht hätten. O nein! Ähnlich sah es überall in der Umgebung aus, auch im unteren Kantonsteil, ja sogar in der Stadt Basel war es in vielen Quartieren nicht besser bestellt. Mein Vater war Arzt und besorgte die Patienten in einem Umkreis von drei Stunden zu Fuss. Oft hörte ich ihn erzählen, dass er an manchen Orten, wenn er Kranke zu untersuchen hatte, nicht lange hinsah, wo er seinen Laufstecken oder Schirm hinstellen oder aufhängen konnte. Er steckte ihn einfach in den Boden! Es hatte oft in ebenerdigen Wohnungen keinen Bretterboden, sondern nur feuchte, festgestampfte Erde.
Von alters her existierte bei uns das Botenwesen. Die Boten waren besondere Vertrauensleute und wurden von der Einwohnergemeinde gewählt. Sie transportierten die fertigen Seidenbänder nach Basel zu den Fabrikanten, den ‹Seidenherren›. Auf dem Rückweg brachten sie neben dem Lohn das Material für neue Bänder mit. Der Lohn wurde damals in Silbergeld, namentlich in Fünflibern, ausbezahlt. Und weil in unserm Tal stark posamentet wurde, erhielt das hintere Frenkental den Übernamen ‹Fünflibertal›. Der Bote, der zweimal in der Woche nach Basel fuhr, brachte nämlich jedes Mal einen Betrag von 4000 bis 5000 Franken nach Reigoldswil.»[1]

1 Leo Zehntner: «Aus meinem Leben», in «Baselbieter Heimatblätter», 1961, S. 41–48.

Ein ungenannter Student (1869)
Besuch bei Jacob Burckhardt

Sie haben «Die Kultur der Renaissance» und die «Weltgeschichtlichen Betrachtungen» gelesen und sich vielleicht auch ein Bild des grossen Baslers gemacht; entspricht es wohl der Wirklichkeit? Vergleichen Sie Ihre Wahrnehmung mit dem Porträt, das ein ungenannter Student uns überliefert hat – Burckhardt war damals 61 Jahre alt.

«In höheren Semestern begegnete es einem wohl, dass der verehrte Professor den Studenten zu einem Abendsitz in seine Wohnung einlud. Durch den dunklen Gang eines Hauses in der St. Alban-Vorstadt, den meist noch die staubigen Mehlsäcke des Bäckers, der hier sein Geschäft betrieb, verengten, und über zwei steile Holztreppen hinauf gelangte man zu einer Zimmertür, auf der ein angeklebtes Stück Papier den mit Antiqua aufgemalten Namen J. Burckhardt trug. Ein kräftiges ‹Herein› begrüsste den Anklopfenden. Von dem einfachen Schreibtisch am Fenster, wo zwei Wachskerzen ihm zur Lektüre leuchteten, erhob sich die mittelgrosse, gedrungene Gestalt mit dem kurz geschorenen weisshaarigen Charakterkopf, mit dem breitgeknoteten schwarzen Halstuch und dem grauen Malerhemd und bot dem Eintretenden freundlich die Hand. Die ersten Fragen Burckhardts gingen immer mit einer rührenden Teilnahme nach des Besuchers äusserem Befinden, wovon sich auch eine sorgfältige Musterung von Gesicht und Aussehen zu überzeugen suchte; dann wurde man zum Sitzen auf dem kurzen Sofa hinter dem runden Tisch genötigt, während der Gastgeber auf dem hölzernen Stuhle zur Seite Platz nahm. In der mässig grossen, aber niedrigen Stube herrschte gute Ordnung, obwohl kein dienstbarer Geist je zu erblicken war. An der Rückwand stand ein Piano. An den Wänden sah man ausser den Gestellen mit Büchern, Mappen und Schriften hauptsächlich noch über und neben dem Schreibtisch zwei schöne grosse Stiche, das Pantheon und Alt-St. Paul in Rom vorstellend.

Nun teilte man mit dem gastlichen Junggesellen, der den Wirt und Kellner selbst in freundlichster Weise machte, das einfache Abendmahl, das im Wesentlichen aus einem langen Abschnitte einer grossen kalten Fleischpastete bestand. Man musste erzählen und wieder erzählen und sehr viel roten Wein dazu trinken. Für allerlei wissenschaftliche und künstlerische Pläne, für Reiseerlebnisse, für persönliche Bekanntschaften zeigte er das liebevollste Interesse und wusste durch seine Zwischenbemerkungen und die Art des Zuhörens Beifall und Übereinstimmung, Bedenken und Tadel in derselben feinen, bald aufmunternden Art, bald abmahnenden Weise kundzutun. Man wagte es, auf seine freundliche Aufforderung hin, ihm die Skizzenbücher der letzten Reise vorzulegen, ihm die Gedichte vom vergangenen auswärts verbrachten Semester vorzulesen. Er sah und hörte alles mit einer Geduld an, die ich jetzt noch mehr als damals bewundere, lobte und tadelte die Verse mit dem gleichen Wohlwollen; wenn es ihm dann zu bunt wurde, so eilte er ans Klavier und griff, frei fantasierend, auf ein vorgelesenes Stück zurück, das ihm gefallen hatte, und das er nun, den Text vor sich auf dem Notenbrett, vorweg komponierte und mit seiner angenehmen Tenorstimme durchsang. Dann fiel er in eines seiner geliebten Schubertlieder ein, von denen er die bekanntesten auswendig sang und begleitete, obgleich er als Ästhetiker das Klavier schalt, an dem man aussehe wie ein Affe, was bei den Streichinstrumenten so ganz anders sei. War er wohlgelaunt, so erwiderte er die naiven Mitteilungen der Produkte der Jüngeren durch Vorweisungen der Skizzenbücher aus seinen jungen Jahren, und stand auch lächelnd zu der eigenen dichterischen Tätigkeit, die er sonst der Öffentlichkeit gegenüber verleugnete. Am rührendsten war diese seine Bescheidenheit, wenn er von seinen wissenschaftlichen Leistungen sprach, unter denen er die unmittelbare Einwirkung auf die Zuhörer bei Weitem höher stellte als die auf Leser durch das geschriebene Wort. Beides, meinte er, könnte niemand vereinigen, und so habe auch er nun seine Vorlesungen zuliebe auf das Schreiben verzichtet. Wenn man ihn staunend fragte, wie er denn die glänzenden Anerbietungen des Auslandes, seine Lehrtätigkeit auf eine viel grössere Zuhörerschaft auszudehnen, habe ausschlagen können, so pries er das bescheidene ruhige Wirken an unsern Schweizer Hochschulen im Gegensatz zu dem oft so wenig erbaulichen Treiben an deutschen Universitäten. Er riet auch dem Schüler von jeder Betriebsamkeit und Streberei ab und empfahl ihm die freie und uneigennützige Beschäftigung mit allem, was menschlich sei, wenn er ein wahrer Mensch bleiben wolle. Als mir einst einer seiner jüngern Kollegen wohlmeinend geraten hatte, mich zu konzentrieren und mein Cello zu verbrennen, stärkte Burckhardt meinen gesunkenen Mut mit manchem kräftigen Spruch über die Trostlosigkeit des blossen Brotstudiums. Demgegenüber pries er die Unbefriedigtheit des vielseitig angelegten Menschen als ‹embarras de richesse›. Wenn man das vielleicht damals nicht gerade nötig hatte, so verliess man jedenfalls getröstet und erhoben den Lehrer, der ja allerdings in der herrlichen Vielseitigkeit und Harmonie seiner wissenschaftlichen und künstlerischen Persönlichkeit einem jungen Mann das erstrebenswerte Vorbild erschien.

‹Drinke Si, Herr V., drinke Si; dä Wy duet kaim Kind nit›, so munterte der stets gesprächiger werdende Wirt den jungen Gast auf und pries den feurigen Châteauneuf-du-Pape an, den er sich auf seinen Reisen in die sonnige Provence als seinen Liebling auserwählt hatte. Auch die jugendliche Unbefangenheit empfand er endlich gegenüber diesen dringenden Einladungen des Alten doch gegen ein oder zwei Uhr als Pflicht, ein Ende zu machen, und der gesundeste Durst des Studenten fand es am Platze, das Gastmahl abzubrechen, wenn auch das Gehörte und Angeregte ihn in der mondhellen Nacht auch herumtreiben mochte, bis über dem St. Alban-Tor der Morgen graute.»[1]

1 René Teuteberg: «Stimmen der Vergangenheit», Band 2, Basel 1966, S. 117ff.

Jacob Burckhardt vor dem Münster.

Steivan Brunies (1877–1953)
Der Gründer des Nationalparks

1943 erschien im Sammelband «Tiererlebnisse aus dem Engadin» die Erzählung «Meine letzte Gemse». Ihr Autor, der Bündner Steivan Brunies, war mein Onkel mütterlicherseits – ich präzisiere: Er war mein Lieblingsonkel, und so, wie er mich selbst in jungen Jahren als angehender Gymnasiast in guten Gesprächen nachhaltig geprägt hat, so verstand er es auch, mit seinen Radiovorträgen die Jugend für sein grosses Anliegen, den Naturschutz, zu gewinnen. Brunies war Mitbegründer des Schweizer Nationalparks, von 1909 bis 1935 Sekretär des 1901 gegründeten Schweizerischen Bundes für Naturschutz (Heute Pro Natura) sowie von 1914 bis 1941 erster Oberaufseher des Nationalparks.

Die Schulfunk-Erzählung «Meine letzte Gemse» schildert mit starken Bildern das Erlebnis des letzten Jagdausflugs, den Brunies vor einem längeren Auslandaufenthalt unternommen hatte. «Unter mir, zwischen Felsklötzen, tritt scheu eine Gemse auf die Geröllhalde; sie steht still, schaut um sich, vorsichtig nach allen Seiten sichernd. Ich blicke gespannt nach ihr, verhalte mich still. Mit wenigen Sätzen hat sich jetzt das Tier mir genähert, nun steht es fast senkrecht über mir. Sachte lege ich den Kolben an die Schulter und presse die Wange ans Gewehr. Überm Korn des Stutzens hinweg sehe ich noch immer das schöne Tier. Der Zeigefinger der rechten Hand zieht vorsichtig am Abzug. Ein Schuss kracht durch die Stille und dröhnt mit mehrfachem Widerhall, wie der Donner nach dem Blitzschlag. Und die Gemse? Stumm sinkt sie nieder. Um Himmels willen; ins Kreuz habe ich sie getroffen! Sie bewegt sich noch; ich sehe, wie sie sich mit letzter Kraft erheben will. Vergeblich, ihr Hinterkörper ist gelähmt. In fiebernder Eile steige ich hinunter und rutsche zur Geröllhalde hinab, alle Gefahren missachtend. Wenige Schritte vor mir liegt das Opfer. Mit zitternden Knien nähere ich mich ihm. Was sehe ich? Das arme Tier lebt noch. Zwei grosse braune Augen schauen mich an in stummer Qual, vorwurfsvoll, als wollten sie sagen: ‹Warum hast dus mir angetan, was tat ich dir bloss zuleide?› Starr vor Entsetzen und Grauen, wehes Leid in mir, als sähe ich plötzlich die unendlich gütigen Augen meiner Mutter. Wirr jagen Gedanken und Erinnerungen aus meiner frühesten Kindheit durcheinander. Mutter, wie hast du mich strafend angeschaut, als ich stolz die erste Gemse heimparc naziunal svizzer

echt wild

trug, ‹Chi vo a chatscha svanatscha – wer auf die Jagd geht, geht irre.› Ich glaube sie in diesem Augenblick wieder zu hören. Ich suche nach Hilfe, schreie verstört nach meinem Kameraden. ‹Auf die Seite›, ruft dieser barsch herüber, und schon pfeift ein Schuss durch die Felsen. Der Kamerad hat gut gezielt. Der schöne Kopf des armen Tieres sinkt auf den steinigen Boden. Seine klugen, klaren Augen brechen und verglasen. Zu Ende ist die Qual.
Ich bat meinen Freund, die Beute heimzutragen. Wie zerknirscht stieg ich auf dem kürzesten Weg zu Tal. Immer sahen mich die braunen, grossen Augen fragend an. Tag um Tag trug ich diese Last mit mir herum. Endlich nahte die Zeit meiner Abreise. Die Trennung von meinen Bergen erschien mir jetzt wie eine gerechte Strafe für meine Untat.»[1] Und dann kam die Wende: «Es war der 1. März 1908. Vor Tag war ich aus einem schönen Traum erwacht. Wie von ferne hatte ich die Kuhschellen und Glocken des ‹Chalanda marz›, des Frühlingseinläutens der Engadiner Buben, und das uralte ‹Chalanda marz›-Lied vernommen. Im Traum hatte ich als Signum, als Senn, die festlich geschmückte Schar stolz durch den weiten Hausflur meines Vaterhauses geführt. Wars nicht eine gute Vorbedeutung? Wenige Stunden später hielt ich mit Tränen in den Augen ein Schreiben in den Händen. Meine Heimat bot mir eine Lebensstellung an. Mit dem Gelöbnis,

ihr mit meiner ganzen Kraft und Liebe zu dienen, kehrte ich beglückt heim. Ich kam zur rechten Zeit, um teilzunehmen an jener grossen vaterländischen Bewegung, die ihr unter dem Namen des Natur- und Heimatschutzes bereits kennt. Fast wie eine göttliche Fügung und ein Zeichen erfolgter Sühne dünkte es mich, als ich sogar die Berge und Täler meiner engeren Heimat als Nationalpark in Vorschlag bringen und bei dessen Verwirklichung mithelfen durfte. (...) So blieb das Blut meiner letzten Gemse nicht umsonst vergossen.»[1]

Nach seiner Rückkehr in die Schweiz wirkte Steivan Brunies ab 1908 am Basler Realgymnasium, als begeisterter und begeisternder Naturkundelehrer. Seine vielen Schüler haben ihn als gütigen, herzhaften, aber immer konsequenten Verfechter seiner Ideale und Ideen in Erinnerung behalten. Halbheiten duldete er nicht, er wusste zu überzeugen und war durchdrungen von seiner Lebensbestimmung, dem Naturschutz, dem er in verschiedenen Funktionen seine ganze Kraft gewidmet hat.

1 Steivan Brunies: «Tiererlebnisse aus dem Engadin», Basel 1943, S. 79ff.

Hermann Hesse (1877–1967) «Die Herrlichkeit jener Wiese»

«Beim Drandenken ist mir zumute, als wäre alles Kostbare, was ich später mit Augen sah und mit Händen besass, und selbst meine Kunst, gering gegen die Herrlichkeit jener Wiese.» Sie dürfen dreimal raten, welche Wiese Hesse meinte, als er ihre Erinnerung wachrief. Es ist die Schützenmatte! Basel, wo Hesse die ersten neun Jahre seines Lebens verbrachte, war ihm Herzensstadt; mit der Familie – der aus Calw stammende Vater stand im Dienst der Basler Mission – entdeckte er den Rhein, die Fähren, das Rathaus, das Museum, den Zoologischen Garten und das Münster, doch führte ihn seine Berufswahl später als Buchhändler nach Tübingen. Vom Wunsch beseelt, wieder in die Stadt des von ihm hochverehrten Dreigestirns Jacob Burckhardt, Friedrich Nietzsche und Arnold Böcklin zurückzukehren, fand er 1899 als 22-Jähriger in der Reichschen Buchhandlung an der Freien Strasse (heute findet sich dort das Uhren- und Schmuckgeschäft Bucherer) eine Stelle.
«Zum mageren Lohn von 110 Franken im Monat verschaffte sich Hesse kleine Zusatzverdienste mit Artikeln und Rezensionen für verschiedene Zeitungen, auch für die ‹Basler Nachrichten›. Trotzdem musste er Ende Monat oft sein Essen im einfachen Gasthof der Schmiedezunft einnehmen, denn, so schreibt er in einem Gedicht ‹Schmidezunft›: ‹zu Schmieden isst man gut und billig.›
Die fünf Basler Jahre darf man als Hesses Reifejahre ansehen. Die Zeit der Pubertät lag hinter ihm und sein Wunsch, Dichter zu werden, als leuchtendes Ziel vor ihm. Die Stadt mit ihren kulturellen Möglichkeiten, aber auch die Bekanntschaft mit vielen Persönlichkeiten boten Hesse mannigfache Gelegenheit, sich zu entfalten. Dank den Beziehungen seines Vaters fand Hesse auch rasch Anschluss an Kreise der Basler Gesellschaft. Dazu gehörten vor allem die Pfarrfamilie La Roche – in deren Tochter Elisabeth er sich verliebte – und das Haus des Staatsarchivars Rudolf Wackernagel.
Mit Heinrich Jennen teilte er einige Zeit eine Wohnung und unternahm viele Ausflüge: ‹Wir haben in den elsässischen und badischen Wein- und Spargeldörfern manche Schlemmerei veranstaltet, im ‹Storchen› Billard gespielt und in der ‹Wolfsschlucht›, die damals noch ein stilles, kleines Weinstübchen war, sowie im ‹Helm› am Fischmarkt.›
Abgesehen von den Basler Elebnissen, die in sein Werk einflossen, widmete Hesse dem Basler Rathaus sogar eine eigene Erzählung: ‹Das Rathaus›.

Den Marktplatz erlebte er damals als grosse Baustelle. Der ganze Platz wurde vergrössert und das Rathaus mit einem hohen Turm und einem Anhang erweitert. Der Turm verteuerte das Projekt, was zu einer Volksabstimmung führte und Hesse zu seiner Erzählung inspirierte. Darin findet man aktuelle Worte: ‹Alle Interessen waren flüssig: die des Geldes, der Parteien, des Brotneides, nur nicht die der Kunst und Liebe.›

In seinen Briefen berichtet Hesse, dass er gerne ein erfrischendes Bad im Rhein genoss oder an den Sonntagen Ausflüge zur Chrischona und in den Wenkenhof unternahm. Er besuchte Konzerte sowie die Kunstsammlung mit den Böcklin-Bildern, aber auch den beliebten Treffpunkt junger Künstler, ein Foto-Atelier der Basler Berufsfotografin Mia Bernoulli an der Bäumleingasse. Mit ihr zusammen unternahm er 1903 seine zweite Italienreise. Danach verlobten sich die beiden; ein Jahr später konnte Hesse mit dem Roman ‹Peter Camenzind› einen ersten grossen Erfolg verbuchen. Von nun an war es ihm möglich, unabhängig als Schriftsteller zu leben. Noch im gleichen Jahr heiratete er Mia Bernoulli und sie zogen zusammen nach Gaienhofen am Bodensee.»[1]

Wer hätte sich nicht in jungen Jahren vom «Steppenwolf» und sehr viel später vom «Glasperlenspiel» verzaubern oder auch nur berühren lassen? Wer wüsste aber, dass Hesse im Winter 1924/25 in einem Mansardenlogis an der Lothringerstrasse 7 erstmal beganm, an seinem «Steppenwolf» zu schreiben? Es wurde ein Welterfolg!

1 Zitate aus Helen Liebendörfer: «Auf den Spuren des Steppenwolfs», in «Tages-Woche» vom 3.8.2012.

Adolf Zinsstag (1878–1865)
Basel in den 90er-Jahren des 19. Jahrhunderts

«I bi also z'mitts im Birsig ufgwaggse und will emol brobiere z'verzelle, wie das gsi isch in däne Gässli und Gasse, wo gege dr Birsig uuse gange sinn. Jetzt haisst mes dert Falknerschtrooss. E grosse Dunnel deggt die Gegend zue, wo dert versungge-n-isch und wo sich no vor antzig Johr e sone rychhaltig und abwägsligsrych Läbe-n-abgspilt hett.
Für uns Buebe-n-isch es e-n-ainzig Paradys gsi. Us de Käller isch me-n-e glai Laitterli oder e Hienerstägli oder uff alte Schtaidritt abegloffe und derno isch me-n-im aigedlige Birsig gschtande. Es isch e öanggschtreggi ‹Insle› gsi, dr Bach sälber isch fridlig in zwai Dail de Hyser entlang nochegloffe. Uff däre lange-n-Insel isch es heerlig gsi, dio sinn Hiener und Änte-n-umme gwagglet, d'Lytt hänn Kingelischtäll gha und im Bach sälber hetts gwimm-

let vo glaine Fischli. Grundele hämmer ene gsait. Und was me-n-erscht alles hett kennen-uffläse vo de Mägd, wo d'Wischete-n-und d'Mischtkibel und Dischdiecher in Birsig usgläärt hänn! Was hammer nit alles haimdrait. I ha mängmol e silberig Kaffileffeli gfunde und's em Babbe, wo au e Goldschmid gsi isch wie-n-ych, haimbrocht. Die baide Bächli sinn wie gmacht gsi fir zuem Spile. Me hett zwor fascht jedesmol au e Schueh voll use zoge und e mänge Schränz in d'Hose biko, wo dr Mamme kai Fraid gmacht het. D'Hyser hänn fascht alli en-alti Dire ka, us däne me grad in Birsig yne hett kenne. In frienere Johr sinn dert alles Handwärgerbude gsi. Wärgschtett for Gwärb, wo me hitte gar nimme kennt. Drzue hänn si s'Wasser vom BIrsig binutzt, vor allem d'Gärber. Iberall sinn Fässer, Brätter und Kischte, alti Bängg und Grimpelzygs ummegläge, volle Drägg und Schtaub. In jedem Huus hett's halt Sache gä, wo me nimme brucht hett, und die hett me alli numme-n-ane keit, wo si niemeds im Wäg gsi sinn.
Z'oberscht, bim Gaschthof zum Schiff, isch e Wasserfall gsi. Dä het bi Hochwasser s'ganz Birsigbett usebutzt und e tiefe lutte Doon vo sich gä, dass me z'nacht fascht nit hett schlofe kenne. Wenn als's Wasser wider z'rugg gange-n-isch, so isch wider e Huffe nei Zyg dinne gläge, wo dr Bach agschwemmt hett. Vo Zytt zue Zytt isch dr Birsigbutzer' dure gloffe, au e Bruef, wo me hitt nimme kennt. Dä Schtaatsbeamti hett eigetlig nit vil z' butze gha, er hett ebe-n-e dooti Katz, wo hänge blibe-n-isch, wider ins Wasser gschlänggeret, dass si bis in Rhy gschwemmt worde-n-isch.
Dass es au Ratte gha hett, kame sich jo dängge, nit numme doti. Das gruusig Dier hämmer alli gferchtet.»[1]
Kommentar: Littering gabs auch schon im 19. Jahrhundert!

1 René Teuteberg: «Aus den Erinnerungen des Goldschmids Adolf Zinstag», in «Stimmen der Vergangenheit», Band 2, Basel 1966, S. 139f.

Felix Speiser (1880–1949) Ein Ethnologe schreibt seiner Tochter

Felix Speiser gehört zusammen mit Paul und Fritz Sarasin sowie Alfred Bühler und Paul Wirz zu den Grossen der Basler ethnologischen Forschung. Wir nähern uns diesem ausserordentlichen Forscher nicht über ein wissenschaftliches Werk, sondern über einen Brief, den Speiser aus dem Dschungel an seine Tochter richtete. Der heutige Leser freut sich einerseits an der farbigen Schilderung des Dschungellebens, anderseits zuckt er regelrecht zusammen, wenn mehrfach von «faulen Eingeborenen» die Rede ist. Wir haben das Alter der Speiser-Tochter nicht eruieren können; aber auch wenn der grosse Forscher diese nicht sehr schmeichelhafte Aussage gewissermassen aus pädagogischer Absicht gemacht haben sollte – Annäherung an die Vorstellungswelt einer Minderjährigen –, erstaunt es doch, sie aus dem Mund eines Ethnologen zu vernehmen.

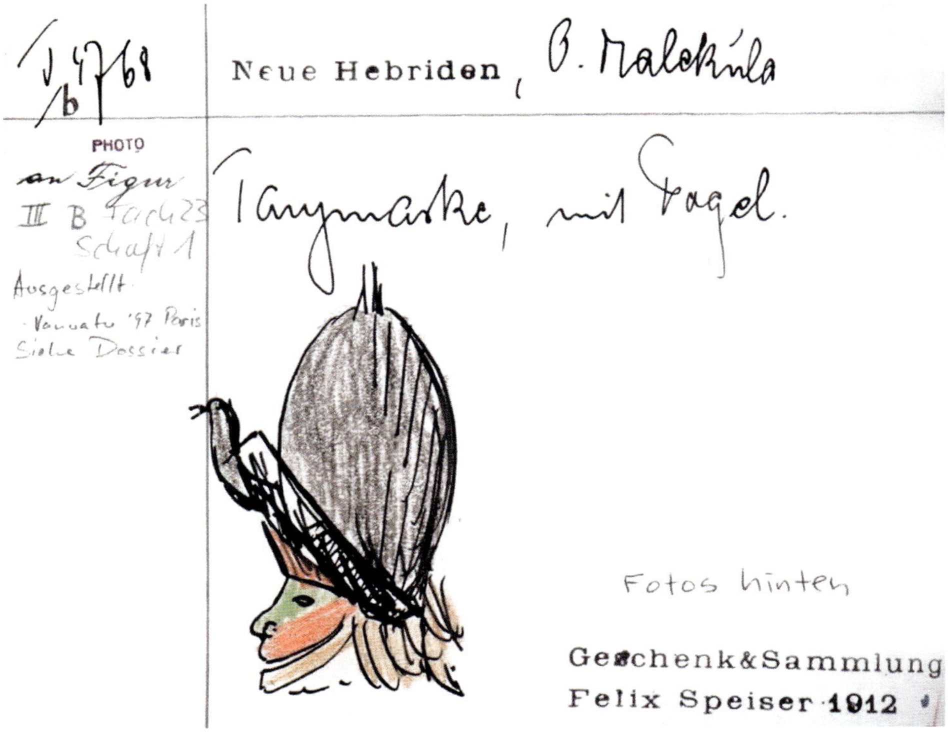

Speisers Reisen

«Wer eine Reise tut, kann was erzählen.» Ja, erzählen konnte der Basler Ethnologe Felix Speiser. Da gibt es beispielsweise das einige Kapitel aus dem Reisebericht «Südsee, Urwald und Kannibalen» zusammenfassende und für die Jugend geschriebene Bändchen «Bei den Kannibalen»[1]. Und da gibt es ferner die ebenso geheimnisvoll lockende und nach Brasilien führende Schilderung «Im Düster des brasilianischen Urwalds»[2]. Auf mehr als 300 Seiten bietet der Autor seinen Lesern «ein möglichst getreues Bild seiner Erlebnisse (...) und verschmäht es nicht, neben dem Grossen auch die kleinen Freuden und Leiden des Tages zu schildern, eben, weil auch diese nicht unwesentlich die Stimmung des Reisenden beinflussen und dadurch die Eindrücke mitbestimmen, die täglich und stündlich an ihn herantreten». Nicht zuletzt bezweckt Speiser, wie er im Vorwort seines Reiseberichtes ausführt, «etwas zu einer gerechteren Würdigung» solcher Pionierreisen beizutragen. Erinnern wir uns daran, dass in den 20er-Jahren des 20. Jahrhunderts die optische Erfassung und Durchdringung von Welt und Leben noch weit weniger fortgeschritten war als heute; noch gab es kein Fernsehen und keine Digitalkameras, dafür hatte das geschriebene Wort mehr Gewicht.

Der Urwaldbrief an Speisers Tochter

Unzählige lockende Passagen dieses Urwaldbuches wären es wert, auszugsweise wiedergegeben zu werden. Wir verzichten zugunsten eines Briefes, den Speiser von einer ebenso spannenden Forschungsfahrt ins Gebiet des Sepik auf Neu-Guinea seiner Tochter nach Basel geschickt hat. Wunderbar, wie es der Ethnologe versteht, seine Beobachtungen und Gefühle über Land und Leute in Worte zu fassen, die auch einem Kind ein lebensnahes Bild dieser so fernen Kultur vermitteln.

«Malmalomia, 26. August 1930

Hier ist es kein rechtes Wetter für die Weihnacht, denn das weisst du ja wohl schon, dass es hier keinen Schnee gibt, sondern dass es hier das ganze Jahr durch fast gleich warm ist – nicht schrecklich warm, aber doch so, dass man fast immer in leichten Kleidern sein kann und es nie wirklich kalt wird. Da können eben die Pflanzen das ganze Jahr durch im Freien sein, und sie verlieren nie ihre Blätter und sind immer grün, und so sieht die Gegend immer gleich aus, was ein wenig langweilig ist auf die Dauer. Da wachsen auch die Pflanzen sehr schnell und gut. Und jetzt wohnen wir in einem Hause, welches die Schwarzen gebaut haben, das zwar sehr schön ist, aber die Hauspfosten fangen an auszuschlagen, und wenn wir noch länger bleiben würden, würden wir vielleicht bald in einer richtigen Laubhütte wohnen, was doch lustig wäre. Und vielleicht würden die Vögel ihre Nester im Hause selbst bauen! Aber das werden sie doch nicht tun; denn hier gibt es nicht sehr viele Vögel. Vor allem keine, welche so schön singen können wie die Vögel in Basel. Da gibt es keine Amseln und Stare und Meisen und Finken, aber dafür viele wilde Tauben, die jedoch nur unheimlich und klagend schreien, so, wie wenn man in die gefalteten Hände hineinbläst. Das machen die Leute hier auch, wenn sie auf der Jagd sind und eine Taube herbeilocken wollen. Denn man isst hier die Tauben, und jeden Tag muss einer unserer Schwarzen am Morgen ausgehen mit einem Gewehr, und schon nach kurzer Zeit kommt er mit drei bis vier geschossenen Tauben heim. Aus diesen macht man herrliche Suppen, und die Taubenbrüste geben auch einen guten Braten, oder auch gekochtes Fleisch, das dann wie zartes Rindfleisch schmeckt. So essen wir denn viele Tauben. Daneben essen wir jetzt viel gute Nüsse, welche gerade jetzt zeitig sind. Sie haben aber eine sehr harte Schale, und man muss einen schweren Hammer nehmen, um sie aufzuklopfen auf einem grossen Steine, und das tun unsere Schwarzen nicht gerne, denn sie sind ein wenig faul. Dafür bringen uns aber die kleinen Buben, wenn sie gerne Zündhölzer oder Tabak haben möchten, die aufgeschlagenen Nüsse, und wir bezahlen sie ihnen; und sie freuen sich dann sehr, dass sie schon selbst wirklich etwas haben verdienen können. Das sind aber nur die Knaben. Die kleinen Mädchen dürfen nicht so frei herumspazieren, sondern müssen bei ihrer Mama im Dorfe bleiben, oder sie dürfen auch ein wenig aufs Feld gehen, wo sie der Mutter dann helfen sollen. Sie dürfen auch nicht auf den gleichen Wegen spazieren wie die Männer, sondern sie haben besondere kleine Wege, welche vom Dorf direkt auf die Felder führen, sodass sie fast gar keinen Mann zu sehen bekommen, ausser im Dorfe selbst. Das sind doch seltsame Sitten. Da habt ihr es doch viel besser! Aber dafür müsst ihr in die Schule gehen und etwas Rechtes lernen, während hier die Kinder nicht in die Schule gehen: Sie sind bei den Eltern und lernen von selbst, was sie später brauchen, pflanzen und kochen und Häuser bauen und Taschen flechten und was es sonst noch so gibt. Das können sie dann aber ausgezeichnet, und wenn ein Kind so was nicht lernen will, dann ist es gerade so eine Schande, wie wenn ihr in der Schule schlecht seid oder gar sitzen bleibt; doch von so einer Schande wollen wir lieber gar nicht sprechen.

Hier haben die Leute eine Menge zu essen und könnten noch viel mehr haben, wenn sie ein wenig fleissiger wären. Aber sie haben Taro (das sind so eine Art von Kartoffeln, welche sie sehr gerne essen), dann haben sie Bananen und Ananas und Kokosnüsse und andere Nüsse und Mandeln

und auch eine Art Spinat und noch vieles sonst, man kann es kaum alles aufzählen; auch Brotfrucht, welches an den Bäumen wächst und wirklich ein wenig wie Brot schmeckt: Es ist eine grosse runde grüne Frucht, wie ein grosser Apfel, man legt sie aufs Feuer, und wenn sie aussen gut angebrannt ist, schneidet man sie in Scheiben und isst sie. Das schmeckt gar nicht schlecht. Wir aber bekommen wenig Bananen, welche wir so gerne essen würden, weil die Leute hier sie lieber alle selbst essen. Manchmal werden auch Schweine geschlachtet und dies ist dann immer ein grosses Fest. Und wenn ein Mann ein Schwein geschlachtet hat, so hängt er nachher aus Stolz den Kiefer des Schweines an sein Haus, gerade so, wie wenn wir unsere schäfenen Stotzen an die Haustüre hängen würden. Sie essen auch grosse Käfer und grosse Maden, aber das finde ich unappetitlich und möchte es nicht selbst versuchen müssen. In einigen Gegenden haben sie früher auch Menschenfleisch gegessen, was entschieden abscheulich ist, und seit die Weissen gekommen sind, haben sie es an den meisten Orten aufgeben müssen; aber man sagt, dass in den hohen Bergen, wo die Weissen nicht gut hingehen können, immer noch Menschenfresser seien. Die Alten hier, welche in ihrer Jugend auch Menschen gefressen haben, schämen sich jetzt darüber.
Jetzt haben wir vier schwarze Diener, die sind so schwarz wie Kohle, und wenn sie sich auch noch so sehr waschen, so sind sie doch immer noch schwarz, nur die Handflächen und Fusssohlen sind hell. Einige waschen sich auch sehr gerne, andere aber nicht, und dann müssen wir alle wegschicken mit einem Stück Seife, und dann waschen sie sich schliesslich auch, und das ist darum auch nötig, weil sie keine Taschentücher haben, sondern eben alles an den Händen abwischen, nicht nur den Mund, sondern oft auch die Nase. Dann haben sie viele Läuse in den Haaren, die sind so dicht, dass man auch mit vieler Seife die Läuse nicht vertreiben kann. Aber ich glaube, es gefällt den Läusen sehr gut dort, denn man sieht sie nie herauskommen, und so muss man sie eben dort lassen. Aber manchmal, wenn es ihnen zu unangenehm wird – den Menschen nämlich –, nehmen sie ein paar Ameisen und setzen sie sich in die Haare. Diese fressen die Läuse dann auf und wohnen ganz vergnügt in den Haaren – sind das nicht seltsame Haustiere? Oft aber, am Nachmittage, wenn sie nichts anderes zu tun haben, setzen sie sich in einer langen Reihe auf den Boden und lesen sich die Läuse ab; das sieht aus fast wie im Zoologischen Garten. Sie bekommen von uns eine Wolldecke, mit der legen sie sich am Abend schlafen; aber sie erzählen sich immer noch eine Menge und müssen manchmal entsetzlich lachen, dazu rauchen sie, bis sie doch in den Schlaf fallen. Am Morgen stehen sie aber immer sehr frühe auf und machen

uns zeitig das Morgentrinken und schlagen Feuerholz und waschen unsere Kleider. Sonst haben sie nicht viel zu tun, und ich glaube, sie sind bei uns alle schon recht fett geworden, denn sie bekommen sehr viel zu essen. Sie haben nur ein kleines Tuch als Kleidung, und da hinein wickeln sie all ihre Schätze: Tabak und Zündhölzer und die Pfeifen und was sie sonst noch Kleines haben. Daneben haben sie aber auch noch Köfferchen, in denen sind ihre Sonntagstücher, hellrote und blaue und weisse, und je mehr einer solche Kleider hat, desto stolzer ist er, fast wie gewisse Damen bei uns zu Hause. Sie sind alle Christen, aber sie haben dennoch sehr Angst vor den Gespenstern und sie sehen sie und hören sie nachts: Und wenn wir sie auslachen, so werden sie böse und wollen gar nicht glauben, dass es wirklich keine Gespenster gibt.
Jeder Mann hat hier ein grosses besonderes Haus, in dem er seine Trommeln aufbewahrt. Es sind manchmal zwölf grosse ausgehöhlte Baumstämme und auf denen können sie Telegramme absenden: Wenn jemand gestorben ist, wenn sie Besuch bekommen haben, wenn sonst irgendetwas passiert ist; das hört man dann in den nächsten Dörfern und gibt die Zeichen weiter, sodass sie sehr schnell Nachrichten auf sehr weite Strecken senden können. Sonst sitzen die Männer fast den ganzen Tag in diesen Häusern und rauchen und schwatzen und essen und vertreiben sich sonstwie die Zeit: Denn da es hier so viele Früchte gibt, brauchen die Leute nicht viel zu arbeiten, um immer genug zu essen zu haben. Aber ich glaube, ich würde dieses Leben doch ein wenig langweilig finden, und so freue ich mich halt eben doch, wieder heimzukommen.»[3]

1 Felix Speiser: «Bei den Kannibalen», Basel 1917.
2 Felix Speiser: «Im Düster des brasilianischen Urwalds», Stuttgart 1926.
3 Felix Speiser: «Briefe vom Sepik. Separata aus Basler Nachrichten», in «Sonntagsblatt», 48. Jg., Nr. 40, 3. Oktober.

Oskar Bider (1891–1919)
Langenbruck von oben

Nur wenige Baselbieter können sich rühmen, mit einem Denkmal verewigt worden zu sein – zu diesen Ausnahmen gehört Oskar Bider. Sein Denkmal steht in Bern auf der Kleinen Schanze und zeigt einen Mann, der mit weit ausgebreiteten Armen gewissermassen in die weite Welt hinausfliegt.

Als Gaucho in Argentinien

Oskar Bider wuchs in Langenbruck auf; nach Ausbildung zum Landwirt und Absolvierung der Rekrutenschule wanderte er nach Argentinien aus: «Es war ein regnerischer Frühlingsabend (1911), als ich auf einem italienischen Dampfer den Hafen von Genua verliess. Voll Freude und gespannt auf alles, was mir im fernen Argentinien wartete, blickte ich träumerisch in die von der ‹Italia› durchfurchten, schäumenden Wellen. Am Abend des fünften oder sechsten Tages der drei Wochen dauernden Seereise sass ich auf dem oberen Deck, als die Sonne ihre glühenden Strahlen in den unendlichen Fluten versenkte. Da flogen meine Gedanken wieder zurück in die Schweiz. Zurück zu meinen Angehörigen (...) Der Funke fing wieder an zu glimmen und ich wollte, ich hätte das Schiff wenden können, um nach Frankreich zu steuern. Ich machte mir Vorwürfe. Denn wer hätte mich noch hindern können, nach dem Tod meiner Eltern, meinen Entschluss auszuführen und zu fliegen!
Leider war aber nichts mehr zu ändern und nach einer prächtigen Überfahrt landete ich in Buenos Aires, der Hauptstadt des Zukunftslandes Argentinien. Nach einem zehntägigen Aufenthalt in Buenos Aires fuhr ich nach Norden in den Gran Chaco, wo selbst ich mich auf einer grossen, abgelegenen Farm betätigte. Hier fand ich ein ideales, freies Leben, und ich war überglücklich, den ganzen Tag zu Pferd mit Lasso und Büchse den Viehherden nachzureiten und die grossen Ebenen und bunten Wälder zu durchstreifen. Herrlich war es, mit diesen guten Pferdchen den flinken Hirsch und den Strauss zu jagen! Es ist das schönste Leben, das ich mir vorstellen kann! Aber so schön auch alles war, und so gut es mir gefiel, musste ich wieder zurück in die Schweiz, mein Urlaub ging zu Ende.»[1]

Der Traum vom Fliegen

Und dann wurde der Traum vom Fliegen wahr: Im November 1912 trat Bider in Blériots Fliegerschule in Pau am Nordfuss der Pyrenäen ein. «Als ich am 8. November 1912 die Fliegerschule in Pau angetreten habe, hatte ich noch nie einen Aeroplan in der Luft gesehen. Alles Kommende war also neu für mich. Ich hatte keine Ahnung, wie das Fliegen gelernt wird», bekennt Bider in seinen autobiografischen Aufzeichnungen und fährt fort: «Was die andern Schüler nach vierzehn Tagen versuchten, das vollführte ich am Abend des dritten Tages.» So war es nur folgerichtig, dass er bereits am 8. Dezember, genau auf den Tag einen Monat nach seinem Eintritt in die Fliegerschule, das internationale Fliegerpatent erwarb! Und international ging es auch am 24. Januar 1913 zu: Morgens um 6.45 Uhr stieg auf dem Flugplatz Pau ein Flugzeug mit dem Namen «Langenbruck» und dem von seinem Piloten eigenhändig auf den Tragflächen aufgemalten Schweizerkreuz in den Himmel und flog über die Pyrenäen nach Madrid. Das war der erste Streich. Er brachte dem jungen Luftheldenchevalier «sans peur et sans reproche» grenzenlose Bewunderung.

Die erste Alpenüberquerung

Und schon am 13. Juli 1913 kam es zum zweiten fliegerischen Grossereignis: Bider flog von Bern über die Alpen nach Domodossola und von da, nach kurzer Zwischenlandung, nach Mailand. Extrablätter sorgten für die Verbreitung der Nachricht von dieser ersten aviatischen Alpenüberquerung.

«Bern, 13. Juli. Dem Ehrentitel eines Besiegers der Pyrenäen kann Oskar Bider seit der heutigen Morgenfrühe auch den eines Bezwingers unserer Alpen beigesellen. Der junge Schweizerflieger ist in einem Triumphflug, der in der Geschichte der Luftschifffahrt einzig dasteht, soeben von Bern nach Mailand geflogen.»

«Jungfraujoch, 13. Juli. Die Passagiere des Sonnennaufgang-Extrazuges konnten heute das herrliche Schauspiel der bisher kühnsten Alpenüberfliegung aus der Nähe verfolgen. Ganz versunken in die Schönheiten der im Sonnenaufgang ganz besonders gewaltig wirkenden Jungfraujoch-Umgebung wurde man einige Minuten nach sechs Uhr plötzlich durch ein in diesen Höhen ganz unbekanntes Surren in die Wirklichkeit versetzt. Bald war die Ursache erkannt. Das Unglaubliche war Wahrheit geworden! Zunächst ein ganz unscheinbarer Punkt, nahm der mit unglaublicher Geschwindigkeit näher kommende Blériot-Eindecker grössere Formen an, und kaum hatten ihn die Passagiere mit Jubel begrüsst, so schoss er schon um 6 Uhr 10 nur etwa hundert Meter über das Jungfraujoch hinüber zum Jungfraufirn und dem grossen Aletschgletscher. Es war der Schweizer Aviatiker Bider, der genau in der Mittellinie zwischen der Jungfrau und dem Mönch die grosse Alpenmauer bezwang und so die bisher kühnste aviatische Tat vollbrachte, die nur in dem kürzlich vollendeten Europaflug Brindejoncs de Moulinau ihresgleichen hat. Noch eine schwache halbe Stunde konnte der Flieger längs des grossen Aletschgletschers verfolgt werden, bis er jenseits des Rhonetals hinter dem Helsenhorn die letzte Kette der Walliser Alpen überflog. Eine Strecke, die er in rund dreissig Minuten durchflog! Bider, der Pyrenäensieger, ist mit dieser unvergleichlichen Leistung zum Alpenbezwinger geworden und hat sich und seinem Heimatlande unvergesslichen Ruhm in der Geschichte der Aviatik gesichert.»

Langenbruck von oben

Und noch eine letzte typische «Bider-Luftreise-Erinnerung». April 1914: «Vor ein paar Wochen habe ich in Langenbruck gelandet. Ich habe Heimweh gehabt. Die Gegend eignet sich zum Niedergehen nicht viel besser als ein Scheunendach. Dorf und Land sind schön, sagen die Fremden. Ich sage, es ist meine Heimat. Das Dorf liegt tief in Hügeln, auf denen Wälder stehen. Wo man zur Not durchschlüpfen kann, gipfelt der Kirchturm. Unsere heutigen Maschinen taugen noch nicht völlig dazu, Kirchtürme umzulegen. Mein Blériot machte sich klein, als ich neben dem Gockelhahn vorbeischoss. Und da gelang es. Das Haus, in dem ich geboren bin, steht freundlich im Häusergewimmel. Nebenan liegt der ‹Bären›. Es war auch ein Doktor da aus der Gegend. Er gedachte wohl, mich zusammenzuflicken, was weiss ich. Jedenfalls sagte er: ‹Sehen Sie, Bider, wie Sie das heute mit dem Kirchturm gemacht haben, das war toll. Es war schlimmer als das siebenjährige Mädchen auf dem hohen Seil bei Knie. Aber lassen Sie das Fliegen bleiben. Es schaut nichts dabei heraus – und es wird immer eine brotlose Sache bleiben!»

Es war Bider nicht vergönnt, den Gegenbeweis anzutreten und die nach diesen ersten Flugversuchen ungestüm einsetzende Entwicklung mitzugestalten, er stürzte 1891 bei einem Akrobatikflug ab.

1 Zitate aus Walter Otto: «Bider der Flieger – Ein Buch der Erinnerungen», Olten 1938.

Hans Schweizer (1891–1975) Der «Schlangenhansi»

Wie kommt es, dass eine auf den Kykladeninseln Milos und Kimolos heimische Eidechsenart seit 1935 mit ihrem wissenschaftlichem Namen Lacerta trilineata hansschweizer L. Müller Schweizerisches anklingen lässt? Schlangenkenner lüften das Geheimnis: Hans Schweizer war der Entdecker dieses flinken Tierleins. Und wer war dieser Mann? Ein simpler Basler Buchhalter, der diesen Beruf während 30 Jahren in treuer Pflichterfüllung bei einer Versicherungsgesellschaft ausübte, ohne je auch nur einen Krankheitstag zu fehlen. Seine grosse Liebe galt seit seiner Jugendzeit den Reptilien und Amphibien, und so wurde er im Laufe der Jahre zu einem auch international angesehenen Fachmann der Terrarienkunde. «Mit ‹Aufspürstecken›, Rucksack und einem Milchkesseli bewaffnet sammelte er in seinen Ferien und später ‹hauptberuflich› seltene Echsen, Ottern und Nattern.»[1] Stundenlang lauerte er seinen Lieblingen auf und beobachtete sie auf ausgedehnten Forschungs- und Sammelreisen, die ihn nicht nur in den nahen Jura führten, sondern rund um das Mittelmeer. Nicht weniger als 52 Veröffentlichungen sind die Früchte dieser Untersuchungen, die er in unzähligen Lichtbild- und Filmvorträgen sowie in fünf Ausstellungen einem weiten Publikum vorführte und damit gegen die Verteufelung der Kriechtiere antrat.

Hans Schweizer – er bekam bald den Übernamen «Schlangenhansi» – war ein echtes stadtbekanntes Original. Er trug immer mit Schnüren gebundene, genagelte Militärschuhe. «Schlangen, Echsen und Schildkröten – die er oft im Rucksack oder in einem Milchkesseli mit sich trug oder gar in einer Schublade seines Büroschreibtisches verwahrte – bedeuteten ihm sein Leben, aus dem er mit feurigem Engagement, ansteckender Begeisterung und unvergleichlichem Spezialwissen zu erzählen wusste (…)»[2] Er starb im hohen Alter von 84 Jahren inmitten seiner Schützlinge, die er in selbst gebastelten Schlupfkisten in seiner Wohnung hielt.

1 Hana A. Jenny: «Hans Schweizer. Der ‹Schlangenhansi›», in «Baselbieter Originale», Sissach 1995, S. 119.
2 Paul Suter: «Der Reptilienforscher Hans Schweizer», in «Baselbieter Heimatblätter», März 1974, S. 202f.

Walter Eglin (1895–1966)
Das Mosaik

Seit 2007 teilt sich der Kanton Basel-Landschaft gemeinsam mit Basel-Stadt die Trägerschaft für die Universität. Universitäre Gemeinsamkeiten der beiden Kantone gab es indessen schon viel früher; das grosse Wandbild am Eingangsportal des Kollegiengebäudes am Petersplatz beweist es. 3,50 Meter hoch und 30 Meter lang ist es, eine Riesenfläche, auf der gemäss der Wettbewerbs-Ausschreibung von 1938 das Thema «Das Geistesleben in Verbindung mit der Universität» zu gestalten war. Den Zuschlag erhielt nicht ein Basler, sondern ein Baselbieter Künstler, der in der Stadt bisher kaum bekannt war: Walter Eglin aus Känerkinden.

Wer war dieser Mann? Als Sohn eines Kleinbauern und Posamenters war Walter Eglin eine künstlerische Laufbahn nicht in die Wiege gelegt, doch er spürte und wusste um seine Berufung: An der Kunstakademie Karlsruhe, die er fünf Jahre lang mit Begeisterung besuchte, liess er sich zum Holzschneider ausbilden: Und es ist diese Schwarz-Weiss-Kunst, die ihm denn auch 1927 mit drei Blättern, auf denen er Bürgermeister Wettstein, Heinrich Pestalozzi und Carl Spitteler porträtiert hatte, einen ersten und aufmunternden Erfolg bringen sollte.
«Wer rastet, der rostet» – Eglin wusste um diese Wahrheit: Die Meisterschaft in der Schwarz-Weiss-Kunst konnte doch nicht sein letztes Wort sein, und so versuchte er sich in den folgenden Jahren sowohl im Farbholzschnitt, in der Glasmalerei und nicht zuletzt auch in der Mosaikkunst. Aber erst mit der Ausschreibung eines Wettbewerbs für die Gestaltung der Eingangspartie des Kollegiengebäudes am Basler Petersplatz fand 1938 all dieses Suchen ein glückliches Ende. «Das Geistesleben in Verbindung mit der Universität» hiess das Thema. Nach langem Zögern, aber aufgemuntert von Basler Künstler-Freunden, nahm Eglin die Herausforderung an. «Als Wettbewerbsaufgabe wurde uns die Wahl gestellt, die 29,70 Meter lange Wand der Vorhalle mit einem Fresko oder einem Mosaik zu schmücken»[1], schrieb er nach der Fertigstellung eines ersten Teilstückes. «Ich wählte das Letztere. Es galt nun, Wand und Bild in einer Einheit zusammenzufügen, um sie der Architektur unterzuordnen.»
48 Künstler aus nah und fern beteiligten sich am Wettbewerb: Eglin war der Gewinner!

«Am Abend des 2. Novembers 1938, als es schon eingedunkelt war, brachte der Posthalter von Känerkinden ein Telegramm ins Künstlerhaus. Freund Bohny aus Basel hatte es abgesandt, und ‹Hast gewonnen› stand darin. Zwei Worte. Wie war das? ‹Hast gewonnen.› Ein Scherz? Aber nein, ein solcher Scherz war Erik Bohny nicht zuzutrauen. Eher war das ein Schreibfehler. ‹Fast gewonnen› hätte es doch heissen sollen. Natürlich: Der liebe Freund wollte ihn über seinen Misserfolg trösten.
Hatte er also den dritten oder vierten Rang erreicht? ‹Fast› – das bedeutete die Niederlage (…) Aber nun stand der Posthalter schon wieder vor der Türe mit einem zweiten Telegramm. Diesmal war es ein langer, offizieller Text, der nicht so einfach zu verstehen war: Glückwünsche der Kunstkredit-Kommission und die Mitteilung, dass Walter Eglin bei dem allgemeinen Wettbewerb zur Erlangung eines Wandbildes in der Eingangshalle des Kollegiengebäudes in Basel den ersten Preis gewonnen hatte.
Herrschte Festjubel in der alten Posamenterstube? Wurde gefeiert und angestossen? Man könnte es sich so ausmalen. Aber etwas viel Wichtigeres und Wunderbareres brach ein; eine gewaltige Energie überkam den Künstler und erfüllte ihn wie ein Sturmwind. Jetzt ging die Arbeit los! Es war ein Fieber, das ihn schüttelte und packte und über die winterlichen Felder auf die Steinsuche trieb und ihn nicht mehr losliess acht Jahre lang, bis das letzte Würfelchen in den Mosaikwänden steckte, in seinen Wänden.
Anders als der Maler, der seine Farben aus der Tube auspresst oder aus Pulver anrührt, verwendet der Steinkünstler einen hunderttausend Jahre alten Werkstoff, der sich nur zerkleinern, nicht verändern lässt. Deshalb ist ein Mosaik aus Natursteinen so etwas wie eine neue geologische Schichtung: dem Geschehen, das die Naturkräfte während vieler Millionen von Jahren den Elementen haben widerfahren lassen, dem fügt der Künstler noch ein letztes, krönendes Kapitel an.

Auf Schritt und Tritt finden wir unter dem Baselbieter Himmel Erinnerungen an das Basler Universitäts-Mosaik. Man müsste es eigentlich umgekehrt sagen; aus der heimatlichen Landschaft sind die Motive für das Basler Bild geschöpft worden, und in demselben Material, aus dem die Flühe und Äcker sind und die Bachbette und der Nährboden für Pflanzen und Tiere bestehen. Wenn wir jetzt über die Hochebene zwischen Känerkinden und Ober-Diegten wandern, wird uns nachher Walter Eglins Mosaikwerk so vertraut sein wie eine altbekannte Landschaft (...)
Nicht nur in den milden Jahreszeiten, sondern auch im eisigen Winter zog er aus, um sich seine Steine zu brechen. Am frühen Morgen schon hämmerte er auf dem Dengelstock seine Würfelchen zurecht. Bis spät in die Nacht hinein goss er die fertigen Mosaikplatten mit Mörtel aus – immer mehr vollendete Tafeln reisten nach Basel, wo sie zu der grossen Bildwand zusammengefügt wurden (...) Endlich, endlich kam der Tag, an dem das letzte Steinchen gesetzt und der letzte Kalksplitter von der Mosaikwand abgebürstet war. Walter Eglin hatte den 21. November 1946 bestimmt, um das vollendete Werk zu übergeben, denn dies war ein ganz besonderer Tag; es war der achtzigste Geburtstag seiner greisen Mutter.»

1 Zitate aus Reinhold D. Hohl: «Bilder aus bunten Steinen – Die Mosaikkunst von Walter Eglin», Basel 1956.

Georg Schmidt (1896–1965)
«Entartete Kunst»

Es war eine ausserordentliche Reise, die Georg Schmidt als Kunsthistoriker und Direktor der Basler Öffentlichen Kunstsammlung am 28./29. Mai 1939 nach Berlin führte. Doch die Frucht oder anders gesagt: die Ausbeute dieser Reise lässt sich sehen und hat wesentlich dazu beigetragen, dass das Kunstmuseum der Stadt Basel zu einem weit über die Stadtgrenzen hinaus international bekannten und führenden Kultort der modernen Kunst geworden ist.

Das Basler Kunstmuseum und seine Sammlung entarteter Kunst

Hier fünf Vorzeigebeispiele aus der beeindruckenden Liste jener Gemälde, die aufgrund der Berlin-Reise Georg Schmidts für alle Zeit in Basel eine neue Heimat gefunden haben:
André Derain: Rebland im Frühling – 1906
Marc Chagall: Winter – 1911/1912
Franz Marc: Tierschicksale – 1913
Oskar Kokoschka: Die Windsbraut – 1914
Emil Nolde: Vorabend (Marschlandschaft) – 1916

Die Vorgeschichte von Georg Schmidts Reise

1939: Deutschland stand im Zeichen des Nationalsozialismus. Zwei Jahre zuvor, am 30. Juni 1937, hatte die Regierung einen Beschlagnahmungserlass verfügt, der sich gegen die «deutsche Verfallskunst seit 1910» richtete. Hitler hatte 1925 in «Mein Kampf» vorgespurt und einen Angriff auf die «krankhaften Auswüchse irrsinniger und verkommener Menschen, die wir unter dem Sammelbegriff des Kubismus und Dadaismus seit der Jahrhundertwende kennenlernten», vorgetragen. Es sei Aufgabe der Staatsleitung, zu verhindern, «dass ein Volk dem geistigen Wahnsinn in die Arme getrieben» werde. Anlässlich der 1937 in München durchgeführten «Grossen Deutschen Kunstausstellung» beanstandete Hitler, «dass die sogenannt moderne Kunst, wie es schon im Wesen des Wortes ‹modern› liege, fast jedes Jahr eine andere sei. Von der wahren deutschen Kunst erwartete er, dass diese eine ‹ewige› sei und ohne ‹schwulstige Gebrauchsanweisungen› vom Volk verstanden werden könne.»[1] Gleichzeitig mit der Münchner Ausstellung, die der wahren deutschen Kunst gewidmet war, fand die als negatives Gegenstück gedachte Ausstellung der «entarteten Kunst» statt. Zuvor waren aus 32 Sammlungen in 24 Städten rund 700 Kunstwerke beschlagnahmt worden, denen der wahre deutsche Kern aberkannt wurde. Was sollte mit diesen und anderen «entarteten» Bildern – insgesamt waren es rund 15 000 Werke – geschehen? Es war Goebbels, der Propagandaminister des Dritten Reichs, der 1938 festlegte: «Die verkaufbaren Bilder werden an das Ausland verkauft, die anderen in Schreckensausstellungen zusammengefasst oder vernichtet.» Und so kam es, dass Georg Schmidt am Vorabend des Zweiten Weltkriegs nach Berlin zur Besichtigung solcher für den Verkauf ins Ausland bestimmten Kunstwerke eingeladen wurde. Was folgte, ist die Geschichte eines langen und dornenreichen Ankaufsgeschehens, das der Museumsmann aus der Schweiz mit grossem beharrlichem Einsatz und Geschick über die Bühne brachte. Es würde zu weit führen, an dieser Stelle die Etappen dieser epochalen «Kunststory» aufzulisten, es ist dies bereits andernorts in grosser Breite geschehen; hier nur einige Anmerkungen.

Basler Kunstpolitik

Im Zentrum der Rettungsaktion standen die Bemühungen, über Regierung und Grossen Rat einen Sonderkredit für den Ankauf einiger dieser «entarteten» Kunstwerke freizubekommen. Das Vorhaben glückte: Am 29. Juni 1939 sprach sich der Rat mit grossem Mehr gegen 28 Stimmen für einen Kredit von 50 000 Franken aus und verneinte auch das Referendum. Was bedeutete damals diese Summe? Sie entsprach 0,07 Prozent der Bruttoausgaben des Kantons; heute würde dieser Sonderkredit rund 2,5 Millionen Franken ausmachen. Der Beschlussfassung war natürlich eine breite Diskussion vorausgegangen, wobei auch die ethische Frage diskutiert wurde, ob es zulässig sei, dass die Kaufsumme möglicherweise für die Rüstungsfinanzierung eingesetzt werden könnte. Georg Schmidt wusste zu entkräften: «Selbst wenn zum Beispiel für eine halbe Million Schweizer Franken Kunstwerke aus deutschem Museumsbesitz in den öffentlichen und privaten Besitz der Schweiz übergehen, so tauschen wir damit ewiges Kulturgut gegen rasch veraltende Kanonen.»[2] Natürlich war der positive Entscheid des Grossen Rates auch vom Wunsch getragen, die an sich schon bedeutende Basler Kunstsammlung zu erweitern, zudem mag allenfalls mitgespielt haben, dass sich mit dem Kauf auch eine vornehm gehaltene politische Demonstration gegen das Dritte Reich verbinden liess. Zu guter Letzt hat sicher der günstige Preis beeindruckt: «Die Berliner Angebote sind enorm billig, fast geschenkt», urteilte Schmidt. Der Kauf, der sich in zwei Etappen abwickelte – einzelne Bilder konnten direkt in Berlin bezogen werden, andere wurden in Luzern anlässlich einer Versteigerung erwoben –, lohnte sich folglich auch aus kaufmännischer Sicht.

Georg Schmidt hat es verstanden, den Kauf anlässlich der Eröffnung der «Ausstellung der Neuerwerbungen des Jahres» am 19. November 1939 elegant in einen grösseren baslerischen Zusammenhang zu stellen: «Seit Böcklins Tod ist es fast ein Gesetz des künstlerischen Geschehens in unserer Grenzstadt zwischen französischer und deutscher Kultur, dass unsere Künstler wechselweise einmal hier und einmal dort sich den weitenden Atem holen, der von jeher für die Bestellung unserer eigenen Äcker so notwendig war wie die Winde, die über den Äckern draussen vor der Stadt bald von hierher, bald von dorther wehen.»

1 Zitiert nach Georg Kreis: «‹Entartete› Kunst für Basel. Die Herausforderung von 1939», Basel 1990, S. 13f.

2 Zitate aus Georg Schmidt: «Schriften aus 22 Jahren Museumstätigkeit», Kapitel: «Die Ankäufe ‹Entartete Kunst› im Jahre 1939», Basel 1964.

«Ecce Homo» von Lovis Corinth (1925).

Edgar Bonjour (1898–1991) «Erinnerungen»

Edgar Bonjour war einer der einflussreichsten Schweizer Historiker des 20. Jahrhunderts. Wortgewaltig – in Schrift und Rede – verstand er es, kompetent auch schwierige Zusammenhänge einem grossen Publikum darzulegen. Seinen vielen Schülern war er ein väterlich sorgender, aufmerksamer und anregender Berater und Begleiter. Bonjour verlangte Respekt; war man zur Tafelrunde im Familienkreis eingeladen, verlief alles nach einem gut eingeübten Zeremoniell, unter vier Augen nahm er aber auch warmen, einfühlsamen Anteil für sehr persönliche Anliegen. Mit wegweisenden Ratschlägen kargte er dabei nicht. Wie überrascht war ich doch, als ich nach seinem Tod einen Brief des Basler Erbschaftamtes erhielt mit der Aufforderung, mir in der Bibliothek des Verstorbenen ein oder zwei Bücher auszulesen!

Bonjours Vorlesungen waren immer gut besucht – als ein Meister des Wortes verstand er es bis ins hohe Alter, seine Zuhörerschaft mit fein gestimmter Rhetorik und überraschend eingestreuten Bonmots und Anekdoten zu überraschen.

1983 widmete Bonjour seinem reichen Leben ein Erinnerungsbuch. Im Vorwort begründete er: «Ich hoffe, dass man in diesen Blättern mehr Selbstprüfung als Selbstbespiegelung finden wird. Meine Aufzeichnungen wollen nicht Quellen zur Erkenntnis der Zeitgeschichte sein. Wenn sie aber ausser auf mein Werden auch auf meine Epoche Streiflichter werfen, so ist das dem einen oder andern vielleicht willkommen.»[1]

Und ob! Wir entnehmen dieser Autobiografie einen Auszug aus dem Kapitel «Vaterländische Reden und Vorträge».
«Man staunt über die zahlreichen patriotischen Feiern, die in den 1930er-Jahren allenthalben abgehalten wurden. Alle diese Feste hatten in der Zeit der Bedrohung durch das turbulente Ausland eine Funktion: Sie sollten nach einer Periode der Erkältung des Nationalgefühls das Zusammengehörigkeitsempfinden der verschiedenen Volksgruppen erwärmen, sie sollten das Selbstbewusstsein klären, den Selbstbehauptungswillen stärken. Man stieg in die Schächte der Vergangenheit hinab, um die gemeinsamen

Wurzeln der schweizerischen Existenz zu ergründen, man holte sich im Arsenal der Geschichte die Waffen für den Kampf gegen eindringende wesensfremde Ideen. Die Historie wurde nicht wegen ihres Wahrheitsgehalts, sondern wegen ihres Lehrgehalts geachtet. Jedermann berief sich auf sie, da man mit ihr wie mit der Bibel bekanntlich alles begründen kann (...) Als besonders echt empfand ich die vaterländischen Veranstaltungen unmittelbar vor und während des Zweiten Weltkrieges. Hier fühlte man den Atem der Zeit. Der nationale Puls schlug durch alle Parteien. War es die Stimme der Toten, die aus den Lebenden sprach? Jedenfalls ging ein säkulares Besinnen durch ihre Manifestationen. Erinnerung an jahrhundertalte gemeinsame Vergangenheit lebte auf. Unvergessen wird mir bleiben, wie wir in Basel am 26. August 1939 an einem heissen Tag in langem Festzug auf die Schlachtwiese von St. Jakob marschierten und wie ich vor 30 000 Menschen auf die schwarzen Gewitterwolken hinwies, die sich um die Schweiz zusammenzogen und aus denen jederzeit der Blitz herniederfahren konnte, wie ich den Widerstandsgeist der Toten von Sankt Jakob heraufbeschwor und meine Hörer fragte, ob sie noch solcher Opfer fähig seien (...)
Man hat damals, wenn man die alten Schweizer rühmte, den Mund etwas vollgenommen und Proben dessen geliefert, was man mit freier Synthese alles aus der Geschichte herausholen kann. Selbst bei der Lektüre meiner eigenen Reden kann ich mich eines leichten Lachens nicht erwehren (...)
Es war während des Krieges in der belagerten Festung Schweiz nicht die Zeit und nicht der Ort, den Kosmopolitismus zu predigen, sondern die Einheit, den Zusammenhang (...)

Nationale Überheblichkeit habe ich nie gesagt und stehe noch heute zu allem, was ich damals vortrug. Aber bei der Verteidigung der Demokratie würde ich heute die Töne etwas dämpfen (...) Und ich würde zeigen, dass die Demokratie nicht wie die Sonne in Licht und Glanz über uns aufgestiegern ist, sondern dass sie langsam nur, mit den Kleinigkeiten und Mühsalen des grauen Alltags behangen, in die schweizerische Vorstellung eindrang. Das Wort Staat in Bezug auf die alte Eidgenossenschaft zu gebrauchen, fände ich jetzt vermessen, stellte sie doch nur eine lockere Confoederation dar, nicht viel mehr als ein Kriegsbündnis, das im Frieden weiterdauerte, eine schwerfällige Maschinerie, die oft nur mühsam funktionierte.
Und ich würde heute, was ich damals vortrug, nüchterner, sachlicher sagen. Damals verlangte man vom Redner einen gehobenen Stil, der den Hörer aus dem Alltag in die Sphären der hohen Menschheitswerte entrückte. Diese Werte, das Europäische schlechthin, habe ich im Schweizertum immer gesucht (...)

Nach dem Krieg habe ich nicht mehr an patriotischen Feiern mitwirken mögen. Die grosse Spannung hatte nachgelassen. Gewissensappelle an das Volk waren nicht mehr so dringend nörig, Redeflor von ehedem und vaterländisches Behagen schon gar nicht am Platz. Die eidgenössischen Feiern drohten in Langatmigkeit und Routine auszuarten und bedurften dringend neuer Formen.»

1 Zitate aus Edgar Bonjour: «Erinnerungen», 1993, S. 185ff.

Julia Gauss (1901–1985) «Eine Frau steht ihren Mann»

Die Geschichte der Julia Gauss begann im Pfarrhaus von Liestal. «Zusammen mit einer älteren Schwester und dem jüngeren Bruder wuchs ich heran in der zwar wenig praktischen, aber alt-heimeligen Pfarrerwohnung mit ihren Alkoven und Fensterpritschen (...) In Liestal durchlief ich im Ganzen neun Schuljahre, zunächst sechs Jahre in gemischten Primarklassen mit manchmal derben Naturen. Die schönste Periode war die Primarschulzeit, wo mir unter der Leitung von zwei jungen Lehrern zum ersten Mal recht die Freude am Lernen, an Spiel und Kameradschaft aufging, in diese Zeit fiel

dann aber auch der Ausbruch des Ersten Weltkriegs. Er veränderte mir plötzlich die äussere und innere Welt. Denn Liestal füllte sich auf Jahre mit Soldatenleben und Einquartierungen, meine Gedanken und Vorstellungen wandelten sich so stark, dass mir die Kindheit fast wie mit einem Schlag versank. Hinterher habe ich den Einschnitt, den der Krieg brachte, noch tiefer begriffen; nämlich damals im Miterleben der Zeitereignisse legte sich eine Grundrichtung meiner Interessen fest, die Neigung zur Geschichte. Bald stand ich, nach einem weiteren Schuljahr in Basel, vor der Frage meines künftigen Weges. So ungewiss, wie mir alles schien, begann ich in aller Heimlichkeit Latein zu lernen, und dadurch gelang es mir, den Eltern die Erlaubnis abzuringen, in das Basler Mädchengymnasium einzuteten. Dort erwarb ich nach drei ziemlich problemreichen Jahren die Matura (...).»[1] Das führte zum Basler Mittelschullehrerdiplom. «Der Weg zur Praxis, zum Lehramt liess sich hart an, weil die Nachkriegskrise herrschte. Es lag Bitterkeit darin, täglich einsehen zu müssen, dass man wie viele um Verdienst kämpfende Arbeitslose zu einer anscheinend unnützen Generation gehörte. Zwei Wartejahre und sechs Vikariatsjahre brachten viel Enttäuschung und Zweifel.» Doch im Frühling 1933 kam es dann nach erfolreicher Promotion über Goethe als Historiker zur ersehnten definitiven Anstellung am Mädchengymnasium Basel. Julia Gauss hatte mit diesem Schritt ihr erstes Ziel erreicht – allen Widerständen zum Trotz und entgegen der ihr von ihrem Elterhaus und der Zeit vorgegebenen Rolle als Mutter und Hausfrau. Eine wissenschaftliche Karriere wäre für sie ideal gewesen, doch Professorin der Geisteswissenschaften zu werden, war damals für eine Frau unmöglich. Man bedenke, dass in Basel für Lehrerinnen bis 1971 das Pflichtzölibat galt! Julia Gauss liess sich nicht beirren: Sie unterrichtete mit Begeisterung, daneben forschte sie weiter und veröffentlichte bis ins hohe Alter wissenschaftliche Studien, die sich mit lokaler schweizerischer und europäischer Geschichte und interreligiösen Begegnungen befassten. Diese Arbeiten brachten ihr 1968 den Ehrendoktor der Universität Zürich und, als erste Frau überhaupt, 1979 den Wissenschaftspreis der Stadt Basel ein. Die letzte Ehrung: Im Sommer 2016 wurde in Liestal die «Julia Gauss-Strasse» eingeweiht, eine überfällige Anerkennung vonseiten ihres Heimatkantons.

1 Zitate aus den autobiografischen Aufzeichnungen.

Emil Weitnauer (1905–1989) «Mein Vogel»

Emil Weitnauer ist einer der wenigen Baselbieter, die von der Universität Basel mit einem Dr. Honoris causa geehrt worden sind. Warum? Weil er einen Vogel hatte. Doch davon später.

Weitnauer war 1924–1970 Primarlehrer in Ormalingen und Oltingen. Was zeichnete ihn aus? «Hunderte von Publikationen, Artikeln und Vorträgen, auch für den Schulfunk. Lehrer an der Landwirtschaftlichen Schule, Laienprediger, Wegbereiter der modernen Ökologie. Mitarbeiter in zahlreichen Verbänden und Kommissionen. Mitgründer der Arbeitsgemeinschaft für Natur- und Heimatschutz Baselland 1956.»[1] Kurzum: ein gerüttelt Mass an Einsatz und Verpflichtungen. Weitnauer wusste sich dabei immer publikumswirksam in Szene zu setzen, wie das folgende Beispiel zeigt.

«Tatort»

Er erstreckt sich entlang der östlichen Gemeindegrenze Reinachs von der Birsbrücke bei Dornachbrugg bis zum Gemeindebann von Münchenstein drei Kilometer flussabwärts, vornehmlich auf der linken Birsseite, und ist 39 Hektaren gross.

Die Akteure

Vertreter des Kantons und der Gemeinde sowie die Landbesitzer. Mitglieder der Arbeitsgemeinschaft für Natur- und Heimatschutz Baselland.

Das Thema
Die Zukunft der Heide. Geplant sind eine grossflächige Bauschuttdeponie sowie die Erweiterung der Schappe-Industrieanlagen.

Der Diskussionsverlauf
Die Vertreter der Landbesitzer legen dar, wie das Ödland besser genutzt werden könnte, welcher finanzielle Ertrag zu erzielen sei und wie sanft ein auf dem Abraum gepflanzter Wald den Eingriff kaschieren werde.
Die Gegenseite führt Bedenken an: Die Vernichtung einer für die ganze Schweiz einmaligen Tier- und Pflanzengesellschaft drohe.

Als die Vertreter der Wirtschaft ihre Felle davonschwimmen sehen, setzt ein Landbesitzer zum Rundumschlag an. Mit weitausholender Armbewegung weist er auf die Naturschützer und ruft: «Hört nicht auf dieses Gesindel, die Leute da sind sowieso nichts anderes als Kommunisten!»
Die nachfolgende eisige Stille unterbricht der Oltinger Dorfschullehrer Emil Weitnauer, Landrat der Bauern- und Bürgerpartei, mit den Worten: «Wiederholen Sie das bitte, und ich appliziere Ihnen die saftigste, je aus Oltingen exportierte Ohrfeige!» Betretenes Schweigen. Die Verhandlungen werden abgebrochen und nach erfolgter Abkühlung zu einem späteren Zeitpunkt erfolgreich wieder aufgenommen.

Der Kommentar
Es war die Zeit des Kalten Kriegs und der Begriff «Umweltschutz» noch weitgehend ein Fremdwort. Doch 1974 war der Bann nach langem, zähem Verhandeln gebrochen: Der Regierungsrat stellte die Heide als einzigartiges Naturdenkmal unter kantonalen Schutz. Und heute gilt sie gar als «Naturschutzgebiet von nationaler Bedeutung».

Und so kam Weitnauer zu seinem Vogel
«Mit Freude und Interesse beobachtete ich im Jahr 1933 Schwalben und ‹Spyren›, wie mein Vater den Mauerseglern sagte. In etlichen Stuben und Kammern meines Heimatdorfes brüteten damals noch die Rauchschwalben. Ein Beobachten war leicht. Nicht so bei den ‹Spyren›. Wohl kletterte ich im Kirchturm auf den alten, eichenen Glockenstuhl und suchte von innen zu den ‹Spyren› zu gelangen. In unbequemer Stellung, auf dem Bauch liegend, den Kopf unter die Dachbalken gezwängt, konnte ich neben einer ‹Dachrafe› das Einflugloch und dahinter, gerade vor mir, drei junge Segler im Nest sehen. Später fand ich daneben noch ein Nest unter der Blechverschalung der Turmgiebelmauer. Für mich war dieses Nest nicht zugänglich,

und auch die Segler mussten sich zwischen Mauer und Blech durchzwängen. – Immer und immer wieder musste ich zu diesen wilden, seltsamen Vögeln hinaufsteigen. Ich wusste nicht warum. Irgendetwas Eigenartiges an ihnen hatte es mir angetan. – Ich wusste damals noch nicht, dass ich mich noch jahrelang – ja über 40 Jahre – mit diesen Mauerseglern beschäftigen würde. – Diese zwei Nester waren damals die einzigen im Dorf.

Im Juni 1934 sah ich beim Schulhaus Mauersegler in ein Spatzennest, zwischen Tragbalken und Dachhimmel, fliegen. Es war gefährlich, nachzusehen, aber es musste sein. Zu meinem grossen Erstaunen fand ich zwei junge Mauersegler auf vier eingetrockneten, jungen Hausspatzen. Nur eine dünne, verkleisterte Schicht von Halmen und Federn trennte sie.
Im gleichen Jahr fand ich in einem Starenkasten junge Mauersegler auf eingetrockneten Stareneiern. Der zweite Kasten auf dem Nussbaum neben der Kirche wurde ebenfalls von den Seglern erkämpft. Alles Warnen und Schreien der Stare nützte nichts. Die Kontrolle zeigte zwei Mauersegler auf fünf toten Jungstaren.
Wohnungsnot der Mauersegler? Nichts war mir lieber, als ihnen zu helfen. Aber wie? Und vor allem wo? Das muss etwas zum leichtzugänglichen Beobachten geben!, war der Leitgedanke! So wurden am Dachhimmel des Schulhauses vier liegende Starenkasten angenagelt und die Oberseite darüber herausgesägt. Diese Öffnung deckte ich mit einer Glasplatte, und darüber kam ein Stofflappen, damit die Nisthöhle nicht vom Estrich her erhellt wurde. So konnte nun zu jeder Zeit beobachtet werden, wenn Segler kommen – und was extra schön war: Mein Beobachtungsposten fand sich im eigenen Haus!»[2]
Das war der Anfang der weitnauerischen Mauersegelforschung. Dann aber ging es mit den Jahren weit über das Dorf hinaus in den nächtlichen Himmel, wo der Dorfschulmeister sich unter der Führung erfahrener Piloten Pipermaschinen anvertraute, um das «Treiben» seiner Vögel wissenschaftlich zu beobachten – auch eine Ballonfahrt bei Vollmond von Bern nach Romanshorn diente diesem Ziel. In Weitnauers Buch «Mein Vogel» haben all diese und andere Beobachtungen – sie standen immer im Zeichen der Ehrfurcht und des Staunens über die Schöpfung – ihren Niederschlag gefunden.

1 René Salathé: «Eule und Kleeblatt», in «Neue Baselbieter Merkwürdigkeiten», Liestal 2007, S. 152.
2 Emil Weitnauer: «Mein Vogel – Aus dem Leben des Mauerseglers», Liestal 1983.

Albert Hofmann (1906–2008)
«LSD – mein Sorgenkind»

In Burg im Leimental erinnert ein Gedenkstein an den berühmtesten Einwohner des Dorfes, an den Chemiker Albert Hofmann, der als Entdecker des LSD in die Geschichte eingegangen ist. So wie Kolumbus «zufällig» Amerika entdeckte, so entdeckte Hofmann bei einem Laborversuch am 16. April 1943 ebenfalls zufällig die halluzinogene Wirkung von Lysergsäurediäthylamid, dem Nicht-Chemiker besser als die «Zauberdroge» LSD bekannt. In der Schlussphase eines Versuchs mit dieser Substanz wurde er in seiner Arbeit durch ein ungewöhnliches und unerwartetes Schwindelgefühl befallen, sodass er seine Arbeit unterbrechen musste.
«Zu Hause legte ich mich nieder und versank in einen nicht unangenehmen rauschartigen Zustand, der sich durch eine äusserst angeregte Phantasie kennzeichnete (...) Nach etwa zwei Stunden verflüchtigte sich dieser Zustand. Art und Verlauf dieser merkwürdigen Symptome erweckten den Verdacht einer von aussen erfolgten toxischen Einwirkung, und ich vermutete einen Zusammenhang mit der Substanz, mit der ich gerade gearbeitet hatte.»[1]
Ein Selbstversuch, den Hofmann anschliessend unternahm – er schluckte 0,25 Milligramm LSD –, bestätigte seine Vermutung und entführte den Forscher zu einer Reise ins Unbekannte. Erst als er aus dieser unheimlich fremdartigen Welt nahe am Wahnsinn in die vertraute Alltagswirklichkeit zurückkehrte, begann er allmählich «das unerhörte Farben- und Formenspiel zu geniessen», das sich hinter seinen geschlossenen Augen abspielte. «Kaleidoskopartig sich verändernd, drangen bunte, phantastische Gebilde auf mich ein, in Kreisen und Spiralen sich öffnend und wieder schliessend, in Farbfontänen zersprühend, sich neu ordnend und kreuzend in ständigem Fluss. Besonders merkwürdig war, wie alle akustischen Wahrnehmungen, etwa das Geräusch einer Türklinke oder eines vorbeifahrenden Autos, sich in optische Empfindungen verwandelten. Jeder Laut erzeugte ein in Form und Farbe entsprechendes, lebendig wechselndes Bild (...) Erschöpft schlief ich dann ein und erwachte am nächsten Morgen mit klarem Kopf, wenn auch körperlich noch etwas müde. Ein Gefühl von Wohlbehagen und neuem Leben durchströmte mich. Das Frühstück schmeckte herrlich, ein ausserordentlicher Genuss.
Als ich später in den Garten hinaustrat, in dem nach einem Frühlingsregen nun die Sonne schien, glitzerte und glänzte alles in einem frischen Licht.

Die Welt war wie neu erschaffen. Alle meine Sinne schwangen in einem Zustand höchster Empfindlichkeit, der noch den ganzen Tag anhielt.» Dieser Selbstversuch bestätigte, dass es sich bei LSD-25 um einen psychoaktiven Stoff mit aussergewöhnlichen Eigenschaften handelte, der darum in der Folge auch in der Psychotherapie bei der Behandlung von Schizophrenie, Depression, Alkoholabhängigkeit und Arthritis Anwendung fand.

Und wie ging es weiter? Warum wurde das LSD zum Sorgenkind Albert Hofmanns?
«In den ersten Jahren nach seiner Entdeckung verschaffte mir LSD Beglückung und Befriedigung, wie sie der pharmazeutische Chemiker empfindet, wenn sich die Möglichkeit abzeichnet, dass eine von ihm hergestellte Substanz sich zu einem wertvollen Medikament entwickeln könnte. Denn die Schaffung neuer Heilmittel ist das Ziel seiner Forschertätigkeit; darin liegt der Sinn seiner Arbeit.»[2]

Erinnerungsstein in Burg (BL).

Doch statt zum Kassenschlager für die Pharmaindustrie und zum Ruhmesblatt für Hofmann wurde LSD über die Jahre zu seinem Sorgenkind. Wohl fand schon 1947 in der Psychiatrie die erste LSD-Anwendung statt. Dann aber mutierte der Wirkstoff in den Sechzigerjahren in Amerika zum «chemischen Sakrament», wie es ein Anhänger der Drogenszene nannte. Er wurde im Zeichen der Bürgerrechtsbewegung und des Vietnam-Protestes Türöffner für eine Gegenkultur mit einem drogenabhängigen Lebensstil. Es galt, «das Gehirn neu zu programmieren und von erlernten Mustern wie Aggression, konventionellem Denken oder mangelnder Selbstreflexion zu befreien».[3] Waren psychedelische Drogen «in den Fünfzigerjahren noch einem kleinen Kreis von Wissenschaftlern und Künstlern vorbehalten, so machten nun Millionen von Amerikanerinnen und Amerikanern LSD-Erfahrungen». Hippies, Hells Angels, Rockmusiker: Sie alle wollten den Stoff probieren. Und das Fazit der LSD-Partywelle? Wir stellen die Frage, lassen sie aber unbeantwortet: «Verdankt sich die kulturelle Revolution der Sechzigerjahre, die Befreiung der Sexualität, der Durchbruch des ökologischen Denkens, der Höhenflug der Popmusik, wirklich nur der psychedelischen Kraft des LSD? Gäbe es keine Computerrevolution, kein Internet, keine Apple-Erfolgsgeschichte ohne LSD, wie überzeugte Anhänger argumentieren?»
Feststeht, und da lassen wir noch einmal Albert Hofmann zu Worte kommen: «Die geplante Hervorrufung mystischer Ganzheitserlebnisse, besonders durch LSD und verwandte Halluzinogene, ist im Unterschied zu spontanem visionärem Erleben mit nicht zu unterschätzenden Gefahren verbunden (...) Die bisherige Geschichte von LSD zeigt zur Genüge, was für katastrophale Folgen es haben kann, wenn seine Tiefenwirkung verkannt wird und wenn man diesen Wirkstoff mit einem Genussmittel verwechselt (...) Falsche und missbräuchliche Anwendungen haben LSD für mich zu einem rechten Sorgenkind werden lassen.»
Anderseits: «Die wichtigsten Erkenntnisse, die ich aus den LSD-Versuchen gewann, sind Einsichten in das Wesen der Wirklichkeit. Bis dahin hatte ich geglaubt, dass es nur ein einziges wahres Bild der Welt, das, was man als die ‹Wirklichkeit› bezeichnet, gäbe. Die Erfahrungen im LSD-Rausch, in dem fremde Welten als ebenso wirklich erlebt werden wie die Alltagswirklichkeit, zeigten, dass die Wirklichkeit keineswegs etwas Absolutes, Feststehendes ist, sondern dass ihr Bild und Erleben durch einen veränderten Bewusstseinszustand des Betrachters verändert werden.»

1 Zitate aus Albert Hofmann: «LSD mein Sorgenkind», Stuttgart 2010.
2,3 Daniel Hagmann: «Der Stoff, aus dem die Träume sind. Die Entdeckung von LSD», in: «Kleine Basler Weltgeschichte», Basel 2011, S. 20ff.

Helene Bossert (1907–1999) «Vogelfrei»

Der Kalte Krieg der Fünfziger- und Sechzigerjahre zwischen den Supermächten USA und Russland hinterliess seine Spuren auch im Baselbiet!
Eine Reise wurde der Baselbieter Mundartdichterin Helene Bossert (1907–1999) zum Verhängnis. 1953 – mitten im Kalten Krieg – unternahm sie auf Einladung des antifaschistischen Frauenkomitees der Sowjetunion zusammen mit einer zwölfköpfigen Delegation der Schweizerischen Frauenvereinigung für Frieden und Fortschritt eine dreiwöchige Reise in die Sowjetunion. Und was geschah während ihrer Abwesenheit im friedlichen Sissach? Sie wurde in der Lokalpresse, aber auch landesweit als Landesverräterin und versteckte Kommunistin hingestellt und angeklagt.

Wer war Helene Bossert? Eine anerkannte, eigenständige Mundartdichterin, die mit Unterstützung des Kantons Basel-Landschaft 1942 ihr erstes Gedichtbändchen «Blüemli am Wäg» veröffentlicht hatte und auch Mitarbeiterin des Radiostudios Basel war. Doch die Reise in die Sowjetunion setzte all diesem Wirken ein jähes und brutales Ende: Die Dichterin wurde von einem Tag auf den anderen nicht mehr zu Lesungen ihrer Kurzgeschichten und Gedichte eingeladen, und auch das Radio verweigerte die Zusammenarbeit; man machte Helene Bossert buchstäblich mundtot, sie und ihre Familie wurden ausgegrenzt und von der Schweizerischen Bundesanwaltschaft überwacht – und dies während rund zwanzig Jahren! Da «war alles nur noch rund um mich herum wie ein Hag mit Stacheln».[1]
Was half ihr da ihre verzweifelte Erklärung vom 6. Oktober 1953?
«Meine Reise nach dem Osten hat Anstoss erregt. Ganz gerne wäre ich auch in eine andere Richtung gefahren, hätte man mir dazu Gelegenheit geboten. Nun, es bleibt dabei, ich sah, dass die Welt gross ist, sah fremde Menschen, andere Sitten. – Welcher Schriftsteller würde eine solche Gelegenheit nicht erfassen? Warum muss denn alles in den politischen Schmutz gezogen werden? Dazu anonym und während meiner Abwesenheit. Es ist unglaublich! Ich ging auch als Mensch, als Frau und Mutter, beladen mit vielen Vorurteilen und ohne mich zu etwas zu verpflichten. Mit vielen Eindrücken kehrte ich zurück und bin und bleibe, was ich vorher war.»
Nicht alle Leute erlagen der antikommunistischen Hetze. Paul Manz, der spätere Regierungsrat, setzte sich als Landrat in einer Interpellation im In-

teresse des Rechtsstaates und des Anstandes für eine gründliche Abklärung der erhobenen Anklagen ein und sprach einer Wiedererwägung der Radiomitarbeit der Dichterin das Wort. Trotz dieses mutigen Votums dauerte es aber noch Jahre, bis das Packeis, das Helene Bossert umgab, langsam abtaute. Ihr bitterer Stossseufzer «... nicht ich habe Politik gemacht, sie haben mit mir Politik gemacht» blieb lange ungehört. Die endgültige Wende kam erst 1988, als der Baselbieter Regierungsrat der Dichterin den Literaturpreis zusprach.

«Vogelfrei!» heisst eines ihrer berührenden Gedichte:

«Z Russland gsi.
Z Russland gsi.
So, die mache mer jetz hi!

Vogelfrei.
Vogelfrei.
Bänglet numme uf de Stei!

Hoppla druuf.
Hoppla druuf.
Bis zu ihrim letschte Schnuuf!

Aber breicht.
Aber breicht.
Settig Häxe sy halt geicht.

Z Russland gsi.
Z Russland gsi.
So, die mache mer jetz hi!»

1 Zitate aus Ruedi Epple: «Basel-Landschaft in historischen Dokumenten», 5. Teil, Liestal 1998, S. 129–153.

Hans Jeger (1907–1989)
Ein aussergewöhnlicher Gemeindepräsident

Wer dem Leben dieses Baselbieter Politikers nachspürt, stösst auf eine unerwartete und bemerkenswerte «Merkwürdigkeit», auf die Tatsache nämlich, dass Hans Jeger ursprünglich gemäss Familienbüchlein gar nicht Hans hiess, sondern Leberecht. Wenn Jeger auch diesen Vornamen zugunsten des geläufigeren Hans fallen liess, er hat seinen eigentlichen Vornamen verinnerlicht und «recht gelebt» – allerdings nicht als Vertreter der Rechten, sondern als Linker in der kommunistischen Partei der Arbeit (PdA).
In die Baselbieter Geschichte ist Jeger, der nach einer Metallgiesserlehre seinen Lebensunterhalt als Bauarbeiter verdiente, zunächst als Gewerkschafter eingegangen: Er setzte sich 1936 im Zeichen der Krise mit einem aufsehenerregenden Fussmarsch von seinem Wohnort Pratteln nach Liestal für Notstandarbeiten zur Bekämpfung der Arbeitslosigkeit ein. 1935 wurde er für die Kommunistische Partei Schweiz (KPS) in den Landrat gewählt, den er aber 1940 nach dem Parteiverbot verlassen musste. «Während des Krieges blieb Jeger politisch aktiv, mehrfach wurde er Opfer von Hausdurchsuchungen, figurierte er doch auf der Staatsschutzliste jener

‹Verdächtigen›, die bei einem Angriff auf die Schweiz interniert worden wären. 1944 wurde er für die Partei der Arbeit (PdA) in den Landrat gewählt. (...) Wie wenig andere Menschen verkörperte er in der unmittelbaren Nachkriegszeit den Aufschwung der politischen Linken. 1944 wurde er, als damals wohl einziger ‹Kommunist› in der Deutschschweiz, zum Gemeindepräsidenten gewählt. Dieses Amt versah er bis 1950, stets bemüht um Gerechtigkeit und Gleichbehandlung aller – ungeachtet ihrer sozialen Stellung. Seine Gradlinigkeit brachte ihm auch die Achtung der politischen Kontrahenten selbst in den heissesten Zeiten des Kalten Kriegs. Hans Jegers Engagement galt nicht einer Ideologie oder seiner Partei, sondern den einfachen Menschen. ‹Fortschritt›, sagte er im Gespräch, ‹ist für uns Arbeiter, wenn es jedem besser geht als früher›.»[1] Obwohl er das Amt des Gemeindepräsidenten mit «unparteiischer Sachlichkeit» versah – so die «Basellandschaftliche Zeitung» –, bliesen die Bürgerlichen zum Angriff auf den «Moskowiter» – und waren auch erfolgreich, 1950 wurde er als Gemeindepräsident abgewählt, verblieb aber weitere sechs Jahre im Gemeinderat. Anzumerken bleibt in diesem Zusammenhang lediglich, dass Jeger 1956 aus Protest gegen die russische Besetzung Ungarns aus der Partei austrat.

Von welchem Menschenbild liess sich Hans Jeger all die Jahre leiten? In seinem selbst verfassten Lebenslauf weist er auf den Einfluss des Volkspädagogen Fritz Wartenweiler hin: «Was uns dieser Menschenfreund an Lebenssinn und Lebensaufgaben anhand der Lebensporträts von grossen Persönlichkeiten vermittelte, ging mir nie verloren, dafür sei ihm hier der gebührende Dank ausgesprochen.»

1 Ruedi Brassler: «Pratteler Heimatkunde», 2003, S. 403.

Alfred Rasser (1907–1977)
Die verhängnisvolle Chinareise

Gleich wie Helene Bossert wurde auch der berühmte Kabarettist Alfred Rasser, alias HD-Soldat Läppli, Opfer des Kalten Krieges. Zusammen mit einer Schweizer Delegation, der unter anderem auch der bekannte Basler Maler Max Kämpf angehörte, reiste Rasser auf Einladung der «Gesellschaft des chinesischen Volkes für die Beziehungen zum Ausland» vom 17. September bis 20. Oktober 1954 in die Volksrepublik China. Leicht war ihm der Entschluss, an dieser Reise teilzunehmen, nicht gefallen; er rechtfertigte sich später, als er zusehends in ein Trommelfeuer allgemeiner Diffamierung geraten war, in der «Zürcher Woche» folgendermassen: «Ich hatte drei Gründe, nach China zu reisen. Der erste enthält ganz einfach die Gegenfrage: Warum hätte ich nicht gehen sollen?
Der zweite Grund: Nicht ein Einziger von all denen, die mir von der Reise abrieten, sagte etwa: So eine Reise macht man nicht, das ziemt sich nicht, das ist verabscheuungswürdig. Aber alle sagten, sie würden es aus Furcht vor der öffentlichen Meinung nicht wagen, diese Einladung anzunehmen (…)

Ja, ich wusste, was mir vonseiten der schweizerischen McCarthys bevorstand, und ich hatte die Wahl, mich ihnen von vornherein zu beugen oder ihnen zu trotzen. Ich entschloss mich zum Letzteren (...)
Der dritte Grund: Ich sah mich als denkender Mensch (...) veranlasst, die Erdkugel auf beiden Seiten zu betrachten und den Friedenswillen der Ostvölker weder in der einen noch in der anderen propagandistischen Verzerrung zu beobachten, dies in der Meinung, dass mir ein Recht zustehe, um die Zukunft der Völker und der Erde besorgt zu sein (...)»[1]

Der «Seldwyler Hexensabbat» bedrohte Rasser verbal und existenziell; die Schweizerische Offiziergesellschaft setzte ihn auf den Index und verunglimpfte ihn als Wolf im Schafspelz, aber dieses Spiel sei jetzt aus. Und so überlegte sich Rasser, der beispielsweise vom Studio Basel wie eine heisse Kartoffel fallen gelassen worden war, allen Ernstes, im benachbarten elsässischen St-Louis vor den Toren Basels ein Cabaret, «Rasser im Exil», zu eröffnen. So weit sollte es aber nicht kommen: Rasser, der schon immer als Kabarettist politisches «Gschpür» bewiesen hatte, trotzte allen Verleumdungen und Widerständen. 1967 wurde er für den Landesring der Unabhängigen in den Nationalrat gewählt, dem er während zweier Legislaturen angehörte. Und noch einmal fiel Rasser durch Mut und Eigenständigkeit auf: Anlässlich der Eröffnungssitzung verweigerte er sich nämlich dem Schwur und entschied sich für ein schriftliches Gelübde! Und das war seine Begründung: «Ich finde, dass Gott, in dessen Namen man zu schwören hat, durch allzu häufige Anrufung immer mehr entwertet und abgenützt worden ist. Für was muss Gott doch nicht herhalten? Für sämtliche Vaterländer, Annektierungen, Kolonisationen, Schlachten, Kriege, Hinmetzelungen und Ausrottungen ganzer Völkerstämme, für jedes menschliche und unmenschliche Geschehen. Einen solchen Gott bei einem Schwur anzurufen, widersteht mir einfach. Wenn ich aber, wie es der Fall ist, unter Gott das verstehe, was zum Beispiel Spinoza verstanden hat, nämlich das ‹absolut unendliche Wesen, das heisst die Substanz, welche aus unendlichen Attributen besteht, von denen ein jedes ewiges und unendliches Sein ausdrückt›, dann fühle ich mich zu klein, um es wagen zu dürfen, ein solches Wesen zu bemühen, und sei es auch für einen eidgenössischen Schwur.»

1 Zitate aus Rueb Franz: «Alfred Rasser, eine Monographie», Zürich 1975.

Max Blank (1913–2000)
Der letzte Berufsfischer des Kantons Basel-Landschaft

Augst war nie wie Kaiseraugst Fischerdorf, aber trotzdem war es dem nassen Element zugetan.[1] Max Blank, der Fischer, bietet die Bestätigung dieser Aussage. Reich konnte man mit diesem Gewerbe, besonders auch angesichts des immer mehr zurückgehenden Fangertrags, nicht werden, doch war es immerhin möglich, eine sechsköpfige Familie bescheiden durchzubringen. Die Fischerei erlernte Max Blank zusammen mit seinem Bruder von seinem Vater.

Vor allem der Rhein war mit circa 2300 Meter Uferlänge das Revier der Blanks, einige Jahre hatten sie auch den Unterlauf der Ergolz in Pacht. Besonders wichtig war ihnen der Lachs, den man bis zum längsten Tag als Salm, dann bis zum kürzesten Tag als Lachs bezeichnete. Die ersten silbergrauen Salme wurden jeweils im Mai gefangen; es waren meist recht grosse und fette Exemplare, keines unter 18 Pfund, während die Lachse im Durchschnitt nur acht bis zwölf Pfund wogen. Zwischen 1912 und 1932 gingen den Fischern in Augst und Kaiseraugst jährlich 350 Lachse und 50 Salme in die von einem Grenzacher Handschmied gelieferten Lachsfallen. Meistens wurden lebende Lockfische – also bereits erbeutete Lachse – vor den Fallen angebunden; als die Lachse immer seltener wurden, taten es auch hölzerne. Das Stellen dieser Fangvorrichtung erforderte nicht nur viel Geschick, sondern besonders bei schlechtem Wetter auch Überwindung und Ausdauer. Der grösste gefangene Lachs wog 43 Pfund, 25-Pfünder waren nicht selten, doch 1932 setzte der Bau des Kraftwerks Kembs der Lachsfischerei ein Ende.

Kein Geringerer als der Dichter Christian Morgenstern (1871–1914) hat der Lachsfischerei ein poetisches Denkmal gewidmet:

«Ein Rheinsalm schwamm den Rhein
bis in die Schweiz hinein.
Er war schon weissgottwo,
doch eines Tages – oh –!
da kam er an ein Wehr;
das mass zwölf Fuss und mehr!

Zehn Fuss – die sprang er gut!
Doch hier zerbrach sein Mut.
Drei Wochen stand der Salm
am Fuss der Wasser-Alm.
Und kehrte schliesslich stumm
nach Deutsch- und Holland um.»

1 René Salathé: «Augst und Kaiseraugst – zwei Dörfer, eine Geschichte», Liestal 2007, Band 2, S. 245ff.

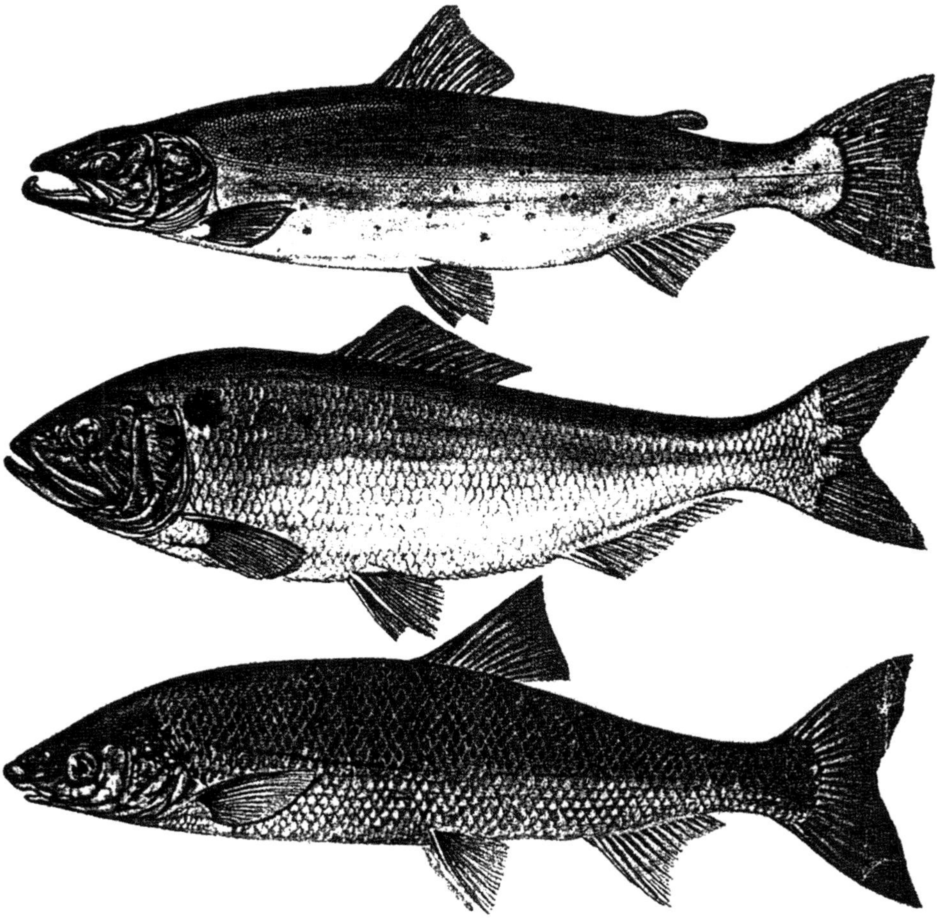

Herbert Leupin (1916–1999)
Plakate verändern die Welt

Wie war es um die Akustik der Dorfstrassen in früheren Jahrhunderten bestellt, wie sahen sie aus? Wir haben allen Grund zur Annahme, dass der öffentliche Raum vor der Motorisierungswelle bis ins späte 20. Jahrhundert noch weitgehend geräuscharm gewesen sein muss, aber auch bar der vielen optischen Signale, die heute das Geschehen auf der Strasse regeln und für Sicherheit sorgen. Und noch ein optisches Zeichen unserer modernen, kommunikationsintensiven und reklamegläubigen Welt fehlte damals: das Plakat nämlich, das heute kaum mehr wegzudenken ist. Mit bunten Werbespots weckt es die Einkaufsfreude, mit Schlagwörtern und Wahl-

empfehlungen erinnert es an unsere Bürgerpflichten und schliesslich macht es auch auf sportliche und kulturelle Events aufmerksam. Kurz: Das Plakat ist Aushängeschild unseres urbanen Lebensstils geworden.

Eine Hochburg moderner Plakatkunst war in den Nachkriegsjahren zweifellos Basel: Wir erinnern uns an Niklaus Stöcklin (1896–1982), Donald Brun (1909–1999), Peter Birkhäuser (1911–1976), Armin Hofmann (1920–2015), Celestino Piatti (1922–2007) und last but not least an Herbert Leupin (1916–1999).
Herbert Leupin ist der Basler Plakatkünstler schlechthin; nicht weniger als 1000 Plakate hat er geschaffen. Und so kamen sich seine die «Strassenkunst» beiläufig konsumierenden Bewunderer während Jahrzehnten «wie ein Zuschauer in einem Schiessstand vor, wo ein Meisterschütze im Begriff ist, eine Kugel nach der anderen ins Schwarze zu jagen». Nur selten machte sich dabei das Publikum Gedanken, warum es unserem Plakatkünstler während Jahren und Jahrzehnten gelang, Strassengänger aller Schichten und Altersstufen anzusprechen. Tatsache ist: Der Ideenreichtum, die technische Virtuosität und der leise Humor, die alle Leupins Plakate ausstrahlen, überraschten und berührten immer wieder von Neuem: Das Beispiel vom unfallgeschädigten und für «Eptinger» werbende Gefahrensignal macht es deutlich. Herbert Leupin hat wie kaum ein anderer Grafiker mit seinen Plakaten eine bleibende biografische Spur hinterlassen.

Jacques Koellreuter (1916–1999)
Das Kartoffelexperiment

Handelsbeziehungen lassen sich nicht immer nur bequem vom Bürostuhl aus abwickeln, sie erfordern vielmehr wiederholt Auslandeinsätze. Jacques Koellreuter, gestandener ETH-Agronom, bereiste in diesem Sinn in den Jahren 1939–1971 oft auf mehrmonatigen Reisen Osteuropa, Afrika und Lateinamerika. Aus seiner reichen Erlebnisfülle, die er für seine in Reinach wohnhafte Familie in einem kleinen Heft zusammengetragen hat, zitieren wir die Wunderkartoffel-Episode.

«Der Fahrtwind, der durch die offenen Fenster des Autos hereinzog, wirkte prickelnd und belebend. Ich war voller Tatendrang und Erwartungen, was dieser herrliche Tag alles bringen würde. Wir fuhren von Quito Richtung Süden durch ein Hochtal, welches mich stark an das Engadin erinnerte, nur liegt es doppelt so hoch über Meer. Der Talboden mit einem schmalen Flusslauf ist auch recht breit, auf beiden Seiten erheben sich Bergzüge, die aber nicht mit Schnee bedeckt sind. Grosse Flächen mit Weidegras und Mähwiesen werden gelegentlich von Koniferen- und Laubholzparzellen unterbrochen. Trotz der Höhe gedeihen aber Getreide und Kartoffeln. Dörfer fehlen, kleinere Einzelhöfe liegen weit auseinander.

Wir hatten den Vormittag mit Besichtigungen der Kartoffel- und Getreideäcker auf der Suche nach bekämpfbaren Schädlingen und Krankheiten verbracht, als uns der Besitzer eines Feldes zu sich nach Hause zum Mittagessen einlud. Die Kartoffeln, wesentlicher Bestandteil des Mahles, wurden als ‹Gschwellti› in der Schale serviert. War es Hunger, die Höhe, das Ambiente oder die unbekannte Sorte? Sicher bin ich aber, dass ich noch nie so herrlich schmeckende Kartoffeln gegessen habe. Das Hochland von Equador ist bekanntlich die Wiege der Kartoffel; es soll eine Vielzahl verschiedenster Sorten geben. Mein Wunsch, einige wenige Knollen der eben gekosteten und so herrlich schmeckenden Sorte mit in die Schweiz zu nehmen, um sie dort zu pflanzen, ging in Erfüllung, der liebenswürdige und zutrauliche Bauer versprach, für mich einige besonders schöne Knollen in einem entfernteren Acker zu graben und sie für mich im Grandhotel in Quito abzugeben. Was mochten die Hotelleitung und das Personal über den verrückten Schweizer gedacht haben, der sich an die 40 Kilogramm Kartoffeln ins Hotelzimmer kommen liess? Um teures Übergewicht zu vermeiden, nahm ich nur circa 25 Knollen in meinem Gepäck mit auf die weite Reise. Und so kam es, dass sich nun mein Weg durch Südamerika wie der Weg von ‹Hänsel und Gretel› verfolgen liess, denn an drei weiteren Stationen – in Lima, Santiago de Chile und in Sao Paulo – musste ich jeweils, um Übergewicht zu vermeiden, weitere Knollen auf dem Nachttisch zurücklassen. Nur sieben Knollen erreichten das Ziel. Für sie wählten wir in unserem Garten die sonnigste Stelle mit der besten Erde aus; kaum je hat ein Gärtner seine Kartoffeln mit solcher Hingabe und ebensolchen Erwartungen der Erde anvertraut. Nahezu täglich wurden die Fortschritte beobachtet und registriert. Im Laufe des Sommers entwickelten sich die Stängel und Blätter nicht nur zu Stauden, sondern zu Büschen von über einem Meter Höhe. Wir waren stolz und glücklich und freuten uns an den Blüten und grünen Früchten. Erwartungsgemäss welkten die Blätter gegen den Herbst und die Stängel verdorrten. Der grosse Moment der Ernte war gekommen und damit auch der Lohn für die vielen Umtriebe. Der hohe Ackerkorb würde zur Aufnahme des Ertrags von sieben Stauden vermutlich reichen, dachten wir. Welche Enttäuschung – es wollte sich keine Knolle zeigen, sie mussten wahrscheinlich tiefer liegen, und so begann im weiten Umkreis um die Stauden ein wildes Hacken, Schlagen, Ziehen und Drehen. Immer tiefer ging es, doch es liess sich nichts, auch nicht die kleinste Knolle finden!

In ihrer ursprünglichen Heimat Equador sind Tage und Nächte das ganze Jahr über ungefähr gleich lang, nicht aber in der Schweiz, wo während der Vegetationszeit der Kartoffeln die Tage wesentlich länger dauern. Offensichtlich war die Photosynthese und Assimiliation meiner sieben Knollen durch die Verpflanzung durcheinandergebracht worden. Fast war es ihnen damit gleich ergangen wie jenen der Eroberer der Neuen Welt. Auch die Spanier hatten nämlich erfahren müssen, dass sich ihre in Europa angepflanzten Kartoffeln zuerst an die neuen Verhältnisse anpassen mussten und erst einige Generationen später Knollen bildeten.»[1]

Übrigens: Jacques Koellreuter hat nicht nur Kartoffeln gesammelt, sondern auch Hüte; er erlag seit seiner Jugend einer eigentlichen Hutmanie, die später durch das Reisen noch gefördert wurde. «Da gab es den Sonntagshut und den Werktagssombrero aus Mexiko, den flachen, originellen, mit verschiedenen farbigen Mustern überzogenen Frauenhut aus den Anden von Peru, mir besonders lieb. Passend auch der Hut des italienischen Agrarstudenten, grün und nach vorne spitz auslaufend, der Hut der päpstlichen und neapolitanischen Polizei, entsprechend pompös.» All diese selbst gesammelten oder auch zugetragenen Kopfbedeckungen – es wurden mit der Zeit an die 200 – ordnete Koellreuter in seinem Estrich – Sammelzimmer nach Erdteilen und Ländern; sie erinnerten ihn in höchst eigenwilliger Weise an seine vielen Reisen in aller Welt.

1 Wir danken der Familie für die Überlassung dieser Reisenotizen. Das genaue Datum der «Kartoffelreise» liess sich nicht mehr eruieren; es dürfte in den Jahren zwischen 1952 und 1954 gewesen sein.

Rainer Brambach (1917–1983)
Der Lyriker

«Ich schreibe keine Geschäftsbriefe,
ich beharre nicht auf dem Termin
und bitte nicht um Aufschub.
Ich schreibe Gedichte.

Ich schreibe Gedichte auf den Rummelplätzen,
in Museen, Kasernen und Zoologischen Gärten.
Ich schreibe überall,
wo Menschen und Tiere sich ähnlich werden.

Viele Gedichte habe ich den Bäumen gewidmet.
Sie wuchsen darob in den Himmel.
Soll einer kommen und sagen,
diese Bäume seien nicht in den Himmel gewachsen.

Dem Tod keine Zeile bisher.
Ich wiege achtzig Kilo, und das Leben ist mächtig.
Zu einer anderen Zeit wird er kommen und fragen,
wie es sei mit uns beiden.»[1]

«Rainer Brambach gehört zu den bedeutendsten deutschsprachigen Lyrikern der Nachkriegszeit. Seit dem Erscheinen seiner ersten drei Gedichte in der Zeitschrift ‹Akzente› 1954 wurden seine Texte in Anthologien und Schulbücher aufgenommen; dies ist bis heute so geblieben.
In seiner Heimatstadt Basel haben ihn viele gekannt, den Dichter Rainer Brambach. Sie haben den Tisch mit ihm geteilt in einer Beiz, sie haben mit ihm getrunken, sie haben mit ihm gelacht. Sie haben ihm zugehört, wenn er Gedichte rezitierte – auf der Bühne seine eigenen, zu später Stunde in einer Gaststube Gedichte anderer, die er liebte. Er erzählte Witze und machte aus einer banal erscheinenden Gegebenheit etwas Bemerkenswertes. Er hatte viele Freunde, nicht nur in Basel und in der Schweiz, auch in Deutschland. Wenn man sie heute nach Rainer Brambach fragt, erzählen sie von seinem Lachen, seiner Lebendigkeit, und sie beschreiben seine Präsenz: Er war nicht zu übersehen, auch wenn er gar nichts sagte.

Rainer Brambachs Werk ist überschaubar. Rund einhundertvierzig Gedichte und neunzehn kurze Erzählungen gab er zum Druck frei. Gemeinsam mit Freunden – zuerst mit Jürg Federspiel, später mit Frank Geerk – schrieb er weitere achtzig Gedichte.
Seine Gedichte und seine Prosatexte sind unverwechselbar: Sie sind ein Destillat, reduziert auf das Wesentliche, dabei wunderschön und glaubwürdig. In seiner kargen Sprache gelingt es Rainer Brambach, Bilder voller Farben zu skizzieren und dabei Empfindungen und Stimmungen auszulösen, sodass sich vor dem inneren Auge des Lesenden eine ganze Landschaft entfaltet.»[2]
Rainer Brambach – gewiss ein ausserordentlicher Lyriker, aber auch ein Mensch mit einer ausserordentlichen Lebensgeschichte, die zusammen mit seinem literarischen Werk in einer packenden und subtilen Biografie Gestaltung gefunden hat.

Rainer Brambach wuchs im St. Johann-Quartier auf. Er erinnert sich:

«Die Sommerabende im St. Johann-Quartier
Das Platzkonzert der Blasmusik im Park
Rossäpfel auf der Strasse liegend
guter Dung für Schrebergärten
Es gab noch Fledermäuse
immer hurtig auf der Jagd nach Mücken
und Liebespaare auf den Bänken unter Bäumen
Das waren Juli und August im St. Johann-Quartier
und manchmal eine sanfte Melodie
von einer Okarina.»

Oder:

«Als wir offenen Mundes damals
fremde Namen wie
Amilcar, Bugatti, Ford und Studebaker
buchstabierten,
fuhren die Droschkenkutscher
in die Museen.
Es war noch die Zeit,
da uns in der Dämmerung
unter Gaslaternen
ein anderes Licht aufging.»

Seine Schul- und Lehrzeit fasste Brambach in einem einzigen Satz zusammen: «Acht Jahre Volksschule mit anschliessender (missglückter) Flachmalerlehrzeit.» Auch die 1933 verfügte folgenschwere Abweisung seines Gesuchs für die schweizerische Staatsbürgerschaft schmerzte; er sei eingebildet, «eher faul, flatterhaft und habe den Kopf nicht bei der Arbeit», hiess es in der Begründung. 1938 wurde er ausgewiesen und wenig später bei Kriegsausbruch in die deutsche Wehrmacht eingezogen. Als Deserteur fand er jedoch bald den Weg in seine Heimat, die Schweiz, zurück – allerdings nicht in die Freiheit, sondern als zeitweise Internierter in Witzwil. Am 7. Juni 1940 – nach zweiundzwanzig Monaten Gefängnis und Internierung – wurde er endlich entlassen: «Ich bin blutjung, dreiundzwanzig Jahre, bald werde ich ein Jahr Emigration hinter mir haben. Ich weiss viel und habe viel gesehen, zu viel für mein Alter. Aber es ist gut so ...» In Basel fand dann Brambach sein Auskommen als Erdarbeiter:

«In jener Zeit, von der ich dir erzähle, war ich ein Erdarbeiter, ass mein Brot am Zaun, trug grobes Hemd, Manchesterhose, Garibaldihut und schneuzte meine Nase mit der blossen Hand (...)»
Und Erdarbeiter im weitesten Sinn blieb er als Gärtner und Gartenbauarbeiter bis 1959, dann lebte er als freier und auch gefeierter Schriftsteller; eine späte Genugtuung brachte ihm 1977 die Einbürgerung.

Rainer Brambachs einziges Mundartgedicht möge diese Kurzbiografie abschliessen, es ist ein «augenzwinkenderes Bekenntnis zur Schriftsprache».
«Z'Basel gebore, reed i Baseldytsch.
Nadyrlig nit eso perfäggt
wie zem Byschbiln der Glopfgaischt.
Mit mynere Sproch kumm I guet
iber d'Gränze durs Elsass dure
und au durs Badisch,
aber nit wyter.
I schryb Schriftdytsch.
I schryb gärn.
Myni Brief raise allewyl wyt
und s'Spaledoor, rächts uff em Umschlag
raist mit.»

1 «Ich schreibe Gedichte», in: «Ich finde keinen Namen dafür», Zürich 1969, S.7.
2 Zitate aus Isabel Koellreuter und Franziska Schürch: «Rainer Brambach – Ich wiege 80 Kilo, und das Leben ist mächtig», Zürich 2017.

Heiner Gautschy (1917–2009)
«Amerika – hast du es besser?»

«Hallo, Beromünster, hier spricht Heiner Gautschy in New York» – mit dieser legendären Anrede, die Zeitgenossen noch im Ohr haben, leitete jeweils Heiner Gautschy seine Radiobeiträge aus Amerika im Rahmen der Radiosendung «Echo der Zeit» ein. Seine Berichte aus Amerika in den Jahren 1949 bis 1967 haben das Amerikabild der schweizerischen Öffentlichkeit ganz wesentlich geprägt. Gautschy war bereits während seines Geschichtssstudiums in Basel journalistisch tätig und leitete 1952 auch den Basler Muba-Fernsehversuch, die ersten Sendungen des entstehenden Schweizer Fernsehens. Die folgende Betrachtung «Amerika – hast du es besser?» ist dem gleichnamigen Büchlein entnommen, einer Sammlung von witzigen und einfühlsamen Plaudereien, die Heiner Gautschy 1954 als Radiozyklus im Studio Basel über den Äther gehen liess. Sie stand unter dem Motto: «Eine Frage und viele Antworten über Leben, Leute, Liebe in den USA».

«Eine Plauderei mit einem Goethe-Zitat beginnen zu können, hat etwas Beruhigendes – besonders wenn sie sich, wie die meinige, mit einem ganzen Kontinent befassen soll. Goethe freilich hat schlankweg erklärt: ‹Amerika, du hast es besser ...› Aber der Herr Geheimrat war nie in Amerika. Ich wohl. Und so habe ich mir die gänzlich undichterische Freiheit genommen, sein Wort falsch zu zitieren – wie es ja meistens mit Zitaten zu geschehen pflegt –, in diesem Fall in Frageform. Das schien mir vorsichtiger. Die Plauderei soll nämlich nichts beweisen. Sie soll plaudern – oder schildern, wenn Sie lieber wollen. Und dazu gehört zweifellos der erste Eindruck von diesem Land.

An meinen ersten Eindruck erinnere ich mich noch sehr gut. Ich war am Pier 88 von der wackligen kleinen ‹De Grasse› gestiegen – etwas grün im Gesicht und eher nervös. Als ich wenig später an der 34. Strasse, nur ein paar Häuserblocks entfernt, das Getriebe von Manhattan bestaunte und dann und wann mit verrenktem Hals an den hochaufstrebenden Häuserfronten hinaufblickte, wiederholte ich im Stillen immer wieder ungläubig den einen Satz: ‹So – jetzt bist du also in New York – und es ist genau so, wie du dirs vorgestellt hast.› Das war der erste Eindruck. Und der zweite war: ‹Eigentlich ist alles genau wie bei uns.› Eine seltsame Behauptung?

Gewiss. Aber Sie müssen bedenken: Ich war kurz vorher in Griechenland, der Türkei und Ägypten gewesen, und dort war alles anders als in der Schweiz – exotisch, fremdartig, trotz der geringen Entfernung. Hier lagen 6000 Kilometer Ozean zwischen mir und der Heimat. Ich war auf einem andern Kontinent. Gewiss, die Häuser waren höher (viel höher), die Autos zahlreicher (viel zahlreicher), das Tempo rascher (nicht so viel rascher). Aber die Menschen (zahlreicher) waren dieselben: geschäftig, zielbewusst, adrett, wie in irgendeiner Schweizer Stadt. Sie gingen zur Arbeit, lasen Zeitung, machten Einkäufe, gingen ins Kino – genau wie bei uns. Aber später fand ich heraus, dass der Schein trügt. Die Lebensformen schienen wohl dieselben, wenn man eine Handvoll Wolkenkratzer abrechnet, aber der Lebensinhalt war ein anderer. Der trennende Ozean ist ein Ozean und kein ‹Bach›. New York, sagt das Cliché, ist nicht Amerika. Wenn dem so ist – und ich bezweifle es –, so fängt Amerika gleich hinter New York an: ein unermessliches Land, gesprenkelt mit Zehntausenden von weitverstreuten Farmen und mit kleinen und kleinsten – nun, wie soll ich das nennen: ‹Siedlungen› ist nicht das richtige Wort, ‹Kleinstadt› trifft auch nicht, und ‹Dorf› wäre ganz falsch. Die Amerikaner sagen ‹towns› oder ‹community›. Es sind eigentlich Flecken, und im Grunde bestehen sie aus ein paar niederen Läden und Geschäften, aufgereiht an einer Hauptstrasse, die immer Main Street oder Broadway heisst; und um dieses Geschäftszentrum in Taschenformat gruppieren sich locker ein paar Wohnstrassen – meistens wunderbar schattige Alleen mit Ulmen oder Platanen, weissen, von der Strasse durch einen Rasen getrennten Einfamilienhäusern aus Holz, mit der charakteristischen Säulenveranda, der ‹Porch›, auf der abends im Schaukelstuhl Zeitung gelesen oder gestrickt wird. Diese Middleboroughs, Elmhursts und Cedar Falls gleichen sich oft wie ein Ei dem andern. Ich erinnere mich an eine Fahrt durch den Mittelwesten, auf der ich ständig das Gefühl hatte, ich käme immer wieder durch das gleiche Städtchen. Zuerst begegnen einem ein paar Tankstellen, gefolgt von bunt bewimpelten ‹Used Car Lots›, einem Areal, wo Occasionswagen aufgestellt sind, dann die Mittelschule, roter Backstein mit weissem Holzwerk und weissen Türmchen – und dann in rascher Folge: die lokale Bank (mit griechischen Säulen), Schönheitssalon, Liegenschaftsvermittler, ein, zwei Selbstbedienungsläden (in Chrom- und Fluoreszenslicht), das Bestattungsgeschäft (immer freundlich einladend wie ein vergnügliches Landhaus), das Kino (orientalisch), mehrere Drugstores, Bars und die öffentliche Bibliothek (klassizistisch). Verstreut dazwischen die Kirchen der verschiedenen Denominationen. Das Ganze hat immer einen Einschlag des Zufälligen und Provisorischen. Es ist so verschieden von allem, was wir an ländlichen Siedlungen kennen,

weil es eben nichts Ländliches hat. Die Farmhäuser liegen nicht im Flecken selbst, sondern weit draussen im Land. Über die Felder verstreut. Die amerikanische Gemeinde des offenen Landes ist im Grunde nichts anderes als ein winziger Splitter Grossstadt. Das bestimmende Element in der Anlage dieser Gemeinde ist nicht ein Flusslauf, ein Hügel, ein Bach oder sonst ein landschaftliches Merkmal, sondern die ebene Landstrasse. Und sie ist letzten Endes überall gleich. Daher die Uniformität.
Der Farmer ist ein mit vielen Maschinen ausgerüsteter Unternehmer. Er ist kein Bauer, sondern ein Bodenindustrieller. Für ihn ist der Boden weniger Scholle als vielmehr Betriebsareal. Er ist äusserlich und oft auch innerlich von einem Städter nicht zu unterscheiden. Der Drugstore ist keine Drogerie, sondern ein Sammelsurium von zehn verschiedenen Warenhaus-Abteilungen, die in ein einziges Verkaufslokal gestopft wurden: Tabakladen, Apotheke, Kosmetikgeschäft, Buchladen, Haushaltabteilung und Schnellabfütterung – alles in einem. Er ist billig, praktisch und ungemütlich. Für viele Jugendliche aber ist er Treffpunkt, Freizeitlokal und Rendez-vous-Platz. All diese Einrichtungen sind sich in der kleinen Community und in der grossen City zum Verwechseln ähnlich. Die kleine Stadt – stellt sich heraus – ist keine Kleinstadt, sondern eine kleine Grossstadt. Und umgekehrt darf man etwas pointiert vielleicht sagen: Die grosse Stadt ist keine Grossstadt, sondern eine grosse Kleinstadt, mit Ausnahme von Manhattan. Aber erst auf dem Umweg über die kleine Community dringt man ein in das eigentliche Wesen dieses Landes – des Landes und seiner Menschen.»[1]

Und das sind einige weitere Plaudereien Heiner Gautschys: «Little Joe, der ungekrönte König – Lernen ist ‹Fun› – High-School ist nicht Hochschule – ‹An Heirat hängt, nach Heirat drängt doch alles› – ‹Die Zukunft hat noch nicht begonnen› – Kochen à l'américaine … oder mit Konserven – Was man verdient, versteuert und ausgibt – Feierabend! Wochenende! Ferien! – Warum haben die Amerikaner Füsse?»

1 Zitate aus Heiner Gautschy: «Amerika – hast du es besser?», Basel 1954.

Heiner Koechlin (1918–1996)
Ein ganz besonderer Antiquar

Kennen Sie das Antiquariat Heinrich Koechlin am Basler Spalenberg? Oder kannten Sie gar Dr. Heinrich Koechlin selbst? Weder noch! Dann sei versucht, Ihnen ansatzweise das Bild eines unabhängig politisierenden Humanisten zu vermitteln. Das Antiquariat Heinrich Koechlin, «ein schmaler, bis unter die Decke mit Büchern angefüllter, kleiner, dunkler Laden, ist ein geheimnisvoller Ort voller Geschichten.
Heiner Koechlin, Mitbegründer und bis 1995 Besitzer dieses Antiquariats, war eine stadtbekannte Persönlichkeit. Jeden Tag sah man den hageren Mann mit der schwarzen Baskenmütze auf dem Kopf auf seinem Velosolex ins Antiquariat fahren. Hier beriet er seine Kunden, empfing Besucher aus aller Welt und diskutierte. Manchmal sass er auch in seinem Büro im ersten Stock und arbeitete an den Manuskripten seiner Bücher und Artikel.»[1]

Wer war Heiner Koechlin? Zwei Historikerinnen haben sein Leben in sorgfältiger Forschungsarbeit nachgezeichnet und auch eine Auswahl seiner Texte vorgelegt.

«Heiner Koechlin wurde 1918 als mittleres von drei Kindern in ein Elterhaus geboren, das den Ideen des religiösen Sozialismus Ragaz'scher Ausprägung nahestand. Drei Jahre nach seiner Geburt zog die Familie ins Untere Kleinbasel, wo sein Vater eine der ersten Arztpraxen eröffnete. Heiner Koechlin wuchs in einer von Chemie- und Hafenarbeitern geprägten Nachbarschaft auf, die ihn auf Fragen sozialer Ungleichheit und Armut sensibilisierte. Als Sohn des Arztes war er ein Aussenseiter und seine gutbürgerliche Herkunft wurde für ihn zunehmend eine Belastung. Das Abseitsstehen blieb an ihm Zeit seines Lebens haften; wie ein Leitmotiv zieht es sich durch sein Leben.
Durch seinen sozialdemokratischen Vater und die Jugend im sozialistisch geprägten Kleinbasel fühlte sich der junge Koechlin zur Linken hingezogen. Wegweisend für seine weitere politische Entwicklung waren die Begegnung mit italienischen Anarchisten und das Geschehen in Katalonien während des Spanischen Bürgerkriegs.
Den Zweiten Weltkrieg erlebte er als junger Mann in den Kreisen von politischen Emigranten, durch deren Erzählungen er von Verfolgung, Gewalt und Furcht erfuhr. Er wurde Teil eines kleinen Freundeskreises, der sich, in Erwartung des Kriegsendes, auf eine tiefgreifende Veränderung der Gesellschaftsordnung vorbereitete. Gemeinsam mit einem Freund eröffnete Koechlin 1951 das Antiquariat.
Dieses sollte ihnen eine finanzielle Lebensgrundlage schaffen und gleichzeitig erlauben, sich weiterhin für ihre politischen Anliegen zu engagieren.
Sein letztes publizistisches Werk waren seine Lebenserinnerungen ‹Am Rande des Geschehens. Erinnerungen›. Im Mai 1996 starb Koechlin im Alter von 78 Jahren.

Die Lebenserinnerungen von Koechlin führen den Leser durch das Basel des 20. Jahrhunderts: Von den Grabenkämpfen zwischen Kommunisten und Sozialisten im Unteren Kleinbasel Ende der 1920er-Jahre über Probleme der spanischen Emigranten in den 1960er-Jahren bis hin zur schweizerischen Drogenpolitik der frühen 1990er-Jahre. Beeindruckend ist Koechlins weites Spektrum an politischen Interessen und sein lebenslanges Ringen um eigenständige, vielfach unbequeme Standpunkte, die er mit Mut und Überzeugung nach aussen vertrat. Nicht zufällig nannte er seinen 1950 gegründeten Verlag ‹Don Quichotte›: Er identifizierte sich mit dem tapferen

Ritter aus La Mancha, der gegen Windmühlen kämpfte. Liest man in seinen Lebenserinnerungen, begegnet man einem Menschen, der es sich nie innerhalb einer ideologischen Strömung bequem gemacht hat, sondern das Geschehen immer wachsam beobachtete und seine Positionen hinterfragte (...) Koechlin, der sich Zeit seines Lebens als Linker verstand, war ein unbarmherziger Kritiker sozialistischer Regime und kommunistischer Staaten. Obwohl es schwierig ist, für den konsequenten Antiideologen eine politische Schublade zu finden, wäre die passende wohl jene der Anarchisten (...)
Eine Vielzahl von Geschichten und Legenden ranken sich bis heute um Heiner Koechlin: Spanienkämpfer soll er gewesen sein und ein wichtiges Mitglied der internationalen anarchistischen Bewegung. Andere wiederum erzählen von seiner Zeit als aktiver Flüchtlingshelfer während des Zweiten Weltkriegs (...) Der zurückhaltende Koechlin eignete sich als Projektionsfläche für Ideen aus den unterschiedlichsten ideologischen Ecken.»

1 Zitate aus Franziska Schürch und Isabel Koellreuter: «Heiner Koechlin 1918–1996, Porträt eines Basler Anarchisten», Basel 2013.

Georg H. Endress (1924–2008)
Der Unternehmer

Manager: Sie verdienen viel zu viel und bereichern sich auf Kosten der Arbeitenden, sie sind skrupellos – das ist auf einen Nenner gebracht die allgemeine Meinung über diesen Berufsstand. Wahr oder unwahr, wir lassen uns nicht in eine Diskussion ein, sondern zeigen am Beispiel von Georg H. Endress die Bedeutung auf, die einem «gebildeten Unternehmer und Manager für eine ganzheitlich-nachhaltige Entwicklung in Raum und Zeit»[1] zukommt.

Georg H. Endress studierte nach Abitur und Mechanikerlehre in Zürich an der ETH Ingenieurwesen. 1953 gründete er mit dem Bankkaufmann Ludwig Hauser in Lörrach eine Vertriebsfirma für Füllstandmessgeräte, aus der sich später die Endress+Hauser AG entwickelte. 1956 begann die Produktion der ersten eigenen Messgeräte. Nach Erfolgen in Europa kam es zur Gründung verschiedener Tochterunternehmen in den USA sowie in Japan und China. Heute – 63 Jahre nach ihrer Gründung – umfasst die Unternehmensgruppe mit Sitz in Reinach in 44 Ländern mehr als hundert Gesellschaften und beschäftigt mehr als 11 000 Mitarbeiter. 2013 erwirtschaftete das Familienunternehmen einen Umsatz von 1,8 Milliarden Euro.
Eine grossartige Erfolgsbilanz! Wie lässt sie sich erklären? Waren es die Zeitumstände oder war es einfach das sogenannte Glück, das dem Unternehmen Endress zu Gevatter stand? Natürlich hat Fortuna mitgeholfen und zweifellos nahm die Wirtschaft nach den dürren Jahren der weltumspannenden Krise der 1930er-Jahre und dem verheerenden Zweiten Weltkrieg in den 50er- und 60er-Jahren des 20. Jahrhunderts generell einen ungeahnt beflügelnden Aufschwung. Aber es wäre billig und allzu vereinfachend, nur gerade diese immer wieder ins Feld geführten Komponenten geltend zu machen. Entscheidend war, dass hinter all den industriellen und wirtschaftlichen Initiativen der Endress-Vertriebsgesellschaften ein Mann stand, der das Leben mit einer tief wurzelnden Philosophie anging und nicht allein dem Materiellen verfallen war.

Seine Lebens- und Betriebsgrundsätze hat Georg Endress im Umfeld seines achtzigsten Geburtstags dargelegt. Wir zitieren einige seiner Aussagen.

Echtheit und Glaubwürdigkeit

«Wir sagen, ein Mesch wirkt echt, wenn er mit sich im Reinen ist, wenn er seinen Überzeugungen und Leitideen entsprechend leben kann. Oft ist in jüngeren Jahren das Weltbild noch unharmonisch, unausgegoren. Auch bei mir hat sich das Weltbild evolutionär entwickelt, ist mit dem Alter nicht grundsätzlich anders geworden, aber schärfer, expliziter fassbar. Das führt dann dazu, dass ich den Unschärfen der jüngeren Generation manchmal vielleicht etwas scharf entgegentrete (…)»[1]

«Der Mensch ist falsch oder unehrlich, wenn er bewusst etwas anderes sagt, als er weiss, als er denkt, als er tut. Dann wird er unglaubwürdig, das heisst, Glaubwürdigkeit ist eine Auswirkung von Echtheit. Oft ist man einfach zu bequem, macht lieber, was andere sagen, um Konflikten auszuweichen. Es gibt ja heute ganz konkrete Themenfelder, wo Glaubwürdigkeit sichtbar, ja messbar wird. Ich denke an die Spanne zwischen Mindest- und Manager-Löhnen: Ist sie 1:20 oder 1:50? Oder der Umgang mit dem Thema Ökologie. In beiden Fällen haben wir hier früh versucht, Zeichen zu setzen. Ich habe die Erfahrung gemacht, dass man fast Unmögliches verlangen kann, wenn man selber Vorbild ist, selber bereit ist, zu tun, was man von den anderen erwartet. Man kann ohne Weiteres sagen: ‹Heute ist es heiss, wir schliessen bis 17 Uhr und arbeiten dafür länger.› Aber ich als Chef muss dann um 17 Uhr ebenfalls dastehen und kann nicht im Schwimmbad bleiben, bloss weil ich der Chef bin.

Glaubwürdigkeit hat also mit dem Befolgen von Regeln zu tun. Man kann viele Regeln aufstellen. Wir haben recht früh damit begonnen, solche Regeln zu entwickeln (…) Neben diesen Führungsgrundsätzen haben wir die Summe unserer Leitideen im sogenannten Credo festgehalten. Dieser Name sagt schon einiges über die Wurzeln meiner Führungsphilosophie. Ich bin christlich, genauer calvinistisch, erzogen worden, das hat mich geprägt. Das Credo ist so etwas wie die zehn Gebote des Unternehmers. Darin implizit enthalten sind dann Grundsätze wie Menschlichkeit, Gerechtigkeit, Wahrhaftigkeit und Solidarität. Denn wenn es einem gut geht, so kann man anderen helfen. So haben wir zum Beispiel immer Menschen aus Randgruppen der Gesellschaft bei uns beschäftigt. Doch darüber sollte man ja nicht öffentlich reden (…) Ich bin immer der Meinung gewesen: ‹Zuerst dienen, dann verdienen› – und das nicht nur dem Kunden gegenüber. Zurück zur Glaubwürdigkeit als Umsetzen von Lebensvorstellungen in dem Bild, das man von sich abgibt. Am wichtigsten und überzeugendsten scheint mir das Führen durch ungeschriebene Gesetze, das heisst durch Vorbildlichkeit. Das liegt für mich schon im Begriff des Unternehmers, der

ja etwas unternimmt, etwas tut und bewirkt. In seinem Handeln implizit verborgen sind ja unsere Leitvorstellungen, unser Menschenbild, unsere persönliche Kultur. Und die meisten Menschen spüren sehr genau im Handeln und in der Art des Redens und Auftretens, ‹wes Geistes Kind› man ist. Glaubwürdigkeit fördert und fordert Loyalität. Hier haben wir heute in vielen Firmen und besonders auch in der Staatsverwaltung grosse Probleme. Illoyales Verhalten zeigt Respektlosigkeit vor Menschen und Institutionen. Den Respekt hat man oft genau deshalb verloren, weil die Führung unglaubwürdig geworden ist, und darum auch keinen Respekt verdient.
Glaubwürdig sein zeigt sich auch im Masshalten. Man kann nicht täglich das Sparen predigen und dann sich selber masslos bereichern. Das gilt übrigens auch fürs Privatleben: Man darf nicht im Büro den Anständigen mimen, privat aber die Sau rauslassen. Heute sagt man zwar oft, dass dies eben Privatsache sei, niemanden etwas angehe. Das ist etwas zu einfach gesehen, denn im Grunde muss ein Mensch durch seine Doppelmoral vor sich selber den Respekt verlieren. Haben wir heute so viel Respektlosigkeit zwischen den Menschen, weil viele Menschen sich selber nicht mehr im Spiegel in die Augen schauen können?»

Stimmigkeit
«Stimmigkeit ist eine Konsequenz von Echtheit und Glaubwürdigkeit. Stimmigkeit erfolgt aus dem Brückenschlag zwischen den leitenden Vorstellungen und der Ausstrahlung, dem Gesamtausdruck eines Menschen, dann nämlich, wenn alles stimmt, was er tut und wie er es tut, und es zu ihm passt (...) In der heutigen Selbstverwirklichungs-Gesellschaft heisst ‹es stimmt› oft ‹es stimmt für mich, es passt mir›. Um diesen Anspruch auf Stimmigkeit zu erfüllen, muss man Freiräume schaffen. So habe ich immer geschaut, dass ich ein paar Chaoten um mich hatte. Sie standen unter meinem persönlichen Schutz, erhielten Freiräume zum Querdenken. Denn Innovationen muss man in der Anfangsphase schützen und pflegen, in solchen Freiräumen kann sich dann was entwickeln. Stimmigkeit hat aber auch etwas mit Stimmung zu tun. Wir haben immer geschaut, dass diese auch gepflegt wurde, und vor allem in den ersten Jahrzehnten, als die Firma noch übersichtlich war, haben wir auch viel gefeiert. Es gab eine Zeit, da machte sogar das Wort die Runde:

‹Hast Du gerne
Bier oder Sauser
dann musst Du
zu Endress+Hauser.›»

Praxistauglichkeit

«Bei den Produkten ist Praxistauglichkeit ja schnell sichtbar. Damals stiegen wir mal bei einer Zementfabrik zu Fuss auf den Siloturm, das neue Gerät unter dem Arm. Als wir oben ankamen, fiel eine Schraube heraus und vom Turm herunter. So einfach sind oft die Geschichten, die zu mehr Praxistauglichkeit führen, und natürlich gibt es schon lange keine Endress+Hauser-Geräte mit losen Schrauben mehr.»

Das Fazit: Das Betriebs-Vademekum des Unternehmers Georg Endress ist echt, glaubwürdig, stimmig und praxistauglich!

1 Zitate aus Dieter Pfister: «Die Bedeutung des gebildeten Unternehmers und Managers für eine ganzheitlich-nachhaltige Entwicklung in Raum und Zeit», Basel 2005, S. 91ff.

Jean Tinguely (1925–1981)
Briefe eines Künstlers

Jean Tinguely – ein ausdauernder Briefeschreiber? Wer käme auf die Idee, diese Begabung einem ausgesprochenen Bewegungskünstler zuzuschreiben? Und doch! Es ist Tatsache: Tinguely hat unzählige Briefe geschrieben – an seinen Freund und Gönner Paul Sacher sind es 72, an Pierre Boulez, den Komponisten, 9 sowie ebenfalls zahlreiche an Fritz Gerber und Maja Oeri, und viele dieser Briefe sind seit 1956 auch einer breiten Öffentlichkeit zugänglich. Wer nun aber ausführliche, kunsterklärende oder auch kunstbekennende Briefe erwartet, wird enttäuscht: Tinguelys Mitteilsamkeit beschränkt sich durchwegs auf wenige Zeilen, die in lakonischer Kürze die farbenfrohen und von Brief zu Brief überraschenden Aquarelle und Collagen begleiten. Hier einige Beispiele – allerdings ohne die eigentlich dazugehörenden «Briefzeichnungen».

28. April 1973
«Lieber Paul. Félicitations multiples und chaleureuses & tout de bon. Ewig: Dein Jeannot. und e scheene Gruess an d'Maja.»[1]

1973/74 Jahreswechsel
«Lieber Paul: auch ich ka scheeni Note mache nid nur dr Boulez! & Guet's Neu's ...»

28. Juli 1975
«Lieber Paul: Also do jetzt hani dä agfangeni «Brief» an Di soebe wieder gefunde aber s'problem isch dass I nümm so rächt weiss was i Dr ha welle schriebe. Nüt für unguet & e Gruess Di Jeannot.»

1975/76 Jahreswechsel
«Lieber Paul: Guet's Neus 1976. ewig Dein beim Wein Jeannot.»

1978/79 Jahreswechsel
«Hier anbei eine scheene Graphik für Dich, alles Gueti für 1979 und e Gruess: Jeannot.»

1979, 1. April
«Paul, Merci für's A. Dürer Superbuech; erstaunlich! I bring Dr see wieder zrugg (oder?). Viel Grüess und uff bald Dr Jeannot.»

Jean Tinguely hatte zur spätmittelalterlichen nordischen Bildwelt eine grosse innere Beziehung, bewunderte beispielsweise den Isenheimer Altar in Colmar, die Gemälde von Baldung Grien, Holbein und anderen im Basler Kunstmuseum. So geschah es auch, dass er von Freunden ein Buch, welches ihn gerade fesselte, entführte. Man konnte nie voraussehen, wann sein Falkenauge auf einen Gegenstand fiel und diesen registrierte. Dass ein schönes Dürer-Buch seiner Aufmerksamkeit nicht entging und sein Interesse weckte, war nur allzu verständlich. Die dichten, nervösen Kritzeleien, die dynamischen Linien und reichen Schattierungen geben der Absicht des Künstlers Ausdruck, auf seine Art barocke Fülle wiederzugeben.

6. Januar 1981
«Lieber Paul: ich war bei Norbert Moret (Ein Freiburger Komponist) = fabelhaft und wunderbarer Superman ... und jetzt gratuliere ich Dir, solch gute Freunde zu haben. Ewig Dein Jeannot und e Gruess an d'Maya.»

Wieder verwendete Tinguely für die Briefcollage Fragmente von Partituren, dokumentierte damit seinen Umgang mit Musik.

22. Mai 1983
«Lieber Paul. Merci für Klee. Uff bald & tout de bon Dir Jennot. Liebe Grüsse an Maja.»

Der Brief ist zu einer Hommage an Klee geworden. Tinguely bedankte sich für ein Buch über Klee und wurde sogleich von Klees Bildern inspiriert, die er ja auch öfters in Musse auf dem Schönenberg erleben und betrachten konnte.

1 Zitate aus Margrit Hahnloser (Hrsg.): «Briefe von Jean Tinguely an Paul Sacher und gemeinsame Freunde», Pratteln 1996.

Ernst Beyeler (1926–2010)
Der Kunst-Gipfelstürmer

«Kunst ist dazu da, um den Staub des Alltags von der Seele zu waschen. Es gilt, Begeisterung zu wecken, denn Begeisterung ist das, was wir am meisten benötigen – für uns und die jüngere Generation.» (Picasso)

Ernst Beyeler war Alpinist; ein Foto zeigt ihn auf einem Gipfel – das ist symbolträchtig, denn Ernst Beyeler war auch Kunst-Gipfelstürmer. Mit seiner 1997 in Riehen eröffneten Fondation hat er Basel zu einem Mekka der Moderne gemacht. Sein eigenes Geschäft als Kunsthändler startete er im Dezember 1945 an der Bäumleingasse 9 in Basel. Rückblickend bekennt er: «Die Tafel am Haus gegenüber, die darauf hinweist, dass Erasmus von Rotterdam hier als Gast des Druckerherren Hieronymus Froben seine letzten Lebensjahre verbracht hatte, wirkte für einen künftigen Buch- und Kunstantiquar stimulierend.»[1]

Beyeler beklagte Basels ungünstige geografische Lage fernab der grossen Zentren, sah aber auch ihre Vorteile: «Sie bildete eine harte Herausforderung, die zu grösseren Anstrengungen und strenger Auswahl zwang. Die Tatsache, dass gute Bilder länger bei uns blieben, wirkte sich schliesslich positiv aus. Wir konnten uns mit ihnen intensiver auseinandersetzen. Zudem wuchs ihr Wert – und damit auch das Renommé der Galerie. So durften wir bald einmal, wie Bernheim in Paris sagte: ‹Les clients qui m'achètent me font vivre, et ceux qui ne m'achètent pas m'enrichissent.›
Es gab aber auch erstaunliche Überraschungen: Einmal fragte eine einfache Frau eher argwöhnisch nach dem Preis eines grossen Bildes in einer Sommer-Ausstellung. ‹Fr. 28 000.–›, sagte ich. ‹Ich finde das Bild gut›, meinte sie, ‹von wem ist es denn gemalt worden?› Ich nannte den Künstler: Kandinsky. Darauf die Frau: ‹Ich will es kaufen, aber wer ist denn dieser Kandinsky?› Ich erklärte ihr, wer Kandinsky ist und dass dies eines der ersten abstrakten Bilder der Welt sei, datiert von 1910. Darauf erkundigte sie sich nach dem Preis eines Aquarells mit Badenden.
Zufällig kostete es auch Fr. 28 000.–. Wieder derselbe Dialog: Es gefalle ihr, sie wolle es kaufen, vom wem es denn sei? – ‹Von Cézanne› – ‹Wer ist Cézanne?› Und so ging es weiter bei drei anderen Werken von derselben Qualität. Später sagte die unbekannte Besucherin, sie stamme aus Winterthur, sei Hausfrau, habe etwas geerbt, und da seit Oskar Reinhart und den Hahnlosern in Winterthur nichts mehr Ähnliches geschehe, wolle sie nun weitermachen. Die Frau interessierte mich und ich lud sie zum Mittagessen ein, doch sie lehnte dankend ab. Auf dem Hundebummel nach meinem Mittagessen entdeckte ich sie in der Bahnhofanlage, wie sie ihr bescheidenes Mittagessen aus der Handtasche verzehrte. Da ihre Sammelleidenschaft erwacht war, nahm sie ein Bankdarlehen auf. Nach zwei Jahren wurde es aber der Bank unheimlich und sie kündigte der Frau den Kredit. Die wagemutige Sammlerin war gezwungen, zu verkaufen, und nun konnte ich ihr beinahe das Doppelte ihrer Einkaufspreise zurückbezahlen. Der Bankbeamte vermochte das kaum zu fassen und bot ihr sogleich einen neuen Kredit an.
Von solchen Preissteigerungen kann natürlich jeder Kunsthändler erzählen – der allgemeine Aufschwung in den 50er- und 60er-Jahren war ja auch unsere grosse Chance –, aber ich habe nachher nie wieder einen so echten Fall naiven Sammelns auf höchster Ebene erlebt, eine Art Douanier Rousseau als Sammler (…)

Höhepunkte in der Arbeit des Kunsthändlers sind die Begegnungen mit den grossen Künstlern. Besuche in den Ateliers und Gespräche mit Giaco-

metti, Moore, Dubuffet, Max Ernst, Chagall, Tobey, Nicholson, Newman, Rothko, Bacon, Lichtenstein, Tapies, Chillida, Tinguely und anderen waren faszinierend und fruchtbar zugleich.
Schon anlässlich unserer Fauves-Ausstellung 1967 hatte ich Braque besucht, der in seinem Atelier damals amphitheatermässig eine ganze Ausstellung aufgebaut hatte, um über diese Bilder zu meditieren. Im Gespräch äusserte er: ‹Surtout il faut fuire la virtuoisité.› In meine Katalog-Maquette für unsere Fauves-Ausstellung schrieb er als Motto: ‹La peinture fauve: Court moment de ma jeunesse. J'avais 23 ans. Cette peinture physique convenait à mon enthousiasme.› (...)

Als sich 1966 die persönliche Bekanntschaft mit Picasso ergab, war ich überrascht, wie liebenswürdig und schlicht er die Besucher empfing und ohne Hofstaat und Allüren agierte. Er war beeindruckt von der Qualität unserer Kataloge und Ausstellungen. Das mag ihn bewogen haben, unserer Bitte, eine Anzahl Werke erwerben zu dürfen, eines Tages zu entsprechen, nachdem uns seine Frau Jacqueline dazu immer wieder Mut gemacht hatte. Er nahm mich am Arm, und während er eine Tür zu einem grossen Raum mit einigen 100 Bildern aufschloss, meinte er: ‹Ich offeriere Ihnen, was noch nie jemand vorher tun konnte: Ich lasse Sie selbst auswählen.› So kamen wir damals zu 26 Bildern, die mit unseren Beständen zwei Ausstellungen ergaben, und später zu einer grossen Auswahl übermalter Linos. Vier Jahre später durfte ich ein grosses Lot von Zeichnungen aussuchen, sodass wir zu seinem 90. Geburtstag 90 bedeutende Zeichnungen aus allen Perioden ausstellen konnten.
Als ich ihm in Mougins diverse Kataloge zeigte, meinte er lachend: ‹Wieso 90 Zeichnungen zu meinem 90sten, warum nicht 100 Skulpturen zu meinem 100sten?›
Das war der Grund, dass wir nun letzten Sommer (1981) 100 Werke zu seinem Centenarium ausstellten (...)»

Und zum Schluss die Frage: Warum kommen wir in der Fondation Beyeler Jahr für Jahr immer wieder in den Genuss überraschender und hochkarätiger Ausstellungen? Weil es nicht Ernst Beyelers Hauptinteresse war, «Geld zu scheffeln, sondern dieses in neue Projekte in der Galerie und auch ausserhalb zurückfliessen zu lassen».

1 Zitate aus Ernst Beyelers Vortrag vor der «Vereinigung Zürcher Kunstfreunde» vom 9. September 1982.

Jürg Kreienbühl (1932–2007)
Der Maler des Abfalls

Maler sind gewöhnlich dem Schönen zugetan, doch es gibt Ausnahmen! Wir vertiefen uns zunächst in ein Bild des Giessen-Wasserfalls bei Wenslingen, so wie ihn Daniel Bruckner (1707–1771) erlebte und in seinen «Merkwürdigkeiten» festgehalten hat.

«Unterhalb dem Dorfe Kilchberg nahe bei Zeglingen ist ein sehr schöner Wasserfall, welcher der Giessen genannt wird, dessen Abschilderung hier beygehet; ein in den Zeglinger-Bergen entspringendes Bächlein, welches sich mit einem andern so von dem Dorfe Wiesen herabfliesst und in dem Dorfe Zeglingen mit obigem vereinbart, fällt sodenn über eine ausgehölte 6 Klafter hohe Felswand mit anmuthigem Geräusche herab und wässert das ganze Tecknau-Tal bis naher Gelterkinden; es nehret dieses Giessen-Wasser eine ziemliche Anzahl Forellen von besonderer Grösse und köstlichem Geschmack.

In dem Felsenwerk dieses Giessens war ehemalen eine von Natur gebildete artige Höhle, welche aber durch die Länge der Zeit und durch die Bewegungen der Erdbeben zerfallen ist.

Das unter dem Wasser liegende Thal, so das fruchtbarste Wiesengelände, ist von reizender Schönheit und Anmuth.

Vor etwann noch 20 Jahren kamen zu Anfangs des Frühlings aus verschiedenen umliegenden Dörfern die Töchtern und die Söhne des Landes an den Sonntagen dahin: Die Töchter ergetzten sich durch Reyhen und Tänze, die Söhne aber im Ringen und Wettlaufen.

Einige kleine Unglücke, welche hierbey vorgefallen, haben die Gewohnheit abgestellt.»[1]

Mehr als 200 Jahre später hat wieder ein Künstler mit seiner Staffelei vor dem Giessen-Wasserfall Posten bezogen. Es ist der Basler Jürg Kreienbühl, er kehrt uns den Rücken zu und beobachtet aufmerksam den Panoramaausschnitt des Giessens. Am Ufer des kleinen, vom Wasserfall genährten Beckens fällt ihm allerlei Unrat auf – Äste, rote Coca-Cola-Büchsen, grüne PET-Flaschen und blaue Abfallsäcke. Selbst dort, wo früher getanzt wurde und wo man sich im Wettkampf mass, hat heute offenbar die zerstörende moderne Abfall- und Konsumzivilisation Einzug gehalten – die Naturidylle ist gestorben. Dass Kreienbühl in seinem Bild diese negative

Naturentwicklung wahrnimmnt, ist nicht ganz zufällig. Er hat lange Zeit in der Pariser Banlieue gelebt und dort eindrucksvolle Abfall-Bilder gemalt. Mit ihrer sachlichen, an den Fotorealismus erinnernden Schilderung verrät seine Bild- und Weltsicht – der Giessen ist nur ein kleines Beispiel – einen kritischen Zeitgenossen, der sich nicht blenden lässt und der mit seinem schnörkellosen Stil auf Verfall und Untergang hinweist.

1 Zitate aus Daniel Bruckner: «Versuch einer Beschreibung historischer und natürlicher Merkwürdigkeiten der Landschaft Basel», S. 2544ff.

Bernhard Scherz (geb. 1936)
«Die Picassos sind da»

«Die Picassos sind da» – mit diesem Werbespruch lädt im Sommer 2013 das Basler Kunstmuseum zu einer Picasso-Sonderausstellung ein, die der Beziehung des «Basler Stadtpatrons» zu den hiesigen Sammlern gewidmet ist. Der Beginn dieser besonderen Picasso-Beziehung lässt sich auf den Tag genau fixieren: Am 19. Dezember 1967 waren zwei Basler – der Journalist Bernhard Scherz und der Bildredaktor Kurt Wyss, beide von der «National-Zeitung» – unterwegs mit dem Flugzeug nach Nizza und per Taxi nach Mougins, dem Provence-Wohnort Pablo Picassos. Sie reisten mit einem redaktionellen Empfehlungsschreiben und gedämpftem Optimismus und hofften, bei Picasso vorgelassen zu werden.
Und das war der besagte Brief:

«Sehr verehrter Herr, sehr verehrter Meister
Die Kultur der Menschheit und die zeitgenössische Kunst haben soeben eine wichtige Schlacht gewonnen. Wir, die Redaktoren und Journalisten der grössten Basler Tageszeitung, haben uns während Wochen mit Eifer und Überzeugung dafür eingesetzt, dass Ihre zwei bewundernswerten Gemälde unserem Museum nicht verloren gehen. Mit Freude und Begeisterung haben wir vom positiven Ausgang der Abstimmung erfahren. Er beweist: Das Basler Stimmvolk hat erkannt, dass die Sache der Kunst zu den grossen Dingen der Menschheit gehört. Gerade weil wir voll Freude über das Ende dieser ‹Schlacht› sind, die uns während der letzten Wochen beflügelt hat, möchten wir nicht zur Tagesordnung übergehen. Wir möchten vielmehr fortfahren, die ausserordentliche Bedeutung Ihrer Meisterwerke im Rahmen der zeitgenössischen Kunst und Kultur zu unterstreichen.
In diesem Sinn haben wir zwei junge Mitstreiter gebeten, Sie zu besuchen, Ihnen unsere Bewunderung zum Ausdruck zu bringen sowie uns zu berichten, wie Sie die Mitteilung über den Ausgang der ‹historischen› Abstimmung von Basel aufgenommen haben. Würden Sie, sehr verehrter Meister, so freundlich sein und unseren zwei jungen Baslern einige Minuten einräumen? Wir bitten Sie, sehr verehrter Herr, sehr verehrter Meister, unser grosses und warmes Dankeschön als Ausdruck unserer Bewunderung und unseres grössten Respektes entgegenzunehmen.
Die Redaktion der ‹National-Zeitung›: sig. Hans R. Linder»[1]

Die Vorgeschichte

«Am 20. April 1967 war es zu einer Luftfahrt-Katastrophe gekommen: Eine vollbesetzte ‹Bristol-Britannia›-Maschine der Basler Charterfluggesellschaft ‹Globe Air› zerschellte an einer Düne, als sie bei Nicosia zu einer Ausweichlandung ansetzte. Das Unglück forderte viele Todesopfer und raubte der Gesellschaft, die ohnehin in finanziellen Schwierigkeiten steckte und nun einen Verlust von 29 Millionen zu verkraften hatte, die letzten Finanzreserven. Hauptaktionär der ‹Globe Air› aber war der Basler Peter G. Staehelin, der Sohn des grossen Kunstsammlers Rudolf Staehelin, der 1931 dem Basler Kunstmuseum aus seiner grossen, vor allem den Impressionisten und Nachimpressionisten gewidmeten Sammlung 27 Werke als Depositum hatte zukommen lassen. Die Leihgabe liess das Basler Kunstmuseum zu einem Platz in der vordersten Reihe weltberühmter Galerien aufrücken. Die Bestimmungen der Familienstiftung hielten fest, dass die Gemälde nur dann veräussert werden dürften, wenn ein Nachfahre Staehelins in materielle Bedrängnis geriete. Mit dem ‹Globe Air›-Unglück war nun dieser Fall eingetreten, und das Kunstmuseum drohte zwei Leihgaben zu verlieren, die als kunstgeschichtliche Marksteine der modernen Kunstgeschichte weit über Basel hinaus einen hohen Bekanntschaftsgrad aufwiesen: ‹Les deux Frères› sowie ‹Arlequin assis›. Der Stiftungsrat bot der Stadt diese zwei Gemälde zu einem Preis von 8,4 Millionen an. Gewiss eine riesige Summe, anderseits aber ein Sonderangebot, hatte doch ein amerikanischer Sammler vier Millionen mehr geboten. Aufgeschreckte Kunstfreunde fanden bei den Behörden Gehör: Der Grosse Rat hiess ‹angesichts des grossen künstlerischen Wertes dieser Bilder und der mit dem Erwerb verbundenen Nebenfolge einer langfristigen Sicherung des Kernbestandes› der Staehelin-Familienstiftung am 12. Oktober einen Rettungskredit von sechs Millionen gut. Damit die Rechnung aufginge, fehlten also noch 2,4 Millionen. Doch es galt nicht nur, diese beträchtliche Summe einzubringen, es galt auch, ein inzwischen zustandegekommenes Referendum gegen den 6-Millionen-Kredit zu gewinnen. Und beides gelang: Der Kredit wurde mit 32 118 Ja gegen 27 190 Nein angenommen und die fehlenden 2,4 Millionen innerhalb weniger Wochen zusammengetragen. Die Basler Wirtschaft, Einzelpersonen mit namhaften Beträgen, aber auch der Mann von der Strasse hatten es möglich gemacht. In Erinnerung bleibt vor allem das grossartige, zwischen dem 1. August und der Fasnacht angesiedelte ‹Bettlerfest›, das die ganze Stadt auf Trab hielt und mit unzähligen originellen und bunten Aktionen aufwartete. ‹Pablo Picasso, der sich mit keinem Wort zu den Basler Diskussionen um seine Bilder geäussert hatte, war der Stadt gefühlsmässig so etwas wie ein neuer Schutzpatron geworden. Jedes Kind kannte seinen Namen, jede Buchhandlung legte seine Biografie aus, und manche Restaurants begannen, ihre Hors-d'œuvre-Platten als ‹Picasso-Teller› anzupreisen.›»

Am 19. Oktober kursierte dann auf den Zeitungsredaktionen das On-dit, Picasso habe sich über das Abstimmmungsergebnis so gefreut, dass er der Stadt «eine Überraschung bieten» wolle. Und das war der Startschuss für die Picasso-Reise der beiden Redaktionsmitglieder der «National-Zeitung».

Der Besuch

«Ich glaube», schrieb rückblickend Bernhard Scherz, «dass Jacqueline und Pablo Picasso uns nicht nur als Reporter, sondern auch als ‹zwei junge Leute aus Basel› eingeladen hatten. Picasso, der seit vielen Jahren keine Interviews mehr gab, wollte, dass wir der Stadt in seinem Namen Danke sagen. Als ich später betonte, dass es uns um eine Reportage geht, sagte er beiläufig: ‹Nun ja – Sie sind Journalisten, ich bin Maler, Jacqueline ist Malersfrau – jedem sein Beruf.›

Schon am Morgen hatte Jacqueline Picasso mein kleines Tonbandgerät entdeckt und erklärt: ‹Er hasst diese Dinger.› Deshalb nahm ich unser Gespräch mit Picasso nicht auf, obwohl ich später in der Villa gleich als Erstes ein kleines Tonbandgerät bemerkte. Die hier enthaltenen Zitate basieren also auf handschriftlichen Notizen, die zwar wortgetreu, doch nicht immer ganz vollständig mitgeschrieben wurden.

Das Haus, in dem sich Picasso vor den Zudringlichkeiten seiner Verehrer verschanzt hatte, ist seiner Lage nach eine Einsiedelei. Es steht in einem nicht sonderlich gepflegten Park, dessen Bäume die Sicht auf die nächsten Villen abschirmen.
Jacqueline Picasso führte uns durch einen unübersichtlichen Korridor und über ein vollgekramtes Treppenhaus ins Atelier. Dort trafen wir Museumsdirektor Franz Meyer, der eben aus Basel angekommen war. Eine Zeit lang blieben wir allein mit den Bildern. Wie Koffer am Bahnhof standen sie zwischen den Natursteinwänden des Raumes, ungeordnet, übereinander, durcheinander. Und wir verloren uns in ihren Farben.

Als Picasso eintrat, hatten wir unsere Beklemmung rasch vergessen. Der Meister, den bereits ein Hauch von Unerreichbarkeit umgab, begrüsste uns wie Freunde. Und wir fühlten uns wie Freunde.

‹Was meinen Sie zu diesem Wetter?›, sagte er und wies auf den fast sommerlichen blauen Himmel. Und das hörte sich an, als wolle er sagen: Lassen wir die Floskeln, unterhalten wir uns lieber! Das Gespräch, das so in Gang kam, riss den ganzen Abend – der Besuch dauerte etwa anderthalb Stunden – nicht mehr ab. Ich erinnere mich, dass Picasso später fast im selben Atemzuge von Käsesorten, Malerei und Kindern sprach. Seine dunklen Augen sprühten vor Lebhaftigkeit, nie wiederholte er sich, und immer sprachen seine Hände mit präziser Gestik mit. Dabei bemerkte ich, dass seine Armbanduhr nicht mit zwölf Ziffern, sondern mit den Buchstaben ‹PABLO PICASSO› beschriftet war. ‹Ja, Sie haben hier so viele Bilder um sich›, sagte er mit einem Akzent, der den Spanier verriet. ‹Sie fühlen sich vielleicht fast wie Gefangene inmitten all dieser Bilder. Wie wäre das eigentlich, wenn man in einem Gefängnis mit lauter Bildern sitzen würde? Bilder an allen Wänden der Zelle? – Ach ja, das Gefängnis würde dann zu seinem Gegenteil: keine Wände, lauter Fenster. Man könnte überall in die Bilder hineinspazieren› (...)

In braunen Hausschuhen, gelben Socken, hellbeigen Hosen und einem zartblauen Pullover führte er uns durch sein Atelier. Wir verschoben Bilder, trugen Scheinwerfer, stellten eine Staffelei um (…) Picasso wirkte jugendlich und voller Unternehmungslust. Das Einzige, was vielleicht auf sein Alter schliessen liess, war die Fürsorge, mit der seine Frau ihm schliesslich den bequemsten Stuhl zurechtrückte: ‹Komm, setz dich doch!›

Er antwortete der Stadt Basel in dem gleichen Geist, in dem die jungen Leute für ihn demonstriert hatten: ‹Also dieses hier?›, fragte er und wies auf das Gemälde, welches heute ‹Le Couple› heisst. Daneben stand ‹Venus et l'amour› und Franz Meyer sagte: ‹Ich wüsste nicht, welches von beiden ich bevorzugen sollte.› Jacqueline warf ein: ‹Eigentlich gehören sie zusammen.› Und Picasso antwortete: ‹Du hast recht, sie gehören zusammen.›

Damit hatte er der Stadt, die sich für ihn eingesetzt hatte, zwei der Werke geschenkt, die ihm am liebsten waren. Er liess keinen Zweifel daran, dass er sie zu seinen besten Bildern zählt, doch er machte aus der generösen Geste keinerlei Aufhebens. Ehe jemand Zeit fand, zu einer zeremoniellen Dankesrede anzusetzen, sagte er: ‹So wie wir hier dastehen, sollten wir eigentlich Japaner sein.› – ‹Wieso Japaner?› – ‹Nun ja, jetzt bedanken wir uns gegenseitig ständig so …›, und dabei deutete er eine orientalische Verbeugung an. Alle lächelten sich zu; das Pathos war gebannt, bevor es die Stimmung trüben konnte. ‹Ich glaube, ihr Basler habt ihm wirklich eine grosse Freude gemacht›, sagte Jacqueline Picasso. ‹Etwas von dieser Freude möchte er euch jetzt zurückgeben.›

Picasso, seine Bilder, seine Räume – der Eindruck war zugleich verwirrend und befreiend. Kaum trat man durch das Tor der Villa ‹Notre Dame de Vie›, erkannte man, dass die Abgeschlossenheit hier nicht etwa begann, sondern dass sie sich unter Picassos Händen verflüchtigte. Einsiedeleien sind viel eher Cannes oder Mougins, Basel oder Paris. Picassos Haus jedoch wirkt wie ein riesenhafter Wohnwagen zwischen zwei Etappen einer grossen Reise. Hier wimmelte es von Türen, Fenstern, Durchblicken, Trophäen und Entdeckungen. Auf Sofas, Stühlen, Böden, Kisten, Staffeleien und Kommoden standen Bilder aus sämtlichen Epochen des kaum fassbaren Gesamtwerkes von Pablo Picasso. Es war, als seien sie alle eben erst gemalt worden, als seien sie sich ihrer eigenen Kraft so bewusst, dass sie keiner ‹Anordnung› und keiner ‹Einordnung› bedurften. Dazwischen stand und lag, was immer Picassos grenzenlose Abenteuerlust gerade beschäftigte. Im Salon erfasste zum Beispiel ein einziger Blick eine weisse Taube, die in ihren Käfig flatterte, ein Tennisracket, das an einem Gemälde lehnte, eine winzige Nachbildung eines alten Grammofons, eine brummige Porzel-

lankatze, einen Fernsehapparat, einen unter dem Tisch versteckten Klingelknopf, ein Glockenspiel, das an einer Türe hing, eine weitere Türe, die sich vor lauter davorstehenden Möbeln und Bildern nicht mehr öffnen liess (...) Und seltsam, in all diesem scheinbaren Durcheinander lag so viel Ordnung, dass man zögerte, irgendetwas zu verschieben. Picasso schien die Dinge, die ihm in die Finger kamen, immer zu arrangieren, dass sie überraschende Gedankenbrücken bilden. In diesem Haus wird jede Tischplatte zu einem Spielbrett. Wir hatten befürchtet, einen alten Mann in seiner Fluchtburg zu stören, und wir fanden einen Eroberer und Abenteurer im Reich seiner Fantasie. Spielerisch posierte er vor der Kamera, interessiert liess er sich sogar die Bilder unserer Kinder zeigen, lächelnd bewunderte er einen ‹I like Pablo›-Protestknopf. Nur ein Mal hatte ich den Eindruck, dass er seine Worte suchte, ehe er sie sprach. Während er in den Fotografien vom Bettlerfest blätterte, sagte er: ‹Diese Bilder hätten fortgehen sollen, aber die Bevölkerung hat sie bei sich behalten – o doch, das will schon etwas heissen.› (...)
Der Dank des Künstlers, der uns zum Abschied wie alte Bekannte umarmte und auf die Wangen küsste, galt nicht uns. Er galt dem ‹Mann auf der Strasse› und der Jugend von Basel, die bei der Volksabstimmung Stellung genommen hatte. Er galt den Baslern, denen ‹alles, was weitergeht›, wichtiger war als eine bankrotte Charterfluggesellschaft und ein staatliches 6-Millionen-Opfer.»

Das Happy End

Am 5. Februar traf Picassos Geschenk in Basel ein, kurz zuvor durfte das Kunstmuseum noch ein weiteres grosszügiges Geschenk entgegennehmen: Frau Maja Sacher stiftete aus ihrer Sammlung das Bild ‹Le poète› (1912), ein kubistisches Porträt, und schrieb dazu: «(...) Der grossartige Einsatz unserer Bevölkerung, insbesondere der Jugend, für den Erwerb der beiden Picasso-Bilder hat den Ruf Basels als Kulturstadt neu gefestigt.»

Ein Happy End, das wahrlich die Züge eines Märchens hatte: Zwei Bilder drohte die Sammlung zu verlieren, im Endeffekt gewann sie neunzehn dazu: zwei gekaufte, fünf geschenkte und zwölf in langfristigem Leihrecht!

1 Zitate aus Bernhard Scherz und Kurt Wyss: «Die Basler Picasso-Story», Basel 1981.

Bruno Manser (1954–2000)
Eine Stimme aus dem Regenwald

Bruno Manser war ein Zeitgenosse ganz besonderer Art – von einem inneren Feuer angetrieben, reiste er in den Urwalddschungel von Borneo in Indonesien/Malaysia und bekämpfte dort zugunsten der Penan, einer nomadisch lebenden Volksgruppe, die Machenschaften von Holzhandel und Holzindustrie, die den Regenwald zerstören. Manser agierte nicht aus der Ferne; er lebte vielmehr von 1984 bis 1990 im Regenwald, wo er das Schicksal des Urwaldvolkes teilte und in einem Tagebuch Aufzeichnungen – in Wort und Bild – über Fauna und Flora sowie über Sprache und Kultur seiner Gastgeber machte. Im April 1990 wurde er von der malaysischen Regierung, die ein Kopfgeld auf ihn ausgesetzt hatte, ausgewiesen. Doch Manser schlug die Warnung in den Wind, am 22. Mai 2000 reiste er wieder zu den Penan; drei Tage später galt er als vermisst. Suchexpeditionen blieben erfolglos, und am 10. März 2005 wurde er vom Basler Zivilgericht amtlich für verschollen erklärt. Heute führt der Bruno Manser Fonds seine Arbeit für den Schutz der Penan und anderer bedrohter Urwaldvölker weiter.

Die Tagebücher

2004 gaben Mansers Freunde seine «Tagebücher aus dem Regenwald»[1] heraus; sie überraschen mit meisterhaften Zeichnungen und einem wundervollen Text. John Künzli schrieb dazu anstelle eines Vorwortes einen bewegenden Brief:

«Um was geht es im Leben? Kraftstrotzend und todtraurig, himmelhochjauchzend und hadernd – immer aber aktiv, lässt Bruno Manser uns in seinen Tagebüchern teilhaben an seinen Erfahrungen auf der Suche nach einer Antwort, nach der Antwort. Seine Texte sind nicht als Chronik geschrieben, um penibel festzuhalten, was der Tag gerade gebracht hat, sondern als Reflexion über das Leben im Regenwald von Sarawak, dessen Bedeutung er immer wieder neu auslotet.

In diesem Sinn sind die Tagebücher eigentlich Briefe an uns alle. Deshalb, lieber Bruno, schreibe ich dir diesen Brief.

Deine Tagebücher sind wie eine Quelle. Dem Fels entspringend, rein und klar, sich zum Bach verbreiternd, Tümpel und Wasserfälle bildend. Manchmal ruhig und lieblich, manchmal tosend und tödlich, schliesslich zum

Strom anschwellend, mäandriert der Text durch Tiefen und reissend gefährliche Untiefen seiner Bestimmung zu – der Einheit mit dem Ganzen. Die Tagebücher, die hier erstmals in vollem Umfang veröffentlicht werden, öffnen uns den Weg zu deinen Erlebnissen während der sechs Jahre Regenwald von Sarawak. Sie bringen uns deine Motive und Ängste näher und prägen unsere Erinnerung an einen aussergewöhnlichen Menschen. Minutiös teilst du uns die Überlebensstrategien der Jäger und Sammler mit, die du bei den Penan gelernt hast, zeigst uns, wie man einen Rucksack und ein Messer herstellt, wie man jagt und Fleisch konserviert, wie man die Essbarkeit von Wildfrüchten und -gemüse feststellt, wie man die Apotheke der Natur nutzt. Du sagst uns, wie man an Honig herankommt, und vor allem, wie man ohne Geld überleben kann – mit und von der Natur. Immer von der Realität ausgehend, beeindrucken deine philosophischen Betrachtungen zum menschlichen Dasein, zu Politik und Wirtschaft, Flora und Fauna durch ihre Präzision und Tiefe (...)»

Hier nun einige Kostproben dieser Tagebuchblätter:

Dorfleben

«Sieben Familien haben sich hier in Alongs Siedlung zurzeit vereinigt. Zwei Marschstunden entfernt haben vier Familien ihre Hütten aufgeschlagen, und in drei Stunden ist die Bleibe weiterer drei Familien erreichbar. – Die vierzehn Familien bilden die letzten Nomaden im Uli Limbang, die sich selbst nach ihrem Hauptsiedlungsort nennen. Adang-Sippe.

Die Siedlung steht auf leicht geneigtem Gelände und fügt sich harmonisch in die etwas gelichtete Vegetation. Nur wenige Hütten sind mit Rinde und traditionellem Da-un-Blattwerk gedeckt; seit dem Handel mit Gaharu bilden Plastik-Blachen wichtige Habseligkeiten von talwärts, die das Leben etwas bequemer gestalten.

Des Tags herrscht reger Betrieb im Dschungeldorf, Buschmesserschläge hallen von Feuerholz beschaffenden Frauen und Kindern. Einige gehen im benachbarten Rinnsal die Bambusbehälter mit Trinkwasser füllen, andere hüten ihre Kinder. Unih flicht eine Rattanmatte. Paga fertigt sich ein Blasrohr aus Niuwy-Holz und Toi inspiziert es fachmännisch. Einige sind Sago verarbeiten gegangen, auf der Jagd oder Pfeilgiftgewinnung.

Des Abends kehren dann die Männer meist mit erbeutetem Wild nach Hause. Affen, Reh, Hirsch und Wildschwein werden zerhauen und auf die Familien aufgeteilt. Und darauf brutzelt es im Feuer und strudelt es in den Pfannen. Das Fleisch wird zum Teil gebraten, gekocht, und der grössere Teil geröstet.

Lange gestaltet sich das Tagwerk der Nomaden. Meist bei Morgengrauen brechen die Männer mit leerem Magen zur Jagd auf, um erst des Abends ihre erste Mahlzeit zu halten. Rohes Palmherz bildet die einzige Erfrischung unterwegs, wenn dem Beute Schleppenden die Kräfte ausgehen.
Kaum je sitzen Erwachsene müssig herum, während in der Nachtzeit Jagderlebnisse ausgetauscht werden und über Pfeilgift gefachsimpelt wird, schnitzt die Hand Munition für kommende Streifzüge. Und während Frauen den Geschichten lauschen, flechten ihre Finger im Schein der Harzfackel den Rattan zu Taschen und Matten.»

Nomadentum oder Sesshaftigkeit?

«Seit Langem werden nomadisierende Penans gedrängt, sesshaft zu werden und Brandrodung zu betreiben. Doch meist blieb es bei dem Hinweis, ohne Hilfegebung – um diesen Prozess voranzutreiben, baut nun die Regierung, respektive Kompanies, Barackensiedlungen für die Eingeborenen. Einzig in Long Napir wurde vor vielen Jahren eine wellblechbedeckte Siedlung gegründet, sie steht meistens leer und wird vorwiegend von Hennen als Aufenthaltsort benutzt:

‹Was soll ich in einem leeren Haus, wenn mein Magen knurrt?›

Meist sind die Bewohner ausgeflogen, um nach traditioneller Weise wilde Sagopalmen zu verarbeiten und Wildschweine zu jagen. – Ihre dürftigen eigenen Kulturen, zumeist Reis und Maniok, ohne Zwischenfrüchte, vermögen nur über kurze Zeit die Familie zu ernähren.

So sieht sich der Eingeborene zweimal vor den Kopf gestossen. In seinem von Holzfällern und Bulldozern zerstörten Land findet er als Nomade kaum mehr genügend Nahrung. Wird er aber sesshaft und rodet Dschungel zur Erstellung einer Kultur, drohen ihm Gericht, Busse und Gefängnis.

Keine Alternative wird von Regierungsseite gegeben, und wie der Betroffene heute und morgen seine Familie ernähren soll, bleibt ein Rätsel.

Doch seit all dem Blockadenrummel erhalten nun die Penans Hilfe. Eine Reismühle, Wasserleitung, Enten, Pfannen, Äxte, Schleifsteine unter anderem werden an all jene verteilt, die nicht mehr von Landbewahrung reden. Mit der Gabe von Insektiziden, Kunstdünger und Saatgut wird der Penan schrittweise aus seiner Freiheit in Abhängigkeit geführt.»

Die Lehre des Mistkäfers

«Verziehst du dich mal in die Büsche, kann es vorkommen, dass zugleich mit tiefbrummendem Geräusch ein Käfer anzufliegen kommt und direkt unter deinem Hintern landet. Ein unverkennbarer Geruch hat den Pillendreher angelockt. Sofort macht sich Meister Skarabäus an die Abeit, das Vergängliche wieder dem Leben zuzuführen. Hat er Pech, wird er vom nachfolgenden Werkmaterial unter sich begraben. Doch kann ihm dies nichts anhaben – ist doch Kot sein Lebenselement. Nicht lange, und er rollt, rückwärts gehend, eine Kugel hinter sich her. Hat er schon ein Ei hineingelegt? Ist's überhaupt ein Ei? – Ich hab's nicht gesehen, doch ich staune.

Verrichtet man seine Notdurft regelmässig an einem grösseren Fluss, wird bald der Schwarmfisch Saya angelockt und kommt zur täglichen Fütterung, dass es im Wasser nur so schwabbelt. Überall in der Natur ist vorgesorgt, dass sich alles in harmonischen Kreisläufen wandelt. Erst wir modernen Menschen, in einseitig zweckgerichtetem Denken verhaftet, stören die natürlichen Wandlungsprozesse. Wir haben uns ein Zeitalter des Plastiks und der Gen-Manipulation geschaffen. Einbahnwege in Technik und Wissenschaft sind immer mit Schaden verbunden. Unverwandelbarer Abfall verstösst gegen das Lebensgesetz – und ist ein Aspekt des Bösen. Wissenschaft, die sich über die Natur erheben will, anstatt ihr zu dienen, muss fehlschlagen. Als Teil zum Ganzen streben – das ist der Weg wirklichen Fortschritts.»

Dornen

«Vom Fischfang ermüdet, beeile ich mich, abends noch vor der Dämmerung unsere Siedlung zu erreichen. Eine Rotanranke verhängt sich neben der grossen Zehe, und wohl zwanzig Dornen bohren sich tief ins Fleisch. Ein wütender Schmerzensschrei entspringt meiner Kehle, und mit dem Buschmesser schlage ich die hinterlistige Ranke kurz und klein (…)
Und dann kommt mir Jesus in den Sinn, der sich duldsam die Dornenkrone aufsetzen liess. Noch nach Tagen operiere ich mir tief sitzende Dornen heraus und die Verletzung soll mich noch wochenlang plagen.»

1 Zitate aus Bruno Manser: «Tagebücher aus dem Regenwald», Basel 2004. Die Tagebücher von Bruno Manser sind im Christoph Merian Verlag in drei Auflagen erschienen, derzeit sind sie vergriffen. Es ist geplant, Ende 2018 zum Start des Spielfilms über Bruno Manser die Gesamtausgabe der Tagebücher wieder aufzulegen.

Teil 2

Aktuelle biografische Spuren

Annemarie Monteil (geb. 1925)
Dank an Basel

Basler Persönlichkeiten? Die Anfrage bringt mich in Verwirrung. Ich bin weder in Basel geboren noch aufgewachsen, sondern vor vierzig Jahren aus Berufsgründen hierhergezogen. Anlass meiner Dennoch-Antwort ist der Dank an Basel und seine Menschen, die mich freundlich aufgenommen haben und mich ihren besonderen Umgang mit Kultur gelehrt haben.

Freude und Staunen leuchteten auf, als ich um 1970 in einer kleinen Wohnung zwischen Basel und Riehen für die «National-Zeitung» über Kunstausstellungen schrieb. Es begann mit Begegnungen auf der Strasse. Während ich an meinen früheren Wohnorten nach dem Wetter oder der Gesundheit gefragt wurde, hiess es hier: «Was haben Sie gesehen?» Gemeint waren eine Kunstausstellung, eine Theateraufführung, ein Konzert. Das war nicht Fassade oder Dekor. Was man mit Kunst erlebte, war Bestandteil des Daseins, prägend für das öffentliche wie für das private Leben. Die Muse war grenzüberschreitend. Und sie war kämpferisch: Die Fragen nach der Meinung über Kunst konnten in Streitgespräche münden.

Schritt voraus

In diesem Klima lernte ich baslerische Leitlinien kennen, die meinem Denken entsprachen und für das Schreiben unterstützend waren. Das Wirken des 1965 verstorbenen Georg Schmidt schien als heller Geist über Basel zu liegen. Als Museumsdirektor hatte er die damals schweizerisch einzigartige Museums-Sammlung neuer Kunst geprägt. Und er blieb präsent in der Schärfe seiner Texte und vor allem mit dem Mut und der Begeisterung für das Neue. Er stand ein für den damals noch unpopulären Kubismus, aber auch für die «peintres naifs» und für Paul Klee, als er in Zürich noch zu «Schizophrenelis Gärtli» gezählt wurde. Bereits 1933 hatte Maja Sacher mit der Gründung der Stiftung Emanuel Hoffmann den Weg für die Kunst der Gegenwart geöffnet. Basel war Schritte voraus.

Schreibende unterstützten die Prozesse des Denkens und Urteilens, sie gehören als «Persönlichkeiten in Basel» hierher. Maria Netters Kunstkritiken waren bestimmend für die Schweiz. Nun sah ich sie an Vernissagen leibhaftig mit Leica und Pudel, bewunderte ihre Freiheit, wie sie Jean Tinguely nach einem Verriss wieder lobte für seine Originalität. Die Doppelleistung von Schreiben und Fotografieren versuchte ich zu imitieren, war aber bald dem Anspruch nicht gewachsen. Eine andere Kunstgeschichtlerin mit grosser Ausstrahlung war Dorothea Christ. Ihren Lieblingen vom Mittelalter bis zu Arnold Böcklin und jungen Baslern widmete sie Bücher und Ausstellungen. Mit Lob oder Tadel hatte sie in der Basler Kulturszene ein gewichtiges Wort, das ich umwerfend ehrlich auch in Reaktionen auf meine Texte erfuhr – mal stolz, mal betroffen.

In der Kunsthalle machten die Ausstellungen von Arnold Rüdlinger mit dem Neusten aus den USA bekannt. Jean Christophe Ammann erregte Zustimmung und Widerspruch mit Präsentationen von Feminismus bis Homosexualität. Felix Handschin verwandelte seine Galerie mit interessanten Künstlern zum Treffpunkt spannender Gespräche. Im Stadttheater hatten Frisch und Dürrenmatt Erstaufführungen. Seine lebendigste Zeit verdankte das Theater Werner Düggelin, der die besten Autoren und Regisseure nach Basel holte. Die Diskussionen über neue Literatur dauerten im Keller der Buchhandlung Tanner bis weit über Mitternacht. Paul Sacher brachte die neuste Musik nach Basel, unterstützte die Künstler mit Kompositionsaufträgen. Von der Christoph Merian Stiftung aus organisierte Cyrill Häring die ersten Austausch-Ateliers mit Künstlern aus allen Kontinenten.

Kunst für die Stadt

Man mag einwenden, der Eindruck der zugereisten A.M. sei einseitig. Das Erstaunliche aber war, dass das scheinbar Elitäre plötzlich zum Thema einer ganzen Stadt wurde. Die Menschen diskutierten und stritten in Wort und Schrift in den Medien, im Tram, beim Essen in der Beiz.

Es gab der Gründe genug. Zwei Bilder von Pablo Picasso im Kunstmuseum, private Leihgaben, waren 1967 vom Verkauf bedroht. Basel war tief betroffen. Von der Schulklasse bis ins hohe Alter wurde für Picasso gespendet. Die Teilnahme reichte von Plakaten und Trottoir-Zeichnungen bis zur politischen Abstimmung. Der wohl einzigartige Entscheid einer Demokratie für den Erhalt von Kunst berührte den alten Meister in Mougins so sehr, dass er drei weitere Bilder und einen Entwurf zu den «Demoiselles d'Avignon» aus seinem Besitz beisteuerte: «Pour la jeunesse de Bâle.» Maja Sacher ergänzte mit einer kubistischen Rarität aus ihrer Sammlung. Ganz Basel feierte, bis zum FCB im Stadion St. Jakob.
Andererseits vergrämte der Ankauf von Beuys' «Elefantenfuss» einen Sammler so sehr, dass er seine Schenkung ans Kunstmuseum zurückzog.

Kunstkämpfe waren pickelhart. Ich denke an den 1979 geplanten Ankauf des «torse de jeune fille» von Constantin Brancusi für das Kunstmuseum Basel. Der 33 Zentimeter hohe Marmorblock in unendlich feiner Bearbeitung, geschaffen 1918, erregte Begeisterungs- und Zornausbrüche. Heute zählt er zu den Kostbarkeiten des Museums. In Basel gehörte Kunst der Öffentlichkeit, sie konnte zur Herzenssache werden. Kunstkritik war Öffentlichkeitsarbeit.

Dass mitten in hitzigen Gesprächen ein witziges Wort Befreiung schafft, gehört hierzulande zur Tradition. Ich lernte in Basel, dass Ironie zu den Tugenden gezählt wird.

Auch die heute so geliebte und glorreiche Fondation Beyeler wurde vor dem Bau durch ein Referendum infrage gestellt. Kunst war Allgemeinsache: Wollte man sie – und wo? Auf meinen empörten Artikel in der «Weltwoche» über die Undankbarkeit Riehens erhielt ich kein Lob von Ernst Beyeler, sondern die Bemerkung: Mein Einwand sei unnötig gewesen, es gehe um Demokratie, und das sei richtig.

Geld
Mit dem Beginn des 21. Jahrhunderts veränderte sich der Blick auf das Leben mit Kunst. Glühende Einsätze für eine «Avantgarde», Streitgespräche über Kunst machen den Nachrichten aus dem Kunstmarkt Platz. Was ein Kunstwerk in einer Auktion erzielt, scheint interessanter als jener Wert, von dem wir glaubten, er könne unsere Sicht auf das Leben beeinflussen. Kunst ist offenbar kein Mittel mehr, menschliche Erkenntnis zu vergrössern, wohl aber die Höhe des Bankkontos. Jeff Koons ist kein künstlerisches, sondern ein gesellschaftliches Phänomen zwischen Party und «Kunst-Aktie».

Kleine Galerien verschwinden; suchende Arbeit ist nicht gefragt. So stolz wir heute auf die jährliche Kunstmesse Art sind, so wenig möchten wir sie missen: Die einst lebendige persönliche Teilnahme, was Kunst und Künstler für unser Leben bedeuten, erstirbt in dem auf internationale Preiszunahme zugespitzten Riesen-Angebot.

Ausblick
Wird die Kulturstadt Basel ausgetrocknet? Nein, wer gut hinhört – Neues ist hier nie laut –, der findet Nischen und Geschehnisse, in denen Eigenständiges keimt und gedeiht. Dazu einige unvollständige Hinweise aus dem Gebiet der Kunst.

Foto: Kurt Wyss

In der einzigartigen Architektur der Gare du Nord finden sich seit fünfzehn Jahren Kenner neuster Musik zusammen. Angeregt von der Sacher-Stiftung wird in diesem Jahrhundert erstmals wieder ein internationaler Kompositionswettbewerb ausgeschrieben. Das Theater Basel erhält internationale Preise. Im Kunstmuseum führt Direktor Josef Helfenstein mit seiner Ernsthaftigkeit gegenüber dem Kunstwerk die Besucher wieder zu Erkenntnis und Staunen.

Trend und Geld wecken Gegenkräfte: Parallel zur Kunstmesse Art zeigt Peter Bläuer in der «Liste» und im Kulturraum Warteck Galerien, die oft abseits der grossen Zentren liegen, und Künstler, die noch zu entdecken sind. «Wir wählen sehr streng aus», sagt Peter Bläuer. Das Prinzip ist Qualität, nicht Preis.

Das Versprechen für einen schöpferischen Umgang mit Kunst, fern von Markt und Mode, liegt im Schaulager. Maja Oeri stellt das Original und den Respekt vor dem Werk ins Zentrum. In den Lagerräumen ist für Forscher, Studenten, Interessierte der Zugang zu besten originalen Kunstwerken gewährleistet, wie er in der digitalen Welle, die gegenwärtig Auge und Geist abstumpft, nicht geschieht. Als Strategie gegen Hektik entstehen langfristige Ausstellungen, die mit Eintrittskarten für mehrmaligen Besuch gegen Schnelllebigkeit angehen. In den Werken ausgewählter Künstler erfährt man viel vom wunderbaren und schrecklichen Sinn des Daseins.

Basel lebt.

Paul Richener (geb. 1925) «Gegen jede Wahrscheinlichkeit»

Kennen Sie das Dorf Nusshof? Haben Sie schon von Paul Richener gehört? Weder noch! Sie sind entschuldigt: Denn wer kennt schon alle 86 Dörfer der Landschaft Basel und wer ihre Präsidenten?

Nusshof ist mit 259 Einwohnern und Einwohnerinnen nach Kilchberg und Liedertswil die drittkleinste Gemeinde des Kantons Basel-Landschaft; sie liegt auf 536 m. ü. M. und grenzt an Liestal, Hersberg, Olsberg, Sissach, Wintersingen. Eine besondere Erwähnung verdient ihr Präsident; er ist seit 2000 im Amt und kennt sein Dorf so gut wie seinen Hosensack – kein Wunder, lebte er doch von 1962 bis 1965 als Verdingkind auf einem seiner Bauernhöfe. Wir lassen ihn erzählen.

Paul Richener war das jüngste von sechs Kindern, fünf Jungen und ein Mädchen. «Vater war ein gross gewachsener Mann. Seine dunklen Haare, das schmale, fast aristokratisch wirkende Gesicht und sein drahtiger Körper mochten vielleicht der Hauptgrund dafür gewesen sein, dass Mutter sich in ihn verliebt hatte. Mutter war eine Italienerin, eine jener dunkelhaarigen Schönheiten, die zu der Zeit, als die ersten Gastarbeiter aus dem sonnigen Italien sich auf den Weg in die meist kalte und wolkenverhangene Schweiz machten, nach Basel gekommen waren. Wie viele andere, so hoffte wohl auch Mutter, in der Schweiz Arbeit und Wohlstand zu finden. (…)

Wie eine bedrohliche Wolkendecke lagen Geldsorgen über meinen Eltern, und von Jahr zu Jahr wog diese Last schwerer auf ihnen. Irgendwann wurde es zur Gewissheit: Zusammen und zu Hause konnten alle sechs Geschwister nicht mehr leben. Zwei meiner älteren Brüder wurden also ‹fremdplatziert›. Sie wurden in ein geschlossenes Heim für Knaben gebracht – in einem andern Kanton und fernab von der Familie. Dort besuchten sie die Schule und dort mussten sie nach dem Unterricht hart arbeiten. Dafür, dass sie einen Schlafplatz hatten, dafür, dass sie zu essen bekamen. Sie mussten sich ihr Dasein verdienen. Doch darüber geredet wurde nicht. Das war damals einfach so. (…)

Mit der Zeit stritten meine Eltern immer heftiger miteinander. Sie schrien sich gegenseitig an, schlugen die Türen zu, und Mutter lief dann laut schimpfend weg und kam erst spät nachts wieder zurück.

Eines Tages war es dann so weit: Nach einem fürchterlichen Streit mit Vater stapfte Mutter ins Schlafzimmer und packte ihre Kleider in einen grossen

Koffer. Voller Verzweiflung rannte ich meiner Mami ins Schlafzimmer nach und streckte ihr mein Sparschweinchen voller gesparter Einrappenstücke entgegen. Und meine Mami, sie nahm mein Sparschweinchen tatsächlich mit. Und noch etwas anderes, das mir fortan fehlen würde, nahm sie mit: ihren Geruch – ihren ganz speziellen herben, süsslichen, nach Kunststoffkleidung und billigem Parfum duftenden Geruch, den ich immer so gemocht hatte und an den ich von jenem Tag an immer denken musste.
Als die Haustür mit einem lauten Knall ins Schloss gefallen war, wurde mir langsam bewusst, was Mutter getan hatte: Sie liess alles für immer hinter sich zurück – ihr bisheriges Leben, meinen Vater und uns Kinder. Für sie waren wir in dem Augenblick, als sich die Tür hinter ihr geschlossen hatte, nur noch Vergangenheit. Ihre Zukunft sah sie bei einem anderen Mann auf einem Wohnschiff auf dem Rhein. (…)
Die nachfolgenden Jahre wurde ich bei verschiedenen Pflegefamilien ‹fremdplatziert›. Ich glaube, es waren fünf oder sechs. Wirklich willkommen war ich nirgends. Fremde Kinder nahm man zu jener Zeit nur des Geldes wegen bei sich auf. Bei manchen dieser sogenannten Pflegefamilien wurde ich geschlagen, bei andern gedemütigt, und bei allen musste ich schuften wie ein Sklave. Ich erinnere mich noch sehr gut daran, dass ich im Herbst, wenn die Kohle angeliefert wurde, als kaum siebenjähriger Knirps von einer meiner Pflegefamilien an reiche Menschen ausgeliehen wurde, um die Kohle in deren Kohlenkeller zu schaufeln. Als ich zwölf Jahre alt war, wurde ich als ‹Verdingkind› auf einen Bauernhof geschickt. Ab jetzt nannte mich niemand mehr bei meinem Namen – fortan war ich für alle nur noch ‹der Bub›. (…)

Zu Beginn des Sommers musste ich jeweils in aller Herrgottsfrühe um vier Uhr aus dem Bett, um das Gras unter den Kirschbäumen mit der Sense zu mähen, damit man später am Tag Kirschen pflücken konnte. Am Vorabend fand immer die gleiche Diskussion statt: Der Pflegevater und der Grossätti stritten sich, wo als Nächstes die Kirschen geerntet würden und wo demzufolge das Gras unter den Bäumen gemäht werden musste. Als Verdingkind hatte ich natürlich überhaupt kein Mitspracherecht in dieser Sache. Ich wusste nur eines: Egal, wo das Gras zu mähen wäre, es bedeutete für mich zwei Stunden extrem harte Arbeit, denn das Mähen mit der Sense dauerte bis sechs Uhr. Und gleich danach musste ich die beiden Ställe ausmisten, während der Bauer und seine Frau die Kühe molken. Daran anschliessend hatte ich die frisch gemolkene Milch in den schweren Milchkanistern ins Dorf zu bringen, ins ‹Milchhüsli›, wo die Milch gekühlt bis zur Weiterverwendung gelagert wurde. Schon nach dieser Arbeit war ich jeweils todmüde, aber um 7.30 Uhr begann dann der Schulunterricht. Wenn ich zu spät kam, setzte es in der Schule Prügel ab!

Kaum war ich von der Schule zurück, musste ich auf die Kirschbäume klettern und den Rest des Tages beim Kirschenpflücken helfen. Abends spürte ich meine Knochen kaum noch – jede Faser und jeder Knochen meines Körpers schienen wie abgestorben zu sein. Manchmal war ich so müde, dass ich fast auf einem Ast während des Pflückens eingeschlafen und runtergefallen wäre. Einzig der Hunger trieb mich zurück ins Bauernhaus. Mein Abendessen musste ich immer alleine in der Küche einnehmen, und zwar bevor die Bauernfamilie essen würde, denn ich roch ja nach Feld und Stall. ‹Der Bub stinkt wie ein Schwein›, hänselten mich die Mädchen und oft auch die Pflegemutter. Ich schämte mich deswegen, aber ich hatte ja keine Möglichkeit, mich vor dem Abendessen zu waschen, denn gleich nach dem Essen, das ich meist hastig verschlang, musste ich im Stall Heu einwerfen und die Liegeplätze mit Stroh ausstatten. Gleich danach hastete ich in mein Zimmer, um meine Hausaufgaben zu erledigen, sofern ich dazu noch imstande war. Oft schlief ich vor lauter Erschöpfung über den Schulbüchern ein.

Genau darauf schien sich mein Lehrer anderntags jeweils besonders gefreut zu haben. Er erwartete mich dann immer mit den Worten: ‹Und? Hat der Bub heute seine Aufgaben auch gemacht?› Natürlich wusste er die Antwort meistens schon, bevor ich mit gesenktem Kopf aufstand und stammelnd verneinte. Was danach folgte, fanden meine Mitschülerinnen und Mitschüler immer wieder lustig. Der Lehrer nahm ein langes Bambusrohr zur Hand, das in der Ecke hinter seinem Pult angelehnt war, und befahl mir, mich mit meinem Oberkörper über die Kante seines Pults zu legen. Dann schlug er mit dem Bambusrohr mit voller Wucht auf meinen Hintern.

Die Schmerzen waren schier unerträglich – die Scham jedoch, vor meinen Schulkameraden dermassen erniedrigt zu werden, war noch grösser. (…)

Der Winter war die schlimmste Jahreszeit. Mein Schlafzimmer lag in einem Nebentrakt der Stallungen, weit ab vom Wohnhaus oben auf dem Hügel, wo die Pflegefamilie mit ihren eigenen Kindern wohnte. Ich schlief in einem alten, harten Ehebett auf einer schmutzigen Matratze. Morgens waren die Fenster jeweils mit Eisblumen übersäht. Und meine dünne Bettdecke war auf der Oberfläche ebenso vereist wie die Fensterscheiben.
Jede Nacht verbrachte ich allein und abseits jeglicher wohnlicher Wärme: keine Gutenachtgeschichte für mich, keine Mutter, die mich in den Schlaf gewiegt, niemand, der mir ‹Schlaf gut, mein Junge, und träum was Schönes› gesagt hätte. Keine flauschige Wärme, die mich umgab – nur die Gewissheit, dass auch der nächste Tag so schlimm wie der vergangene sein würde. In diesen kalten Nächten fühlte ich mich unbeschreiblich einsam und verloren. Ich grub mein Gesicht so tief ins Kissen, wie ich nur konnte, sodass mein Schluchzen nicht zu hören war. (…)

Mehr als vier Jahre war ich nun schon als Verdingbub auf dem Bauernhof, und irgendwie hatte ich das Gefühl, dass ich bis ans Ende meines Lebens dort bleiben würde. Aber eines Morgens tauchten zwei Männer auf dem Bauernhof auf, nahmen mich mit und brachten mich in ein Jugendgefängnis. Nachdem man mich dort eingesperrt hatte, war ich umgeben von Typen, die alle etwas auf dem Kerbholz hatten. Trotz vieler Recherchen habe ich nie herausgefunden, warum ich eingesperrt worden war. Vielleicht hatte der Bauer mich angezeigt? Vielleicht hatte er mich des Diebstahls bezichtigt? Vielleicht wollte er mich auch bloss loswerden? Ich weiss es bis heute nicht! Das Einzige, was ich damals wusste, war, dass mir hier im Gefängnis wohl jede Chance auf ein anständiges Leben geraubt worden war.»[1]

Und was wurde aus dem «Bub»?
«Nach vier Jahren wurde ich aus dem Jugendgefängnis entlassen. Ich hatte dort eine Lehre absolviert. Danach leistete ich meinen Wehrdienst ab, anschliessend wurde ich Polizist und ein paar Jahre später diente ich in einer Anti-Terror-Einheit der Polizei. Später begleitete ich als sogenannter Air-Marschall in Zivil Risikoflüge der Swissair. Und ein paar Jahre später wurde ich Polizeilehrer für Verkehrsrecht. Ich habe mein Schicksal in die Hand genommen und gewendet. Vielleicht war es mein unerschütterlicher Glaube an die Gerechtigkeit, der mich Polizist werden liess. Vielleicht war es auch mein Wille, fortan andere Menschen vor Ungerechtigkeit zu be-

wahren – vielleicht auch beides. Jedenfalls weiss ich heute und im Rückblick, dass ich trotz allem und gegen jede Wahrscheinlichkeit ein glücklicher Mensch geworden bin.
Mein Name ist Paul und heute bin ich Gemeindepräsident jener Gemeinde, in der ich meine Zeit als Verdingbub verbrachte.»

Auch wenn wir den Bericht Paul Richeners nur auszugsweise wiedergegeben haben, die Tragik ist mit Händen zu greifen. Man erinnere sich: Bis vor 100 Jahren gab es in der Schweiz sogar noch sogenannte Verdinggemeinden. Auf ihren Verdingmärkten wurden Waisen- und Armenkinder versteigert – regelrechte Sklavenmärkte also. Auf grob zusammengezimmerten Bühnen führten Behördevertreter die Armenkinder den Gutsbesitzern vor. Jener Bauer, der am wenigsten ‹Kostgeld› von der Gemeinde verlangte, erhielt den Zuschlag. Fortan waren die Verdingkinder auf Gedeih und Verderb den neuen Besitzern ausgeliefert. Diese Verdingmärkte wurden zwar Anfang des letzten Jahrhunderts verboten, aber das Verdingwesen blieb gang und gäbe. Heute lebt in der Schweiz vermutlich eine fünfstellige Zahl ehemaliger Verdingkinder; nicht selten haben sie psychische Probleme. Die genaue Anzahl der Verdingkinder ist unbekannt; nach Schätzungen sind es «Hunderttausende», die bis in die 1960er- und 1970er-Jahre verdingt wurden. Vor dem Ersten Weltkrieg wurden laut dem Berner Historiker Marco Leuenberger gegen zehn Prozent aller Kinder verdingt. Erst am 12. April 2013 wurde ihre Forderung nach einer öffentlichen Entschuldigung erfüllt: Die Schweizer Justizministerin Simonetta Somaruga entschuldigte sich im Namen der Regierung und bezeichnete den früheren Umgang mit den Verdingkindern als eine Verletzung der Menschenwürde, die nicht mehr gutzumachen sei. Im gleichen Jahr eröffnete auch die Stiftung Guido Fluri die erste nationale Gedenkstätte für Heim- und Pflegekinder.

Entschuldigungen sind schön, wie steht es aber mit Wiedergutmachungsentschädigungen? Im April 2014 forderte eine Initiative die Einrichtung eines Fonds in der Höhe von 500 Millionen Schweizer Franken zugunsten der Opfer. Als Gegenentwurf zur Initiative stellte der Bundesrat die Bereitstellung von 300 Millionen zur Diskussion. Sowohl National- wie auch Ständerat stimmten diesem Vorschlag zu; er sieht vor, den noch lebenden Opfern von Kinderzwangsarbeit eine Entschädigung zwischen 20 000 und 25 000 Franken zukommen zu lassen.

1 Zitate aus Alfonso Pecorelli (Hrsg.): «Wie man sein Leben bestimmt – bemerkenswerte Menschen erzählen», 2016, S. 35ff.

Heinrich Wiesner (geb. 1925) «Feldwege liegen mir näher»

«Basel bleibt für mich zeitlebens eine Stadt, die ich mir immer nur als Tourist, als Fremder demnach, vor Augen zu führen vermag. Grund hierfür: Ich habe weder Basels Schulen durchlaufen, noch bin ich an der ‹Dorfstrasse› aufgewachsen, die laut Stadtplan existiert. Während ich an die Zeglinger Dorfstrasse Erinnerungen habe, verbindet mich mit der ‹Dorfstrasse› nichts, keine Erfahrungen, keine Empfindungen, keine Abenteuer. Selbst die Erinnerung an meine Dorfstrasse gibt wenig her. Auf einem Bauernhof aufgewachsen, liegen mir Feldwege näher.
Die erste Erinnerung an Basel – also doch – ist mit einem Schreckerlebnis verbunden. Ich mag fünf gewesen sein, als die Eltern mit mir an einem Sonntag zum ersten Mal in den Zoo gingen, wo ich sie bei den Seelöwen inmitten einer riesigen Menschenmenge für Minuten aus den Augen verlor. Ich glaube nicht, dass mich je wieder ein ähnliches Gefühl von Menschenverlassenheit überwältigt hat.

Foto: Christoph Neumüller

Für Strassenzüge und Plätze geht mir jede Beziehung ab, denn ich besitze keine exakte Erinnerung an sie. Hingegen ertappe ich mich noch heute dabei, dass ich jeden Passanten für kurz ins Auge fasse, um von der äusseren Erscheinung seines Gesichts auf sein Inneres zu schliessen. Jeder erfährt eine Grobansprache. Eine anstrengende Tätigkeit, wenn man bedenkt, dass ich keinen auslasse. Auch stelle ich mit Verwunderung fest: Es gibt plötzlich viel mehr junge Leute, während früher die meisten älter waren als ich. Ich bin noch immer daran, mich daran zu gewöhnen.
Eigentlich möchte ich nicht ins Anekdotische abgleiten. Aber zu meiner Entschuldigung, dass mir zu Basel sozusagen nichts einfällt, gehört doch wohl auch die Erfahrung, dass ich anfänglich jeden, der mich ansah, nach Brauch und Sitte grüsste und erstaunt war, dass keiner zurückgrüsste. Heute geschieht es öfter, dass jemand den Hut zieht, den ich nicht kenne. Ich vermute in ihm keinen Bauern, sondern nehme an, dass ich in Basel offenbar einen Doppelgänger habe. Ich grüsse höflich zurück.
Schliesslich machte ich mir den Umstand zunutze, dass ich während langer Zeit als Mittelstufenlehrer tätig war. Ich führte mit meinen Fünftklässlern regelmässig Stadtbesichtigungen durch. Der Gang um die Altstadt gehörte zum festen Repertoire. Auf diese Weise arbeitete ich mich gemeinsam mit den Schülern in die Geschichte der Stadt ein. Mit zunehmendem Wissen wuchs das Interesse für die Stadt, sodass ich heute vielleicht in der Lage bin, mehr über Basel zu wissen als mancher Basler. Damit aber hat es sich auch schon.

Bleiben wir dabei: Zu einem Ort vermag man wohl nur durch Kindheitserlebnisse in ein vertrautes, heimatliches Verhältnis zu gelangen. Diese Tatsache bestimmt auch mein Verhältnis zur Fasnacht. Überlege ich es mir recht, erlebe ich den Montagnachmittag jeweils stets mit den Augen meiner Frau, die in einen ekstatischen Zustand verfällt, kaum dass sie eine Pfeife oder Trommel vernimmt. Wenn ich dann einen Nachmittag durchgehalten habe, gehe ich am Abend jeweils mit einer Depression nach Hause, die einer Weltuntergangsstimmung gleichkommt. Ich forschte lange nach dem Grund dieses alljährlich wiederkehrenden Zustands, bis ich die Ursache endlich erkannt zu haben glaubte: der Taktschritt, die götzenhaft starren Einheitsgesichter der jeweiligen Clique, der zwerchfellerschütternde Trommelschlag, die Pfeifen schliesslich … sie erinnerten mich wohl unbewusst an vorbeimarschierende Landsknechttrosse, die ‹mit Trummle und mit Pfyffe› ins Feld zogen und dort womöglich ihr Leben liessen. Nein, ich finde am Umzug nichts Erheiterndes, er erfüllt mich mit Niedergeschlagenheit. Die Schnitzelbänke freilich stehen auf einem andern Blatt.

Dennoch habe ich Basel aus mancherlei Gründen nötig, wenn ich mich auch selten darin aufhalte. Da ich nur fünfzehn Autominuten entfernt wohne, kann ich mir diese Abstinenz leisten. Wären es fünfzig Minuten, hätte ich wohl ein ungleich grösseres Bedürfnis nach Stadt. Dass ich sie in unmittelbarer Nähe weiss, beruhigt.
Auch frage ich mich gelegentlich, weshalb ich mich nicht in Basel selbst, sondern eine Bannmeile entfernt niedergelassen habe. Die Antwort ohne Umschweife: Der Sprung vom ‹Agrarzeitalter› in die urbane Weitläufigkeit der Stadt wäre für mich wohl zu gross und daher kaum verkraftbar gewesen. Ich hätte eine Lebensform gewählt, die nicht identisch gewesen wäre mit meinem Lebensgefühl, denn, wie gesagt, Feldwege liegen mir näher.»[1]

1 «Literarische Schriftenreihe Baselland», herausgegeben von der Literaturkommission, Liestal 1974.

René Salathé (geb. 1927)
Rückschau

«Und wenns hoch kommt, so sinds achtzig Jahre», so orakelt die Bibel. Und was, wenn das Lebenspendel weiter ausschlägt? Dann gilt es, Rückschau zu halten.

Das Tagebuch

Zweifellos hat mich das Geschehen des Zweiten Weltkriegs stark geprägt – noch immer ist mir zum Beispiel das Heulen der Luftschutzsirenen als akustische Erinnerung in den Ohren – und vielleicht sogar meine historische Neugierde geweckt. Jedenfalls habe ich als Zwölfjähriger während anderthalb Jahren ein Tagebuch geschrieben. In ungelenker und nicht immer fehlerfreier Schrift sind es zwei schwarze Wachstuchhefte geworden. Sie geben Einblick in den Alltag Prattelns zur Zeit der Grenzbesetzung und reichen von einfachen Beobachtungen zu ersten naiven Lageeinschätzungen. «Garniert» sind sie mit illustrierenden Trouvaillen – abgehängten Mobilisations-

plakaten, Flugblättern, Rationierungskarten, Zeitungsausschnitten und nicht zuletzt mit eigenen Zeichnungen. Wie aus einer anderen Welt kommt einem da beispielsweise ein Autoanhänger vor, der damals, in einer Zeit des Benzinmangels, als fahrbarer Holzgas-Lieferant diente. Auch ein Brief meiner Schulklasse an General Guisan vom November 1939 darf erwähnt werden, er dokumentiert, wie populär der Waadtländer bei Gross und Klein war.

«Lieber Herr General
Unser Lehrer Gfr. Zeugin Grenzschutzkomp. III/246 musste zu unserem Bedauern heute Nacht plötzlich wieder einrücken. Er hatte erst 10 Tage Urlaub und ist seit der Mobilmachung im Dienst. Lieber Herr General, lassen Sie unsern Herrn Lehrer heim, wir haben ihn sehr lieb. Auch wir wollen einmal tapfere Schweizersoldaten geben und unserem Vaterland dienen. Mit Schweizergruss 5. Klasse.»

Der Brief blieb nicht echolos; stellvertretend für General Guisan wartete der Kommandant von Gfr. Zeugin mit einer hochpatriotischen Antwort auf.

Meine Schulzeit beendete ich 1948 am Realgymnasium an der Basler Rittergasse. Es war eine glückliche Zeit, obwohl einzelne Lehrer und Schüler uns Baselbieter merken liessen, dass wir mit unserem kehligen Dialekt eben doch nicht ganz dazugehörten – wir waren freundnachbarlich nur geduldet. Zu Hause aber, im Dorf, da wurde man nicht gerade bewundert, aber man war doch etwas Besonderes, denn eigene Gymnasien gab es ja im Baselbiet noch nicht und Gymnasiasten waren deshalb rar. Gut gerüstet trat ich dann an der Universität meine «Lehre» als Historiker und Geograf an.

Die neuen Gymnasien

In den Jahren 1963 bis 1972 hat der Kanton Basel-Landschaft – bildungspolitisch gesehen – «den Knopf aufgetan» – er gründete vier Gymnasien – und ich war immer dabei, in Liestal als Hilfslehrer, in Münchenstein als Konrektor und in Oberwil als Rektor. Es war mir und meinem Kollegium während langer Jahre vergönnt, dieser beinahe in Frankreich gelegenen Schule ein eigenes Gesicht zu geben und ein gutes Schulklima zu etablieren. Ihre Opern- und Theateraufführungen, ihre Brücke ins nahe Elsass zum Altkircher Lycee, ihre Storchenstation und vieles andere haben mitgeholfen, das Vertrauen der nach Basel orientierten Leimentaler Bevölkerung zu gewinnen.
Den Reigen der vier gymnasialen Gründungen eröffnete 1963 nicht zuletzt unter dem politischen Druck Basels das Gymnasium Liestal. Fast könnte

man sagen: Es war rückblickend gesehen eine «Hals-über-Kopf-Gründung», denn es fehlte sowohl die personelle als auch die bauliche Infrastruktur. Alles musste aus dem Boden gestampft werden: Schulraum – das alte und leer stehende Kantonsspital, das den Kampfergeruch noch nicht ganz verloren hatte, diente als erstes Schulhaus, und Schüler hatten noch Seltenheitswert; es begann mit zwei Klassen und 51 Schülern (12 Klassen mit 234 Erstklässlern sind es heute, total aller Schüler 1146) – und selbstverständlich waren auch die Lehrer «Mangelware» (heute sind es 179), entsprechend wurden sie in der «Basellandschaftlichen Zeitung» einzeln vorgestellt. Gleiches wiederholte sich in Münchenstein: Auch hier begann man nicht in einem Schulhaus, sondern in rasch aufgestellten Baracken. Eine meiner ersten Amtshandlungen als frisch gewählter Konrektor: Ich versammelte die neuen Lehrer vor einer Baselland-Schulkarte – es war wie in einer Schulstunde – und erklärte ihnen die Geografie ihres neuen Arbeitsortes wie auch die politischen und gesellschaftlichen Gegebenheiten. Und das war nötig, denn diese Lehrerschaft war aus allen Himmelsrichtungen zusammengekratzt worden – die Lehrersuche hatte mich durch die ganze Schweiz geführt, denn Einheimische hatten Seltenheitswert, dafür gabs neben ein paar Ausländern vor allem viele Ostschweizer – man nannte sie scherzweise «Ostgoten». Was hatte sie ins Baselbiet gelockt? Sicher die Besoldung und ebenso sicher die Nähe zur Kultur- und Universitätsstadt Basel. Das Baselbiet selbst dürfte kaum Magnetwirkung verursacht haben! Auch in Münchenstein herrschte anfänglich Schülermangel, was dazu führte, dass Schüler und Schülerinnen aus Muttenz mit dem Autobus eingefahren werden mussten und dass ein Jahr nach Eröffnung der Schule in der Erziehungsdirektion ernsthaft wieder von ihrer Schliessung die Rede war. Noch fehlte eben in der Bevölkerung das Vertrauen in die neue Schule.

Mit den Gymnasiasten und Gymnasiastinnen trat eine neue Schülerschaft auf den Plan; sie war selbstständig, kritisch und deshalb auch politisierbar und unbequem. So gab es in Münchenstein politisch motivierte Sitzstreiks und auch die lockende Kaiseraugster Anti-AKW-Besetzung verursachte Probleme. In Oberwil, das wie Liestal und Münchenstein 1972 unter ähnlichen Raum-Hypotheken gestartet war, gabs 1973 bereits kurz nach der Eröffnung der Schule einen ersten massiven, aber an sich berechtigten Schülerprotest. Die vier Klassen waren in einem soeben eröffneten Primarschulhaus provisorisch untergebracht. Anlass des Protestes war ein zwischen dem Schulhaus und den Veloständern gelegener jungfräulicher Rasen, der den von den Anwohnern mit Argusaugen beobachteten Schülern als willkommene Abkürzung diente. Das liess sich die Gemeinde nicht gefallen!

Sie verriegelte den Zugang zum Rasen mit einem Stacheldrahtzaun, was sich wiederum die Schüler nicht gefallen liessen. Über Nacht dekorierten sie den Zaun mit weithin sichtbaren Protestzetteln: «Achtung, hier hört der freie Westen auf, Ehingen beginnt!» Es war die Zeit des Kalten Kriegs! Nicht genug damit: In der Zehnuhrpause versammelte sich die Schülerschaft und stampfte den Gefangenenchor aus Nabucco in den taufrischen Rasen!

Und heute? Das Gymnasium ist längst zur Normalität geworden. In einer zunehmend verstädterten und Prestige-orientierten Gesellschaft verdrängt es zum Nachteil des wirtschaftlichen Zusammenhalts immer deutlicher die «einfache» Berufslehre – und längst ist ja auch die Schülerschaft auffallend «normal» angepasst!

PS: Meine Gymnasium-Rückschau wäre unvollständig, wenn nicht auch erwähnt würde, welche Rolle die Schule nicht nur für das Wohl der Maturanden und Diplomanden, sondern auch für die Wiederansiedelung des Storchs im Leimental gespielt hat. Es ist ja merkwürdig genug, dass sich eine Schule der Aufgabe unterzogen hat, diesen schönen Vogel, der im Leimental bis in die 50er-Jahre des letzten Jahrhunderts ein gern gesehener Gast war, wieder einzubürgern. Den Ausschlag für die Realisierung meiner Idee gab der Begründer der Altreuer Storchenstation, Max Bioesch. Ich hatte ihn zu einer Beurteilung der Storchentauglichkeit des Gymnasiums und seiner Umgebung eingeladen. Sein Urteil fiel positiv aus, und so kam es 1981 zur Gründung der Storchenstation des Gymnasiums Oberwil. Ihre Betreuung übertrug ich dem Schulhausabwart und weiteren Helfern, während ein Storchenverein für die Finanzierung verantwortlich zeichnete. Die Schule mutierte zum «Storchen-Gymnasium» und ihre Elternmitteilungen waren die «Storchenbriefe». Die Bilanz des Unternehmens lässt sich

sehen: In den Jahren 1982 bis 2015 wurden gegen 100 Leimentaler Jungstörche beringt, und so sind heute «bewohnte» Storchennester auf den Kirchtürmen von Biel-Benken, Leymen und Oberwil wie auch auf der Sirene eines Binninger Schulhauses ganz selbstverständlich.

Die Kantonsgeschichte

2017: Der Kanton Basel-Landschaft steckt in massiven finanziellen Schwierigkeiten; er muss an allen Ecken und Enden sparen! Das war nicht immer so, es gab auch Phasen erhöhten Selbstbewusstseins, stärkerer Identität und einer konsolidierteren Finanzlage – das zeigte sich beispielsweise am 5. September 1983. An diesem Tag überwies der Landrat mit grossem Mehr gegen eine Stimme ein Postulat, das forderte, auf das Jubiläumsjahr 2001 eine neue Gesamtdarstellung der basellandschaftlichen Geschichte in Angriff zu nehmen. Für mich als Historiker war das eine wunderbare Gelegenheit, mich einzubringen, und so übernahm ich mit Freude das Aufsichtskommission-Präsidium der neu gegründeten Baselbieter Forschungsstelle für Geschichte. Wie immer – es gab Höhen und Tiefen, aber 2001 konnte das sechsbändige, von jungen Historikern verfasste Werk fristgerecht gefeiert werden. Es trägt den aussagestarken Titel «Nah dran, weit weg» und zeigt damit an, dass Geschichte, obwohl sie oft weit zurückliegenden Sachverhalten nachgeht, in kritischer und naher Sicht operieren muss.

Der Geschichte – nicht der grossen, sondern der kleinen Weltgeschichte – bin ich auch in all diesen vergangenen Jahren mit zahlreichen Publikationen über den Kanton und die Region treu geblieben. Denn im Zeitalter der Globalisierung und der Digitalisierung scheint es mir wichtiger denn je, den Boden nicht unter den Füssen zu verlieren und Wurzeltiefe zu vermitteln – getreu dem Leitspruch Daniel Bruckners (1707–1781): «Legt doch, ihr Sterblichen, das Fernrohr aus der Hand! Macht euch die Gegenden, die ihr bewohnt, bekannt.»

Die Wiedervereinigung

Ein Leben lang hat mich die Wiedervereinigungsfrage begleitet, und ich war glücklich, als mit dem partnerschaftlichen Bekenntnis ein solider, wenn auch schwieriger Brückenschlag zwischen den beiden Halbkantonen zustande kam. Als einer, der Basel viel zu verdanken hat, hoffe ich darauf, dass sich Basler und Baselbieter bald einmal ohne zänkisches Wenn und Aber auf Augenhöhe begegnen werden. Doch leider lehrt die Erfahrung aus der Geschichte, dass solche Entwicklungen Zeit brauchen – Geschichtsmühlen mahlen eben langsam!

Werner Gallusser (geb. 1929)
Erdbewusstsein

Nach der Pensionierung (1994) öffnete sich mein geistiges Interesse weit über das Fachgeografische hinaus für viele drängende Lebensfragen … aber letztlich doch auch wieder für die zentrale Erde-Mensch-Beziehung. Dies sei an drei eigenen Publikationen kurz dargelegt.

2005: Freiheit und Heimweh[1]: Durch Zufall in den Besitz von vier Originalbriefen eines Auswanderers aus Reigoldswil (BL) gelangt, packte mich die darin bezeugte Tragik des Exodus aus der Heimat. Auswanderung aus Zwang zeigte schon damals (vor und im nordamerikanischen Bürgerkrieg) die Tyrannei einer verlorenen Kommunikation zwischen Heimat und Fremde. Welch ein Gegensatz vom Auswanderer, der in drei Briefen um 1864 seine Familie in der Schweiz um Antwort (und wenn möglich um ein Foto) bittet, denn alles hatte er durch die Kriegsereignisse verloren … Welch ein Gegensatz zu unserer heutigen Welt, überverkabelt und überinformiert! Im letzten Brief wird rührend überschwänglich für die endlich eingetroffene Antwort aus der alten Heimat gedankt.

2008: Frau und Erde[2]: Zwar war ich durch Mutter, Schwester und Ehefrau frühzeitig zum Mitverfechter der Frauenrechte geworden; doch erst durch die literaturkritische Beschäftigung mit einem konkreten Frauenschicksal unserer Tage fasste ich den Mut zu einer leider posthumen Würdigung anlässlich des 100. Geburtstags der Lyrikerin Erica Maria Dürrenberger (1908–1986). Offenbar brauchte ich einen zusätzlichen Impuls zu einer vertieften Einschätzung der Mütterlichkeit unserer Erde, um zu einem umfassenderen Begreifen der «Mitmenschlichkeit» zu gelangen.

2016: Mitmenschen im Quartier[3]: Mit der Krankheit und dem Sterben meiner Frau befiel mich eine Art «Schaffensstarre», die erst allmählich durch mitmenschliche Solidaritätsbezeugungen überwunden wurde. Zuvor entstanden 2005 bis 2016 über 80 Lebensporträts von Quartierbewohnern in Gundeldingen-Bruderholz, basierend auf Interviews mit den angefragten Personen. Zwar war dieser Versuch keineswegs wissenschaftlich-statistisch lupenrein fundiert, sondern allein auf meine persönliche Quartiererfahrung abgestützt. Wobei ich als einzige Regel den gleichmässigen

Wechsel zwischen den Geschlechtern befolgte. Durch die Initiative des IL-Verlags (Basel) erschienen die Porträts 2016 in Buchform.

Zusammenfassend entstand dieses «mitmenschliche Projekt» aus der Erkenntnis heraus, dass jeder Mensch im Lebenslauf seine eigene Welt offenbart und dass die fragende Person nur mit einem unablässigen Willen zur «Empathie für den anderen» zum mitmenschlichen Brückenbau beiträgt. Der menschliche Werdegang birgt einen Reichtum an Lebenserfahrungen, den man heute als Potenzial von «Human Resources» erkennt und aus welchem so etwas wie ein tieferer Lebenssinn spürbar werden kann.

Foto: Gerhard Gasser

Der Lebensbaum: Verwurzelungssehnsucht eines Auswanderers, die Mütterlichkeit als verkannte Kraft der Erde und echte Mitmenschlichkeit als Lebensziel führen mich zum Schlussbild des «Lebensbaums». Es hängt seit 2006 in meiner Stube als «Albero d'arancio» von Claudio Baccalà (Brissago TI) und spendet als eindrückliches Symbol des Lebensbaums viel Zuversicht. Die Wurzeln im Erdreich von Mutter Erde verkörpern die Kraft des Herkommens und führen über den Stamm zur lichtvollen Krone und ihrer Vielzahl von Knospen und Blüten, bereit zur späteren Entfaltung in der Zukunft des Lichtes.

1 Werner Gallusser: Freiheit und Heimweh. 4 Briefe des Heinrich Frey (Reigoldswil) aus dem nordamerikanischen Bürgerkrieg (1863/1864), in «Baselbieter Heimatblätter» 70. Jg., Juni, Liestal 2005, S. 74–80.

2 Werner Gallusser: «Die Lyrikerin Erica Maria Dürrenberger (1908–1986)», in «Baselbieter Heimatblätter» 73. Jg., Juli, Liestal 2008, S. 33–44.

3 Werner Gallusser: «Mitmenschen im Quartier Gundeldingen-Bruderholz. Rückblick der Gundeldinger Zeitung auf die Rubrik ‹Rendez-vous mit …›», Basel 2016.

Dadi Wirz (geb. 1931)
Künstler und Weltvagant: eine Jugend-Odyssee

«(...) Die Mitte der Welt ist überall, und der auserwählte Ort ist der, den man gewählt hat. Deshalb ist auch die Heimat des Menschen nicht da oder dort, sondern überall auf der Welt – und für den Reisenden am meisten dort, wo er noch nie war (...)» (Hans Saner)

Treffender liesse sich der Lebensstil von Dadi Wirz wohl kaum umschreiben. Obwohl der Künstler heute eine feste Wohnadresse besitzt, ist er nur selten zu Hause. Sein «Daheim» ist die weite Welt, wo er von Ausstellung zu Ausstellung seine Spuren hinterlässt.

Ich wurde am 22. Juni 1931 in Muttenz geboren, wo meine Eltern ein grosses dreistöckiges Chalet bewohnten. Heute befindet sich mein Zuhause in einem abgelegenen Blockhaus im Wald zwischen Therwil und Reinach. Mein Vater Paul Wirz, ein Ethnologe, widmete den grössten Teil seiner Feldforschungen dem Studium der Naturvölker von Neuguinea. Entsprechend leitet sich mein Name vom Longhouse-Dorf Dadi auf Neuguinea ab. Begleitet von seiner Frau, nahm mein Vater mich früh auf seine Reisen mit. So besuchte ich als Dreijähriger mit den Eltern zwischen 1934 und 1939 Ceylon, Indien, Burma, Siam, Indochina, Formosa und Japan.
In Ceylon kaufte mir der Vater die Insel Paraduwa, eine ehemalige Zimtplantage und Zufluchtsort von Hunderten giftigen Kobras. Immer barfüssig, hatte ich das Glück, nie von so einer gefährlichen Schlange gebissen zu werden. Weil nämlich mein Vater erklärte, Kobras seien die Gentlemen aller Schlangen und man müsse sich einfach entsprechend verhalten, hatte ich keine Angst. Auf dieser Insel verbrachte ich einen Teil meiner Kindheit, wenn nicht gerade ein Abstecher nach Kaschmir auf dem Programm stand, wo ich mit meiner Mutter eine Zeit lang auf einem der vielen Hausboote in Srinagar lebte, während mein Vater die Bewohner der Ladakh an der tibetanischen Grenze studierte.
1939 hielt sich meine Familie zum letzten Mal in Ceylon auf. Von dort besuchten wir den Irak und Syrien und kehrten dann in die Schweiz zurück.

Doch da mein Vater eine Besetzung des Landes durch Nazideutschland befürchtete, beschloss er 1940, Europa den Rücken zu kehren; und das ist die Erklärung. Das Honorar für seine diversen in Stuttgart und Leipzig verlegten Bücher pflegte mein Vater höchstpersönlich in Stuttgart abzuholen, doch 1939 kam es zu einer Devisensperre.
Vater umging sie, indem er sein Honorar – mehrere Tausend Reichsmark – in einem Spezialgürtel und in Spezialschuhen versorgte. Auf der Rückreise am Lörracher Zoll geriet er jedoch in die Falle. Auf die Frage, ob er etwas zu verzollen habe, kam es zu einem Wutanfall. Mit hochrotem Kopf schrie er den Zöllner an: «... ihr Sau-Deutschen, ihr seid mit eurem Regime und dem Führer des Teufels ...» Die Quittung: drei Tage Gefängnis und die Versicherung eines SS-Offiziers: «Herr Dr. Wirz, bald werden wir in die Schweiz einmarschieren, und Sie sind ganz oben auf der Liste für das KZ!» Vater nahm die Warnung ernst und plante deshalb von Lissabon aus eine Fluchtreise nach Holländisch Ostindien. Doch die Niederlande verweigerten das Visum – zum Glück, denn nur wenige Monate später wurde ganz Südostasien von den Japanern besetzt. Hätten die Reisepläne geklappt, wäre wahrscheinlich die Familie in einem japanischen KZ gelandet und umgekommen. Die Rückreise von Portugal per Eisenbahn durch das zerstörte Spanien gab einen Vorgeschmack für das Elend des bevorstehenden Weltkriegs. Als einzige und letzte Möglichkeit, Europa im ersten Kriegsjahr zu verlassen, bot sich 1941 eine Überfahrt nach Kuba mit einem spanischen Schiff von Bilbao aus. In Bilbao angekommen, kam das Gepäck in die reservierte Kabine des ziemlich kleinen Schiffes. Auf dem offenen Deck lagen Hunderte Matratzen jüdischer Flüchtlinge, die das Glück hatten, noch rechtzeitig in das neutrale Spanien zu gelangen. In Havanna wurden zuerst alle Passagiere in ein grosses, in einer alten Festung untergebrachtes Lager gebracht; amerikanische und kubanische Fahnen sowie Maschinengewehre zierten den Eingang. Der Zweck für diesen unfreiwilligen Aufenthalt war bald zu verstehen. Die USA wollten sicherstellen, dass sich unter den vielen Passagieren keine deutschen Spione versteckten. Als Schweizer konnte meine Familie das Lager als Erste verlassen, aber wir wurden ständig beobachtet, besonders bei Spaziergängen am Strand: diese Schweizer, konnten sie nicht deutschen Unterseebooten Lichtsignale senden? In dieser Situation entschloss sich mein Vater, die Reise nach Peru fortzusetzen, um dort bei den Amazonas-Indianern Feldforschung zu betreiben. Die Fahrt ging zunächst nach Ciudad Tujillo, zur Hauptstadt der Dominikanischen Republik. Und wieder hatten wir Glück, denn zwei Tage später erfuhren wir, dass ein deutsches Unterseeboot unser Schiff versenkt hatte und es keine Überlebenden gab, da der deutsche U-Boot-Kapitän den Be-

fehl gegeben hatte, alle Passagiere zu eliminieren. In der Dominikanischen Republik liessen wir uns häuslich nieder, um die weiteren weltpolitischen Entwicklungen zu beobachten. Doch aus dem geplanten Kurzaufenthalt wurden vier Jahre. Jetzt waren wir plötzlich Emigranten, und es fiel meinem Vater schwer, sich mit der neuen Situation abzufinden, bot sich doch hier weder die Möglichkeit ethnografischer Forschung noch eine andere sinnvolle Beschäftigung. Um dem feuchten und heissen Klima sowie dem Personenkult des Diktators Trujillo zu entgehen, wurde schliesslich die kleine Stadt Jarabacca im Hochland bis zum Ende des Krieges als Wohnsitz erkoren und ausserhalb des Ortes ein kleines Haus gemietet. Feldforschung liess sich allerdings hier nicht betreiben, da die Indianer auf der Insel Hispanola den spanischen Genozid vor mehreren Hundert Jahren nicht überlebt hatten. So hatte mein Vater genügend Zeit, sich der Bildung seines Sohnes zu widmen. Zu seiner Unterrichtsmethode eine kleine Anekdote: Damit der Elfjährige die lateinischen Namen von sämtlichen 36 Knochen des menschlichen Schädels auswendig lernte, schleppte er ihn auf den örtlichen Friedhof. Im Dunkel der Nacht öffnete der Wärter ein Grab, und für einen Peso erhielt der kleine Dadi sein Studienobjekt, einen in Verwesung begriffenen menschlichen Schädel. Termiten sorgten dann für die weitere Aufbereitung des «Fundstückes». Am Vormittag erhielt ich dagegen von meiner Mutter Sprachunterricht in Englisch und Deutsch; mit viel Disziplin lernte ich dabei Schillers «Lied von der Glocke» auswendig! Am Nachmittag war ich Privatschüler meines Vaters; er brachte mir die verschiedensten Fächer bei und diktierte mir dazu jeweils einen Text, den ich bis zum nächsten Tag zu «verdauen» hatte: Algebra, Geometrie, Botanik, Zoologie, Chemie und Französisch. Glücklicherweise war mein Vater kein strenger Lehrer, auch erhielt ich ja kein Zeugnis! Nach den anstrengenden Unterrichtsstunden gingen wir am nicht zu weit entfernten Wasserfall des Jimenoa-Flusses baden. Diese kurzen Stunden waren für mich die schönsten Momente meiner Jugend. Öfters besuchten wir auch den über 50 Kilometer entfernten Ort Constanza, der von bis zu 2000 Meter hohen Bergen umgeben ist; hier herrschte eine angenehme Kühle, was für angenehme Abwechslung sorgte.

1945 brachte das Kriegsende und endlich die ersehnte Bewegungsfreiheit, sodass beschlossen wurde, auf einem spanischen Schiff die Rückreise nach Europa anzutreten, notabene mit einem viertägigen Abstecher nach Philadelphia. Vater Wirz versuchte deshalb auf der amerikanischen Botschaft in Havanna ein Visum zu erhalten. Vergebens: Während das für den Teenager Dadi als Schweizer Bürger problemlos war, verweigerte man meinem Vater, der ja zur Zeit der Zaren in Russland geboren worden war, diesen Ausweis, ebenso meiner in Deutschland zur Welt gekommenen Mutter, die als Enemy-Alien galt. So mussten wir eben die vier Tage im Hafen verbringen, ohne das Schiff verlassen zu dürfen.

Endlich zurück in Reinach, hatte ich jetzt das Gefühl, ein echter Schweizer zu sein. Vorbei die Zeit, als die vielen Ozeandampfer, mit denen ich auf verschiedenen Meeren unterwegs gewesen war, gewissermassen meine Heimat waren. Nach einem kurzen Besuch der internationalen Ecole d'Humanité begann ich 1946 mit fünfzehn Jahren eine Fotografenlehre: Der Ernst des Lebens hatte mich eingeholt! Bin ich bei der Fotografie stehen geblieben? Nach meinen bewegten Jugendjahren wäre das eigentlich verwunderlich. Nein – meine Bestimmung war eine andere; ich wurde Künstler, Kunstdozent und Botschafter der «Reise- und Weltkunst».

Heinz Durrer (geb. 1936)
Der Professor mit der Schaufel in der Hand

Bei meiner Dissertation bei Prof. A. Portmann beschäftigte ich mich mit den Schillerfarben der Pfauenfeder. Es war bisher noch nie gelungen zu zeigen, welche Struktur im Innern der abgeplatteten Federradien diese Farben zu erzeugen vermag. So gelang es mir als Erster, nach vielen Fehlversuchen, mithilfe des Elektronenmikroskops dieses Geheimnis zu lüften. Es zeigte sich im Innern der Federhornsubstanz eine zu einem Gitter angeordnete Struktur, wobei die Melaninstäbe nur 0,1–0,2 jx – also Tausendstelmillimeter – dick sind. Durch Änderung der Dicke und des Abstandes wird es möglich, innerhalb einer Feder dieses fantastische Ocellenmuster aufzubauen. Später gelang es mir, bei meiner Habilitationsschrift noch insgesamt 19 verschiedene Typen von Schillerstrukturen nachzuweisen. Jedes Mal war es eine Neuentdeckung, für einen Forscher ein ganz besonderes Erlebnis, dieses Gefühl des Pioniers.

Doch meine weitere Forschung sollte später einen völlig andern Weg einschlagen. Da standen die Studierenden – es waren die angehenden Mediziner, für die ich die Biologie zu lesen hatte – nach einer Vorlesung über Naturschutz fordernd neben mir und fragten: «Was können wir gegen die Verarmung der Natur konkret unternehmen?» Die Antwort war schliesslich der Bau von Lebensräumen für die bedrohte Tier- und Pflanzenwelt in unserer Region, speziell der gefährdeten Amphibien. Dazu der Aufbau einer Forschungsstation im grossen Naturschutzgebiet der «Petite Camargue Alsacienne» (PCA) im nahen Elsass, um die Lebensgewohnheiten der Lebewesen, welche für die richtige Planung nötig sind, zu erforschen. So haben wir eine ganze Reihe von Arbeiten gemacht, welche zum Ziel hatten, die Minimalfaktoren und optimalen Bedingungen der Lebensweise einzelner Amphibien, Reptilien, Vögel und Kleinsäuger besser kennenzulernen. Man wird sich fragen, was es da im 20. Jahrhundert noch zu erforschen gibt. Dazu nur einige Beispiele: Eine Fragestellung hiess, welches ist der bevorzugteste Laichplatz für die Gelbbauch-Unke, diesen kleinen Lurch, von dem die meisten nur noch den sprichwörtlichen «Unkenruf» aus der Literatur kennen. Da wurden im Versuchsgelände der PCA alle möglichen Biotoptypen angeboten: grosse Weiher, kleine, flache, tiefe, im Kies, im Lehm, und das Resultat war für alle verblüffend. Der «Spitzenrenner» waren

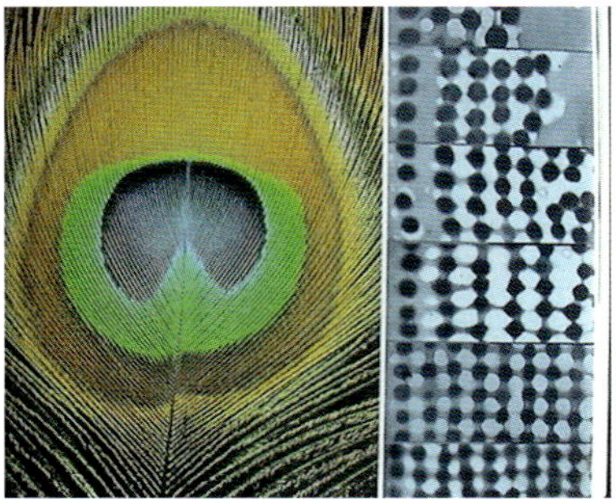

Neuentdeckung (1962):
Gitter der Melaninstäbe (Durchmesser 0,17 um) im Innern der Federästchen erzeugen die intensiven Schillerfarben des Pfaus.

Rufendes Männchen des Laubfrosches in Riehen.
(Foto: A. Ochsenbein)

im Boden vergrabene Kessel! Die Unke sucht sich also eine Nische, die möglichst frei ist von Räubern und Konkurrenten. Auch die Frage, ob der Waldtümpel oder der Kleinweiher im sonnenbeschienenen Freiland bevorzugt wird, ergab eine interessante Antwort; zuerst wird ein sonniger Ort bevorzugt, dann im heissen Hochsommer eher Schatten, das heisst, die sonst doch so wärmeliebenden Unken ziehen sich bei Hitze in die Kühle des Schattens zurück. So haben wir in unseren Naturschutzgebieten Kessel vergraben in verschiedenen, sonnenexponierten Lagen, und die Unken rufen und laichen nur in diesen Kesseln, obwohl um sie herum verschiedenartige Weiher existieren. So simpel es scheint, so wertvoll für die Erhaltung und Förderung dieser bedrohten Art war es doch. Diese Pionierart wechselt also in der freien Natur, vagabundierend in ihrer Region den Standort und sucht nach neuen Laichplätzen. Nur durch eine natürliche oder – eben, wenn diese fehlt – auch künstliche Dynamik ist ihr Lebensraum zu erhalten, und dabei müssten immer wieder neue Tümpel geschaffen werden. Die Kreuzkröte – als zweites Beispiel – löst das Problem der Sommerhitze und Trockenheit, welche typisch ist für ihren Lebensraum –, heute meist in Kiesgruben –, indem sie sich an steilen Böschungen eingräbt. Um dies zu beweisen, mussten Tiere mit Sendern ausgerüstet werden. Eine andere Anpassung bei der Entwicklung der Kaulquappen besteht darin, dass sie ihre Metamorphose beschleunigen können. Wenn der flache Tümpel, den sie bevorzugen, auszutrocknen droht, verwandeln sich die Larven mit zunehmender Dichte («Crowding-Effekt») vorzeitig. Es entstehen dann aber nur winzige Kreuzkrötchen. Den totalen Verlust, wenn ein

Gewässer zu schnell austrocknet, nehmen die Kreuzkröten in Kauf. Da sie bis 20 Jahre lang leben und über 2000 Eier pro Jahr legen, können sie in einem guten Sommer den Verlust mehrerer ungünstiger Jahre kompensieren. Seit 1980 ist der Laubfrosch – eine der populärsten Froscharten – in den Kantonen Basel und Baselland ausgestorben! Das wollten wir nicht einfach so hinnehmen und so begannen wir in unseren Biotopen mit einem Wiederansiedlungsversuch. Dazu mussten Kaulquappen bis zur Metamorphose aufgezogen werden – ein heikles Unterfangen. Doch heute rufen in Riehen und anderen Biotopen schon wieder über 100 Laubfroschmännchen in einem eindrücklichen Konzert nach Weibchen. «Wie merkt eigentlich das rufende Männchen, dass es der auserwählte Partner ist?», war die Frage. Durch Zeitlupenanalyse von Filmaufnahmen konnten wir zeigen, dass das Weibchen sich dem Männchen nähert – meist von hinten – und mit einem Schlag des Vorderfusses auf die Schallblase gibt es das Signal – also den Schlüsselreiz – zur Paarung. Mein Mitarbeiter Valentin Amrhein hat seine Dissertation über den Gesang der Nachtigall verfasst. Daher wissen wir jetzt, dass die Nachtigallen, welche nachts singen, unverpaarte Junggesellen sind, die allen Grund haben, so wehmütig zu schluchzen, um ein Weibchen anzulocken. Verpaarte singen nur am Morgen und am Abend zur Reviermarkierung. Die Forscher in der PCA haben 2010 unsere Nachtigallen mit einem Geolocator ausgerüstet und so feststellen können, dass sie in Zentralafrika von Ghana bis zur Elfenbeinküste überwintern. Der Chip zeichnet neben der laufenden Uhr auch die Sonnenscheindauer auf. Da sich diese verändert, wenn die Nachtigall gegen den Äquator fliegt, das heisst zunimmt bis zur Tag-Nacht-Gleiche, und weil die Sonne im Osten früher aufgeht als im Westen, kann auf etwa 100 Kilometer genau der Überwinterungsort berechnet werden. Doch dazu müssen den Vögeln bei ihrer Rückkehr die Chips wieder abgenommen werden, was nur möglich ist, weil die Nachtigallen wieder an den genau gleichen Ort zurückkehren. Wir sehen, auch solche Feldforschung kann spannend sein und ist wegen der Möglichkeit zur Umsetzung der Resultate für den praxisbezogenen Naturschutz von grosser Bedeutung, besonders wenn es darum geht, als eine der letzten Naturschutzmassnahmen Biotope zu bauen – zu renaturieren –, um diese Arten zu erhalten. Entstanden sind schliesslich mit meinen Mitarbeitern und der Mithilfe von Studierenden über 20 Biotope in der Region um Basel – speziell für Amphibien. Und in der Zeitung stand als Titel eines Berichts darüber: «Der Professor mit der Schaufel in der Hand», denn es musste mit dem guten Beispiel vorangegangen werden. Es gab auch Kritiken: «Natur aus Menschenhand, künstliche Natur, der Natur ins Handwerk gepfuscht» und so weiter. Meine Antwort war einfach: «Was wäre, wenn nicht?» Auch der Erfolg hat mir recht gegeben, so sind fünf der Gebiete heute im «Inventar der Amphibienlaichplätze von nationaler Bedeutung»: Das Autäli und der Eisweiher in Riehen, die Herzogenmatt in Binningen, der Bammertsgraben in Bottmingen und die Ziegelei Allschwil. Im Naturschutzgebiet der PCA habe ich auch als neues Konzept zur natürlichen Pflege von grösseren Biotopen die Beweidung mit schottischen Hochlandrindern eingeführt. Diese grossen Pflanzenfresser verhindern die Verbuschung und fördern durch die nun geschlossenen Kreisläufe die Vielfalt der Lebewesen im Biotop.

Wenn ich jetzt abends am Weiher in Riehen sitze und dem ääöp,ääöp ääöp-Rufen des Laubfrosches lausche - der einmal ausgestorben in dem von uns geschaffenen Biotop hier wieder angesiedelt wurde -, so befällt mich das gleiche Glücksgefühl des zufriedenen Forschers, wie damals am Elektronenmikroskop.

John Schmid (geb. 1937)
Der neue Abt des Klosters Schönthal

Lieber René
Etwas über mein Wirken soll ich beitragen, sagst du. Aber mit dem «Wirken» ist es so eine Sache. Nicht alles Tun ist es wert, darüber zu berichten, weil sich beileibe nicht alles als wirkungsvoll, sprich nachhaltig entwickelt hat. Berufliches, Ehrenamtliches, Mäzenatisches, Klösterliches und eine Prise Visionäres vermischen sich vor meinen Augen zu einem «Lebensphasen-Teig», in dem ein paar Rosinen schwimmen und die es vielleicht wert sind, herausgefischt zu werden. (Ich bin ja auch ein leidenschaftlicher Hobbyfischer.) Nein, nicht im Rhein, da gilt ja schon eine Art Sardine als Trophäe. Lieber stehe ich stundenlang am wirbligen Inn und blicke mit etwas Glück in die Augen einer Forelle, um sie gleich wieder in die Freiheit zu entlassen. Und da wir schon beim Wasser sind, vielleicht im Voraus ein Wort zu meiner Charakteristik: Ich schwimme gerne gegen den Strom, weil mir das heutige Gehabe um den «Mainstream» ganz und gar nicht gefällt. Es erfüllt mich mit Sorge, wie die «Ökonomisierung» auch die Kultur und die Kunst und sogar die Landwirtschaft vereinnahmt.

Meine längste und einprägsamste Lebensphase galt dem Beruf als Werber. Da spielten natürlich das ökonomische Denken und das Einträgliche eine wichtige Rolle. Schliesslich musste ich etwas von Marketing verstehen und die Kunden im Wettbewerb um Marktanteile unterstützen. Und mit bis zu 45 Mitarbeitenden auf der «pay roll» mussten sich Ertrag und Aufwand, so gut es ging, die Waage halten. Zu den schönen Seiten dieses Berufes zählte, dass man in den Medien sogleich mit den Kampagnen präsent war. Wars gut, gab es Schulterklopfen von Kollegen, und lief es sehr gut, konnte man Preise für Originalität und Kreativität abholen. Nicht nur schön, sondern auch wirkungsvoll musste die Werbung sein. Denn nur schön kann auch schön langweilig sein und die Wirkung für das viele Geld verfehlen. Gut lief es für die Kampagne für den Media-Markt aus unserer Agentur. «Ich bin doch nicht blöd» kennt ja wohl jedes Kind. Ein weiteres Beispiel heisst «Basel tickt anders». Händeringend suchten wir, was Basel Besonderes draufhat. Ja was denn? Wir dachten: Eigentlich wäre der Stadtkanton am liebsten ein Freistaat mit dem Rücken zur übrigen Schweiz, aber mit Blick über die Grenzen. Das wäre bei unserem politisch besetzten Auftraggeber aber kaum durchgegangen. Unter Termindruck und schierer Verzweiflung sagte einer: «Aber Basel tickt doch einfach anders.» Und das wars dann, weil jeder den Satz auf seine Weise interpretieren kann. Also lauter Zustimmung vom mehrheitlich politisch besetzten Entscheidungsgremium. Werbung für Kosmetik, Autos, Schoggi, Schuhe, Banken und Versicherungen etc. Ein Hochleistungsberuf war das und rief nach einem Ausgleich, den ich bei ehrenamtlichen Engagements fand. Die Jazzschule Basel war eines. Ich übernahm das Präsidium in einer kritischen Phase, als sie im Sommercasino gekündigt und damit heimatlos wurde. Es kam zu einem Aufbruch in den Dreispitz und schliesslich gelang mir noch die Überführung in die Musik Akademie Basel. Einige weitere Institutionen schätzen es auch heute noch, wenn ich meinen Senf dazugebe. Von einem ehemaligen Werber ist zu erwarten, dass er den «Dreh» findet.

Als mir die Werbung trotz allem zu kommerziell wurde, fiel mir das Glück zu, statt Eintagesfliegen und Einträglichem etwas Beständiges und Sinnstiftendes zu unternehmen. Das Hofgut Kloster Schönthal stand zum Verkauf und rief zum Himmel, man solle dem Baudenkmal von 1145 wieder zu einer würdigen Bestimmung verhelfen. Es folgte eine umfassende Renovation, während der die Idee reifte, auf dem 100 Hektar Landwirtschaftsgut in schönster Juralandschaft einen Skulpturenpark einzurichten. Ohne Ausstellungscharakter soll er die Besucher zu Wanderungen einladen und ihnen eine neue Dialogkultur von Natur, Kunst und Geschichte vor Augen führen. «Dieser Dreiklang tut der Seele gut», sagen viele Besucher, die sich fernab vom Alltäglichen erholen möchten und das prallvolle städtische Kunstangebot zwar schätzen, sich aber dennoch zwischendurch an internationaler Skulpturenkunst, eingepflanzt an Wegen und Pfaden, erfreuen möchten. Ein bisschen Mut erfordern die Kunstspaziergänge manchmal schon. Behörnte und neugierige Zaungäste oder blökende Schafe benehmen sich in der Regel ja anders als zahme Vierbeiner in einem Streichelzoo.

Helen Liebendörfer (geb. 1941)
Mein Leben in drei Stichworten

«Im Grunde ist es beinahe unmöglich, seine eigene Biografie zu schreiben. Kann man sich selbst loben? Ich denke nicht. Will man sich selber tadeln? Ebenso wenig, gewiss nicht vor der Öffentlichkeit. Fällt aber Lob und Tadel weg, was bleibt übrig? Daten. Was tiefer geht, was schmerzlich war, was man hoffte, fürchtete, erstrebte, versäumte, das kann und will man doch unmöglich preisgeben.» (Lisa Wenger)

1. Stichwort

Dieses Zitat der Schweizer Buchautorin Lisa Wenger («Joggeli söll go Birli schüttle») fiel mir ein, als ich die Anfrage nach einigen Zeilen zu meiner Person erhielt. Damit ist auch bereits das erste Stichwort gefallen, denn Biografien interessieren mich sehr und beschäftigen mich, vor allem, wenn ich über eine Person einen historischen Roman verfasse, wie über die Reformatoren-Gattin Wibrandis Rosenblatt oder die Frau von Arnold Böcklin, über Henmann Offenburg zur Zeit des Basler Konzils oder den Auswanderer General Sutter. Bei Lisa Wenger wird es ausnahmsweise kein Roman sein, den ich schreibe, sondern eine Ausstellung, die in der Universitätsbibliothek geplant ist mit Ausstellungsstücken, die uns ihre Nachkommen zur Verfügung stellen. Immer wieder erlebe ich ein Zusammentreffen mit Leuten, die sich als Nachkommen der im Roman beschriebenen Personen vorstellen, was mich manchmal fast surreal anmutet. Unvergesslich zum Beispiel ein Mail mit dem Absender «Arnoldo Böcklin, Rom» und das anschliessende Treffen mit ihm.
Beeindruckende Biografien bringen viele Erkenntnisse zum Leben in früheren Zeiten und helfen, die Gegenwart besser zu verstehen. Zudem lassen sie mich dankbar sein über den medizinischen Fortschritt, lernen mich Geduld haben mit der Erfüllung offener Wünsche, zum Beispiel auch im Hinblick auf Frauenfragen. Ich gehöre zur Generation, die viele positive Veränderungen in dieser Hinsicht erlebt hat, wenn ich auch nicht aktiv daran beteiligt war. Als ich heiratete, gehörte es noch zur Selbstverständlichkeit, als Frau nicht mehr im Beruf weiterzuarbeiten. Nicht nur die Gesellschaft erwartete es, es hätte sogar durchaus im Ermessen des Ehemannes gelegen, es zu verbieten! Ich erlebte, wie ich als Frau zum ersten Mal an einer Abstimmung teilnehmen konnte, zuerst nur im Kanton Basel-Stadt, dann

endlich auch bei schweizerischen Volksabstimmungen, und ich war stolz darauf. Abgesehen davon hatte es meine Generation unglaublich gut, es ging stets aufwärts, die Wirtschaft blühte, der Alltag wurde immer leichter und abwechslungsreicher. Reisen in alle Länder der Erde gehörten bald zum selbstverständlichen Ferienziel, brachten spannende Erlebnisse, neue Erkenntnisse und Verständnis für das Fremde. Keine drohende Kriegsgefahr, Terrorismus oder Arbeitslosigkeit hemmte unsere Pläne.

2. Stichwort

Nicht im Beruf arbeiten zu können, bedeutete nun keineswegs, sich nur um den Haushalt und die Kinder zu kümmern, im Gegenteil. Es bot die Möglichkeit, sich daneben noch Dingen zu widmen, die man ehrenamtlich ausüben konnte und gerne anpacken wollte. Damit ist das zweite Stichwort gefallen: Ich engagiere mich ehrenamtlich an vielen verschiedenen Orten, organisierte zum Beispiel Konzerte, war im Zentralvorstand des Schweizerischen Kirchengesangsbundes, im Stiftungsrat der Stiftung Basler Orchester und leitete Reisen der Geografisch-Ethnologischen Gesellschaft. Heute bin ich noch im Verein pro Klingentalmuseum, im Verein Basel erleben und im Hebelbund Lörrach. Bald ergab es sich, dass ich in den Vorstand der Freunde der Basler Münsterbauhütte gewählt wurde, dessen Präsidium ich während zwanzig Jahren ausübte. Die Schönheiten, Kostbarkeiten und Geheimnisse des Basler Münsters zu entdecken, führte in diesen langen Jahren stets zu neuen Erkenntnissen und doch nie zu einem Ende. Wer je erlebt hat, wie wundervoll die Stimmung des Kirchenraumes wirkt, wenn man sich fast alleine dort aufhält – oder höchstens mit einer kleinen Gruppe –, die Stille, die dunklen Ecken und mächtigen Pfeiler, welch wunderbare Dimensionen sich erschliessen, den Blick fesseln und etwas vermitteln, was die einen als Ort der Kraft, die andern als religiöses Wirken bezeichnen, der weiss von der Faszination unseres Münsters. Und das schon seit tausend Jahren! Und schliesslich haben die Mitglieder der Freunde der Münsterbauhütte (und damit auch die Präsidentin) die Gelegenheit, immer wieder aus nächster Nähe mitzuerleben, mit wie viel Liebe und Sorgfalt die Mitarbeitenden der Münsterbauhütte das Bauwerk restaurieren, in schwindelerregender Höhe auf der Turmspitze oder auf schwankenden Brettern an der Fassade Figuren reinigen oder auch tage- und stundenlang nur Fugen. Die Ausstrahlung eines der tanzenden Engel oder der friedlich ernste Ausdruck von Kaiser Heinrich II. am Hauptportal aus nächster Nähe zu sehen, vermag uns Menschen der Gegenwart durchaus anzusprechen und zu beglücken. Auch die Faszination des mittelalterlichen Handwerks hält bis in die heutige moderne Zeit unvermindert an. Es überlebt trotz Computer und Handy und technischen Finessen, wenn auch diese neuen Möglichkeiten bei der Restaurierung bei Bedarf durchaus eingesetzt werden.

3. Stichwort

Das dritte Stichwort betrifft die Stadt Basel, denn in all den Jahren widmete ich mich mit Leib und Seele der Geschichte der Stadt Basel. Hauptanliegen war mir stets, den Leuten die Schönheiten unserer Stadt zu vermitteln, sei das durch Führungen, Vorträge oder Volkshochschulkurse oder auch durch kleine, gedruckte Stadtführer, welche mit bestimmten Themen durch die Altstadt führen, wie zum Beispiel ein Spaziergang auf Spuren von Johann Peter Hebel oder von Hermann Hesse. Unschwer ist zu erraten, dass ich diese beiden Schriftsteller besonders gerne lese.
Was gibt es Schöneres, als den Baslerinnen und Baslern und den Leuten der ganzen Region die Stadt näherzubringen und mitzuerleben, wie ihre Begeisterung wächst, wie sie etwas entdecken können, das sie noch nie gesehen haben, ihr Staunen darüber und ihre Freude daran zu sehen und zu merken, wie sie die Stadt dadurch noch mehr ins Herz schliessen? Gleichzeitig bot mir diese Tätigkeit den nötigen Ansporn, laufend zu studieren und Neues über die Stadt und ihre Bewohner zu lernen und zu erforschen. Von der Geschichte und der Architektur bis zu den Sitten und Bräuchen im alten Basel führte der Weg und fordert mich auch heute noch heraus.
Die drei Stichworte meiner Biografie, welche die Öffentlichkeitsarbeit betreffen, heissen also kurz zusammengefasst: die Stadt Basel, das Basler Münster und das Schreiben über Personen, die irgendetwas mit Basel zu tun haben. Man könnte das Ganze auch auf ein einziges, kurzes, aber gewichtiges Stichwort reduzieren: Basel.

René Rhinow (geb. 1942)
«Der Tüchtige ist nicht allein»

Mein öffentliches Leben ist gekennzeichnet durch eine Kombination von Erstrebtem und glücklichen Fügungen. Ergo basiert auch das Erreichte auf diesen Faktoren. Das widerfahrene Glück bewirkt Demut und Bescheidenheit – der Tüchtige ist eben oft nicht allein, sondern er verdankt anderen viel, auch und gerade Menschen mit anderer Meinung! So war es auch bei mir. Nach meinem Studienabschluss berief mich mein Lehrer Prof. Kurt Eichenberger überraschend auf eine neu geschaffene Assistentenstelle an der Universität. Dort wurde der Grundstein für meine wissenschaftliche Laufbahn gelegt. Dass 1977 der Posten des Verwaltungsgerichtspräsidenten frei wurde, war für mich Zufall; die Wahl durch den Landrat verdankte ich nicht zuletzt den für mich weibelnden Freunden und Gesinnungsgenossen. Die Habilitation war Folge einer schweisstreibenden Arbeitsphase, sehr wohl erstrebt. Die Professur verdankte ich hingegen (auch) dem Umstand, dass an der Fakultät ein neues Ordinariat geschaffen wurde – eigentlich zu früh für mich, ich wäre gerne noch etwas länger am Gericht geblieben.

Und dann kam der Ruf der FDP, 1977 als Verfassungsrat und zehn Jahre später als Ständerat zu kandidieren – eine glückliche Fügung spielte auch hier mit: Mein Vorgänger Edi Belser trat nach seiner Wahl in den Regierungsrat bereits nach zwei Amtsperioden aus dem Ständerat zurück. Später, nach meinem Rücktritt aus dem Ständerat 1999, verfolgte ich die Idee, ein verlängertes Forschungssemester im Ausland zu verbringen. Doch es ereilte mich – auch hier überraschend – der Ruf, das Präsidium des Schweizerischen Roten Kreuzes zu übernehmen. Gütiges Schicksal! Ich knickte hoffnungsvoll ein, nicht zuletzt auf dringendes Anraten meiner Frau hin, weil sich doch in dieser Funktion mein juristisches, politisches und militärisches Vorleben ideal verbinden würden. Ich habe es nie bereut!

Vor der RS, im Frühjahr 1962, schwor ich zusammen mit einem engen Freund, im Militär sicher nie «weiterzumachen»; doch es kam anders. Ich entdeckte meine Freude an der Führung, die ich verstand als Motivation von anvertrauten Menschen auf ein Ziel hin, als glaubwürdiges Vorangehen, als Prozess der Kooperation, Koordination und Kommunikation. Auch hier habe ich meine über 2000 Diensttage nie bereut, sie waren Lehrplätz,

Croix-Rouge suisse
Schweizerisches Rotes Kreuz
Croce Rossa Svizzera

Freude und Bereicherung. Ob ich sonst etwas Schlaueres getan hätte? Wohl kaum ... Diese Führungserfahrung kam mir beim Roten Kreuz und in anderen Funktionen zugute.

In meinem vielfältigen Wirken an der Universität, in der Politik und im humanitären Engagement war es mir ein Anliegen, Verständnis für die «Anderen» zu schaffen, massvolle und differenzierte Lösungen anzustreben, auf Menschen zuzugehen, sie ernst zu nehmen, ihnen Respekt entgegenzubringen, auf breit abgestützte Konsensbildungen hinzuwirken. Als Liberaler verabscheute ich Lagerbildungen, Feindbilder, Polarisierungen, Denkverbote, Fortschrittsphobien, Respektlosigkeit, Diskriminierungen. Beim Freisinn war es mir ein Gräuel, wenn gewisse Exponenten vor lauter «frei» den Sinn aus den Augen verlören. Ich verstand und verstehe mich als Brückenbauer, zwischen Menschen mit unterschiedlicher Meinung, zwischen Wissenschaft und Praxis, Wissenschaft und Politik, Stadt und Land, den Landesteilen, im Roten Kreuz und – im übergeordneten Sinn – zwischen Tradition und Zukunft. Deshalb mein ebenso unentwegter wie oft erfolgsarmer Einsatz für Reformen staatlicher Strukturen. Mein schönstes Kompliment: Ein Oberbaselbieter Bauer erklärte mir mitten in einem Wahlkampf, warum er mir die Stimme gebe: Er teile zwar meine aussenpolitische Position ganz und gar nicht (ich war für den EWR-Beitritt), aber ich sei glaubwürdig. Das sei ihm das Wichtigste. Mir auch! Das motivierte und erfüllte mich mit grosser Freude. Ja, Glaubwürdigkeit und Respekt waren und sind Leitwerte, die ich angestrebt habe, in der Hoffnung, ihnen nahezukommen. Ob ich sie erreicht habe, müssen andere beurteilen.

Georg Kreis (geb. 1943) «Städtische Erinnerungen im Gelände des Baselbiets»

Die Gegenüberstellungen von Stadt und Land sind naheliegend und dennoch – teilweise – fragwürdig. In der Kulturwissenschaft wird zu Recht nach der Verflochtenheit (entanglement) der Dinge und Welten Ausschau gehalten. In vielen Landschäftlern steckt wohl mehr Stadt, als sie sich eingestehen. Als Städter habe ich keine Mühe zu deklarieren, dass mit Bio-Archäologie schnell einiges aus dem Baselbiet zum Vorschein kommt. Dazu nur ein paar Beispiele.

Anfangen kann ich mit meinem ersten Schatz. Er (bzw. sie) stammte aus Sissach. Da besuchte ich sie einmal mit einem klapprigen Velo und noch ohne ausgeschilderte Velowege, vielleicht 17 Kilometer hin, 17 Kilometer zurück. Dieser Schatz war ein Schulschatz und dieser ergab sich, weil wir zusammen im Prättigau (Schiers) das Lehrerseminar besuchten. Dies darum, weil das damals noch unterentwickelte Baselbieter Schulsystem keine Gymnasien und – da noch nix Nordwestschweizerische Fachhochschule – auch kein Lehrerseminar hatte. Die Hälfte der Klasse stammte aus dem

Baselbiet. Ein guter Schulkamerad stammte aus Diegten, wo sein Vater die örtliche Bäckerei betrieb. Die BL-Herkunft der männlichen Schülerschaft konnte man in den Turnstunden besonders gut wahrnehmen. Sie war besonders gut im Geräteturnen, hatte sozusagen permanent das weisse Magnesium an den Händen. Ich stellte mir vor, dass sie ihre Künste in ihren Gemeinden an den 1.-August-Abenden bei bengalischem Feuer vorführten.

Die Schierser Vergangenheit führt mich wegen der von Zeit zu Zeit abgehaltenen Klassenzusammenkünfte durch das zersiedelte Ergolztal mitunter ins höhere Baselbiet. Das letzte Mal gings nach Oltingen in die St. Niklauskirche, wo Kollege Andreas Weber, Lehrer von Gelterkinden und daselbst Bibliotheksverantwortlicher, die Geschichte der Kirche vorstellte und ein anderer Altschierser, Jörg Tschopp, als Organist auftrat. Fürs anschliessende «Jägerstübli» und den «Posamenter-Webstuhl» in Anwil (Ammel) blieb keine Zeit – die Stadt wollte mich frühzeitig wiederhaben!

Als Unterstufenschüler eines Basler Gymnasiums (RG) bin ich dem Baselbiet im Geografie-Unterricht begegnet. Vergeblich versuchte ich, anhand der vorgeführten Schwarz-Weiss-Lichtbilder von Fluren und Auen eine Vorstellung dieser Region zu entwickeln. Leicht besser ging es mit den Wiegenstempeln, wenn man in Examensarbeiten in das unbeschriftete Flussnetz gewisse Ortschaften eintragen musste: Waldenburg, Frenkendorf etc.

Wie ich das BL-Lehrerpatent, wie man sagt, in der Tasche hatte, und vielleicht verpflichtet war, in den ersten zwei Berufsjahren dem BL-Kanton zu dienen (und da ich ohnehin Geld für mein Studium verdienen musste), nahm ich eine in Binningen ausgeschriebene Stelle an, also in unmittelbarer Nachbarschaft zur Stadt. Das war ein anderes Baselbiet, kein Reckturnen und kaum noch Chriesi-Bäume, an die Stadt angeklebte Agglo ohne wahrnehmbare Grenzübergänge. Ländlich war da einzig, dass das klotzige Betonschulhaus den Namen Spiegelfeld trug und die Lehrer noch von der Gemeindeversammlung gewählt wurden. Ländlich waren vielleicht auch die Schulinspektoren, die vom fernen Liestal vorbeischauten, ob wir unsere Arbeiten gut machten. Ich wurde vom späteren BL-Regierungsrat Paul Jenni beaufsichtigt.

Irgendwo muss auch von der RS in Liestal die Rede sein, von den ewigen Ausmärschen auf die Sichtern, tags und nachts, von der Kampfbahn im Gitterli, aber auch von den Feierabenden im noblen «Engel» gleich gegenüber vom Kasernentor oder in der «Schützenstube» oder der Beiz mit dem sonderbaren Namen «Kanonenkugel». Die späteren WK führten mich immer wieder nach Sissach, weil unser Basler Bat. 54 da seinen Mobilisationsplatz hatte, wir unser Korpsmaterial bezogen, bevor wir mit den Velos (wieder am Haus des Schulschatzes vorbei) über die Schafmatt ins Aargauische strampelten.

Mit dem Wechsel an die Uni, von Binningen also in die Stadt, hatte ich im gemeinsamen Assistentenbüro (wir waren zu Viert) als unmittelbares Gegenüber Roger Blum. 1971 wurde er Landrat, und ich merkte, als ich mich auf meine Arbeit zu konzentrieren versuchte, wie wichtig in der Politik ausgiebige telefonische Gespräche zum Beispiel mit Alfred Oberer waren. Einmal gab es auch unter uns ein besonderes Thema zu besprechen: die Burgunderschale, die der Liestaler Strübin nach dem Sieg gegen Karl den Kühnen in Nancy «nach Hause» mitgenommen hatte und da im Laufe der Zeit mit problematischen Standbeinen «verschönert» worden war. Warum wir uns über dieses Prunkstück unterhalten hatten? Nicht darum, weil mein Vater, ein mit der Stadt engverbundener Goldschmied war und dazu einmal eine Kopie hergestellt hatte, sondern weil der über einen Putsch an die Macht gelangte Diktator der Zentralafrikanischen Republik Bokassa als Privatgast einer Wirtschaftsgruppe im Juni 1972 in der Hauptstadt des Baselbiets mit allen Ehren empfangen wurde und aus der Schale trinken durfte. Jungspund Roger Blum: Danach hätte die Schale eine besondere Reinigung nötig gehabt. Wer alles (ausser zum Beispiel ein paar altgediente Kiwanern am Gönnerkonzert vom 13. November 2016) inzwischen daraus getrunken hat, ohne zu wissen, in welcher Traditionslinie man sich da befand? Von Roger B. erfuhr ich nachträglich, dass Bokassa meinte, die Silberschale sei ein Geschenk an ihn, und beeilte sich, sie einzupacken. Man habe sie ihm wieder entwinden müssen. Seither wird nur noch eine Kopie der wunderbaren Schale herumgereicht, auch den Kiwanern.

An der neuen Baselbieter Geschichte war ich nicht beteiligt, sie wurde aber zu grossen Teilen in der Stadt und von der Stadt aus unter anderem auch von da ausgebildeten Baselbieter Historiker/-innen geschrieben. 1992 wollten wir es unter meiner Leitung den Baselbietern nachmachen, scheiterten aber grandios, weil uns nicht wie den Landschäftlern das wohlfeile Argument zur Verfügung stand, dass die kantonale Ehre es erfordere, einen kulturellen Rückstand aufzuholen.

Das 700-Jahr-Jubiläum der Basler Zunft zu Hausgenossen rief auf Betreiben des in Arisdorf wohnhaften Zunftmeisters Thierry Freyvogel, Biologieprofessor der Uni Basel, 1989 eine ausgiebige Diskussionsrunde zum Verhältnis BS/BL ins Leben, an der ich, warum auch immer, mitzuwirken eingeladen war. Da begegnete ich eminenten Baselbietern, zum Beispiel Paul Nyffeler, von dem ich noch immer die Klage im Ohr habe, die überheblichen Städter sähen in den Landschäftlern stets die ungebildeten «Burerammel». Vielleicht ging es in diesem Fall um die Beteiligung an den städtischen Theaterkosten. Die gutgemeinte Übung brachte meines Wissens die immer wieder schwierige Partnerschaft nicht weiter.

Selbstverständlich gehörten die Geschichte der beiden Halbkantone und die verschiedenen Wiedervereinigungsversuche zum Repertoire des Geschichtsdozenten (wie die Jurafrage, die Geschichte des Elsasses und die Konflikte in Nordirland, Bosnien und im Libanon). Im Unterricht war man gehalten, einigermassen neutral zu sein. Persönlich bedauerte ich es in früheren Zeiten, dass es 1833 zur Trennung gekommen ist, zurzeit bin ich aber nicht unglücklich, dass die Stadt eine eigene politische Einheit sein darf.

In einem dieser Seminare hatte ich auch einmal den ehemaligen Baselbieter Regierungsrat und Erziehungsdirektor Leo Leujeune als Dauergast, Zeitzeuge wie lernbereiter Altstudent in einem. (Seine Tochter Elisabeth war übrigens ebenfalls ein Schierser Klassenkamerädli.) Leujeune war ein vehementer Wiedervereinigungsbefürworter, sein Regierungsratskollege Paul Manz ein noch vehementerer Wiedervereinigungsgegner – aber beide hatten kein Baselbieterblut in den Adern, der eine war Zürcher, der andere Winterthurer. Das Baselbiet übt eben eine enorme Integrationskraft auf Zugewanderte aus.

Zur Gruppe der Baselbieter Schierser gehörte auch Felix Auer, mit dem ich über viele Jahre regen Kontakt hatte. Er war insofern ein typischer Regio-Bürger, als er in Bottmingen wohnte und in der Stadt in der Chemischen (Ciba) arbeitete, aber als Baselbieter im Nationalrat sass. Neuerdings gibt es immer wieder Begegnungen mit einem seiner Söhne, der als Lehrer am Gymnasium Oberwil unterrichtet und von Zeit zu Zeit an Veranstaltungen des Europainstituts der Universität teilnimmt. Denn Basel-Stadt und Basel-Landschaft liegen beide in Europa.

Jörg Schild (geb. 1948) Jenseits des Kantons

Ich bilde mir nicht ein, in Stadt und/oder Land irgendwelche Spuren hinterlassen zu haben. Im umgekehrten Sinne gilt dies jedoch umso mehr. Stadt und Land haben mein Leben in beträchtlichem Mass geprägt. Es war dies ein stetes «Hin und Her», ein «mal da, mal dort» und auch ein nicht immer einfaches «sowohl als auch».

So liest sich denn auch mein Lebenslauf im Zeitraffer: von Basel nach Liestal, zurück nach Basel und via Binningen erneut in die Stadt. Nach dem Start meines Sportlerlebens bei den Basler Old Boys ging es zweimal zwischen dem SC Liestal und dem RTV Basel hin und her. Sogar an der Fasnacht gab es ein Doppelleben mit Rotstab- und Wettstai-Clique. Im gleichen Stil verliefen auch meine Ausbildung und das anfängliche Berufsleben: vom Humanistischen Gymnasium ins Gymnasium nach Liestal und dann an die Uni, später von der Baselbieter Staatsanwaltschaft und Gerichten in Liestal und Sissach in den Basler Lohnhof. Dass zudem meine Ehefrau als Bürgerin vom «Tschoppenhof» aus Reigoldswil stammt, passt letztlich bestens in dieses Bild.

Wenn ich alle diese Stationen Revue passieren lasse, wird mir wieder einmal bewusst, wie oft ich dabei beim Überqueren der Birs eine nicht nur geografische Grenze passiert habe. Bundesrat Johann Schneider-Ammann sagte einmal in einem Referat: «Grenzen haben etwas Faszinierendes. Grenzen schützen und geben Sicherheit. Manchmal verhindern Grenzen aber auch.» Kürzer ausgedrückt würde ich meinen, Grenzen seien «schrötig, aber nötig». Wir sind zwar gerade in politisch weniger stabilen Zeiten aus Sicherheitsgründen dankbar für meist historisch, aber oft auch willkürlich entstandene Grenzen. Letztlich trennen sie aber nicht selten, was eigentlich zusammengehört, und sie fördern Vorurteile gegenüber denjenigen, die auf der anderen Seite der Grenze leben. Keine Angst, ich rede nun nicht der Wiedervereinigung der beiden Basel das Wort! Diese Frage ist für mich längst überholt, zu engkarriert gedacht und auch nicht mehr zeitgemäss. Letztlich kommt es sowieso stets in erster Linie auf die einzelnen Menschen diesseits und jenseits einer Grenze an, wie man miteinander umgeht. Gerade in jüngster Vergangenheit habe ich mich in diesem Zu-

sammenhang des Öftern geärgert und als ehemaliger Politiker auch geschämt, in welch schlechtem Stil politisch Verantwortliche über die (Halb-) Kantonsgrenze hinweg miteinander kommunizieren. So werden neue Grenzen aufgebaut, auf die wir getrost verzichten können.
Deshalb, ob Stadt oder Land: Wir leben nördlich der Jurakette in einer Region mit teils gleichen, teils ähnlichen Problemen. Diese können jedoch nur angegangen und einer Lösung zugeführt werden, wenn sie über jedwelche Grenze hinweg gemeinsam an die Hand genommen werden. Ich begreife und begrüsse es daher auch, dass verschiedentlich Diskussionen über Vorteile eines heute zwar noch als unrealistisch einzustufenden Kantons Nordwestschweiz die teilweise hemdsärmlig ausgetragenen Wiedervereinigungsstreitereien abgelöst haben. Dabei dürfen wir aber noch einen Schritt weiterdenken. Die gleichgelagerten Probleme enden ebenso wenig in Anwil oder Schönenbuch, in Zwingen oder in Bettingen. Nördlich des Juras reicht unser gemeinsamer Lebensraum vom Fricktal bis weit ins Markgräflerland und bis vor die Tore Mülhausens.
Es lohnt sich, für Problemlösungen über Grenzen jeglicher Art hinweg in unserer wunderschönen Region einzustehen. In diesem Sinne haben mich Stadt und Land geprägt.

Die Kantonsteilung («Kästheilet»): Städter und Bauer teilen den Kanton Basel mit Messer und Gabel. Lithografie von Ludwig Adam Kelterborn (1811–1878).

Der Städter: «O, herjemerli!/Was bliebt is für e glei Bitzeli!»
Der Bauer: «Muesch mer nüt in Uebel ufnämme:/Wemmer eppe nümme däte zämme kämme.»

Peter Schmid (geb. 1951) «Wunderfitz und Redeblitz»

«Wunderfitz und Redeblitz» – so lautet der Titel eines Frühförderprogrammes für Fremdsprachige. Frühförderprogramme brauche ich nicht mehr. Fremdsprachig bin ich nicht; ein grosser Freund des zweckfreien Wunderfitzes aber schon. Das Stilmittel der öffentlichen Rede ist mir vertraut.

Der eigenen «Wirkung» geht voraus, was auf uns einwirkte. Prägend waren das Förderprogramm der Staatsschule und die Bereitschaft meiner Eltern, die klassischen Instrumente zu unterstützen. So durfte ich den Pestalozzi-Kalender und das Schatzkästlein bestellen und jährlich einige SJW-Hefte erwerben. Dazu kam der Tierschutzkalender. Für mich ergänzten zwei weitere Urlesewerke den Zugang zum lebenslangen Lesen: die Schulbibel und «Wilhelm Tell» von Schiller. Beide kannte ich im Bubenalter nahezu auswendig – weshalb weiss ich nicht mehr –, vielleicht zeichnete sich schon damals meine Neigung zum zweckfreien Wunderfitz ab. Aus dem Pestalozzi-Kalender lernte ich jeweils die sieben Bundesräte – damals noch ausschliesslich Männer. Ein erster Hinweis auf den Weg in die Berufspolitik? Im Schatzkästlein waren wunderbare literarische Erstlingstexte zu lesen – Ausgangspunkt meiner lebenslangen Lesebegeisterung? Die Schulbibel als Portal zu meiner Liebe zur Theologie? Der Tierschutzkalender als Vorstufe zu meinem Einsatz bei den Freunden des Zoos Basel?

Ich weiss nicht, ob solche Zusammenhänge wirklich bestehen – im Rückblick will es mir so scheinen. Den Zufall schliesse ich nicht aus. Schwere Schicksalsschläge und scharfe Brüche blieben mir in meinem bisherigen Leben erspart. Ich hatte bis heute viel Glück, ausreichend Anerkennung und fühle mich verbunden mit einem belastbaren Netz in Ehe, Familie und Freundeskreis. Das ist beileibe kein persönliches Verdienst – andere Menschen bemühen sich auch und geraten dennoch auf die Schattenseiten des Lebens. Ich bin evangelischer Christ und Sozialdemokrat. Gottvertrauen nährt meine zumeist optimistische Grundstimmung; Glaube und politische Einstellung helfen mir, die gegenwärtige politische Grosswetterlage nicht als die einzig mögliche zu betrachten und für Welt und Menschheit weiterhin zu hoffen – auch für die überschaubare Welt, jener meiner drei Enkelkinder zum Beispiel.

Über mein «Wirken» soll ich hier schreiben; über meine «Wirkung» auch. Da kommen mir zuerst die Mitwirkenden in den Sinn. Davon gab es in grosser Zahl – ohne Aufbau sind Tore nur ausnahmsweise zu schiessen. Ich habe die erste Reihe nicht gescheut; dabei aber nie vergessen, wie wichtig das anregende mitmenschliche Umfeld ist.

Zeitgleich mit der Wirkung kommen die Nebenwirkungen. Solche gab es auch: Fehler, Irrtümer, ungnädige Urteile über Mitmenschen. Von ganz grossen Dummheiten weiss ich wenig; die kleinen genügen vollauf, sie wurmen mich – wenn auch nur vorübergehend.

Ich beschränke mich auf das öffentliche Wirken in Politik und Hochschule. Auf die heutige Arbeit für Kirche, Kunst und Kultur sowie Wirtschaft gehe ich hier nicht ein.

Sehr jung wurde ich in den Landrat, das Kantonsparlament des Kantons Basel-Landschaft, gewählt. Meine erste parlamentarische Aktivität galt dem Kampf gegen die Einrichtung einer «Interkantonalen Mobilen Polizei»

(IMP). Die föderale Organisation der Polizei schien uns ausreichend zu sein. Wir hegten den Verdacht, dass da ein Instrument gegen politische Demonstrationen eingerichtet werden sollte. Von den heutigen Bedrohungslagen durch Terrorismus wussten wir noch wenig. Bleibende Wirkung erzielte der Einsatz für ein modernes Gesetz zur Förderung des öffentlichen Verkehrs. Der regierungsrätliche Entwurf genügte uns nicht. Deshalb entschlossen sich drei Landräte aus drei verschiedenen Parteien dazu, einen parlamentarischen Entwurf vorzulegen.

Später folgten die vierzehn Jahre als Regierungsrat; immer als Vorsteher der Erziehungs- und Kulturdirektion, zuständig auch für den Sport. Mein absolutes Wunschdepartement. Mit einem Schlag hatte ich einfachen Zugang zu allen Wissensgebieten und zu Kunst und Kultur. In meinem Büro hinterliessen meine Vorgänger eine Gesamtausgabe der Werke Pestalozzis. Ich las intensiv darin, in der irrtümlichen Meinung, das sei Pflichtlektüre im Bildungswesen. Weit gefehlt, die Pestalozzi-Lesenden waren arg in der Minderheit. Ursprünglich plagte mich die Sorge, ich könnte als Regierungsmitglied den Kontakt zu den Leuten verlieren. Das Gegenteil war der Fall, ich lernte viele Menschen kennen, deren Lebenshintergründe mir ohne mein Amt fremd geblieben wären.

Es war eine gute Zeit in der Regierung, die Kollegin und die Kollegen mochten sich etwas gönnen, man freute sich über Erfolge der andern, in der Meinung, dass dadurch die Regierung als Ganzes in einem guten Licht erscheint. Natürlich gab es unterschiedliche politische Meinungen, aber zugleich den Gestaltungsehrgeiz, den Kanton voranzubringen. Dazu muss sich Baselland stets etwas anstrengen – von sich aus und ohne gezieltes Wollen ist das Baselbiet nicht gar so bedeutend.

Mein Thema war gewiss die Partnerschaft zwischen Baselland und Basel-Stadt. In Binningen ganz nahe an der Kantonsgrenze aufgewachsen, war und blieb ich stets ein Beider-Basler. Noch schlimmer, ich empfand selbst die beiden Basler Kantone zusammen nicht zwingend als den Angelpunkt der Welt. Etliches wurde möglich: der Universitätsvertrag als wichtiger Meilenstein hin zur späteren Universität beider Basel; der Fachhochschulvertrag für die Fachhochschule beider Basel (FHBB); der Kulturvertrag zur Mitfinanzierung kultureller Einrichtungen in der Stadt Basel. Diese Projekte mussten kräftig vorangetrieben werden, aber es war weit weniger schwierig, als dies aus heutiger Sicht erscheinen mag. Unterstützung gab es aus allen politischen Lagern!

Aber auch innerhalb des Baselbietes wurde so manches möglich: ein neues Stipendiengesetz, Sportförderungsgesetz, der Ausbau der Berufsbildung, die erste Berufsschau zusammen mit der Wirtschaftskammer Baselland. Wichtig auch der Ausbau der Römerstadt Augusta Raurica und der erfolgreiche Abschluss des zeitlich befristeten Geschichtsforschungsprojektes.

Schliesslich ein einmaliges Erlebnis: das ETF 02 – das eidgenössische Turnfest im Baselbiet. Es ist wohl die überraschendste Station meines Lebens – nie hätte ich zuvor gedacht, dass ich einst OK-Präsident eines solchen Anlasses werden könnte. Die jahrelange Arbeit wurde durch den beachtlichen Erfolg entschädigt.

Eher überraschend wurde ich nach meinem Rücktritt aus der Regierung Präsident des Fachhochschulrates der FHBB. Es kam Bewegung in die noch junge Geschichte der Fachhochschulen in der Schweiz. Die Kantone Aargau, Baselland, Basel-Stadt und Solothurn beschlossen die Gründung der Fachhochschule Nordwestschweiz (FHNW) und über Nacht wurde ich Vorsitzender der Projektsteuerung für die breit angelegte Fusion im Hochschulbereich. Eine grosse Kiste, darf man wohl sagen. Mir war es wichtig, einen guten Draht zu den Mitarbeitenden und den Studierenden aufzubauen. Mit den Spitzen ihrer Organisationen pflegten wir intensive, vertrauensvolle Kontakte. Auch deshalb ist die Sache gelungen. Mit besonderer Freude erfüllt es mich, dass wir an der FHNW einen Gesamtarbeitsvertrag mit den Mitarbeiterorganisationen abschliessen konnten. Nach wie vor sehe ich in der gelebten Sozialpartnerschaft einen Erfolgstreiber. Dank dem Einsatz vieler steht sie buchstäblich, die FHNW; buchstäblich deshalb, weil die eindrücklichen Neubauten nicht zu übersehen sind.

Summa summarum: Die Dinge interessierten mich, weil sie interessant waren.

Christoph Eymann (geb. 1951)
Jenseits der üblichen Kantons- und Bundespolitik

Wir kennen sie aus dem eigenen Leben, sicher aber aus Büchern oder aus Filmen – die Begegnungen, die uns prägen. Im Jahre 1991 hatte ich eine solche Begegnung. Von meinem Parteifreund Hansruedi Bachmann – einem Kommunikationsfachmann mit einem äusserst feinen Gespür nicht nur für politische Themen – erfuhr ich von einem Vortrag von Bruno Manser im Botanischen Institut der Universität Basel. Hansruedi war begeistert von den Ideen und Taten von Bruno Manser. Dessen Engagement in Sarawak gegen die Abholzung des Tropenwaldes und für die Rechte der Penan, ein Volk von Ureinwohnern, über das ich mich vor dem Anlass informiert hatte, war schon allein von der schriftlichen Information her beeindruckend.
Die persönliche Begegnung mit Bruno Manser bei jenem Anlass war für mich etwas Besonderes. Ein Mensch, der Ideale hat, sich für diese enorm einsetzt, den Tatbeweis erbringt, wie wichtig ihm seine Ziele sind, und dennoch nie missionarischen Eifer zeigt, das war atypisch. Mein Klischee des Umweltaktivisten war ein anderes (was es auch angezeigt erscheinen lässt, ein Klischee hin und wieder zu überprüfen ...).
In seinem Vortrag zeigte Bruno Manser, wie dramatisch die industrielle Rodung in Sarawak vorangetrieben wird. Er erklärte auch die lebensbedrohenden Auswirkungen für die Ureinwohner. Die harten Kritiken gegen Bruno Mansers Schilderungen – er wurde von Vertretern der Holzindustrie, welche in Sarawak Konzessionen zur Abholzung erhalten hatten, der Lüge bezichtigt – schufen ein unangenehmes Klima im Hörsaal. Die Ruhe und die Überlegenheit, mit der Bruno Manser entgegnete, hätten zum Vorbild für Kommunikations-Trainings dienen können.
Nach dieser ersten Begegnung war für mich klar, dass ich mich – im Rahmen meiner Möglichkeiten – für die Ziele, die Bruno Manser verfolgte, einsetzen werde.
Mit Bruno Manser hat sich auch der Basler Arzt Martin Vosseier, den ich als Kollegen im Grossen Rat Basel-Stadt kannte, solidarisiert. Anlässlich der Fastenaktion, welche diese beiden vor dem Bundeshaus durchführten, kam es zu mehreren Begegnungen. Beide wollten ein Importverbot von Tropenholz erreichen. Bundesrätin Ruth Dreifuss zeigte in der von den Me-

dien stark kommentierten Strick-Aktion ihre Verbundenheit mit Bruno Manser und Martin Vosseier. Ich wurde gebeten – in meiner Funktion als Nationalrat –, ein Treffen mit Bundesrat Jean-Pascal Delamuraz zu ermöglichen. Sein Departement war für das Dossier Tropenholz zuständig. Delamuraz war sofort bereit, beide zu einem Gespräch einzuladen. In seinem Büro nahmen beide Platz, in freundlicher Absicht und nicht etwa zynisch fragte der Waadtländer Bundesrat, ob er beiden ein Glas Weissen offerieren dürfe. Höflich lehnten Bruno Manser und Martin Vosseier, die während Tagen nur Wasser und Honig zu sich genommen hatten, das Angebot ab. Das fröhliche Lachen von Bruno steckte auch den Bundesrat an, der nachträglich merkte, dass er zwar freundlich, aber wenig zur Situation passend agiert hatte.

Dieses Gespräch und weitere führten dazu, dass die Zielsetzung geändert wurde. Mit einer obligatorischen Deklaration der Herkunft des Holzes – statt mit einem Importverbot – kann die Kundschaft sensibilisiert werden. Die Nachfrage für einen Besen, der aus Tropenholz-Raubbau stammt, dürfte in Schweizer Läden nicht gross sein. Die Unterstützungsbereitschaft im Nationalrat wuchs, Hugo Wiek und Theo Meyer, Nationalräte aus Basel-

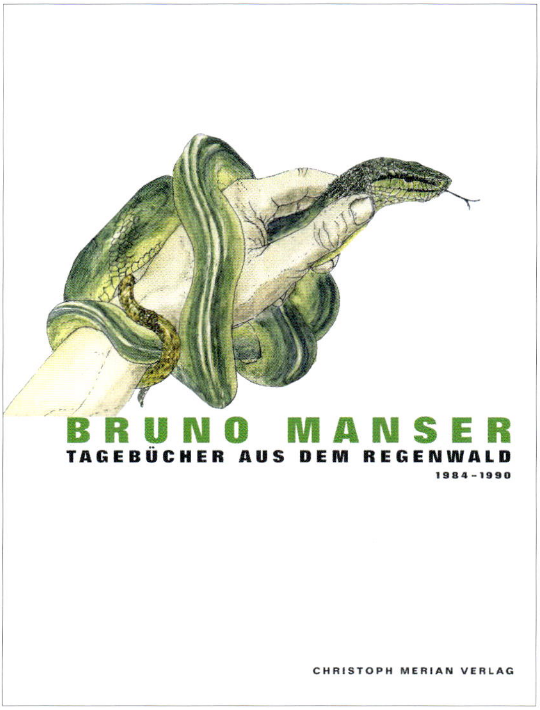

Die Tagebücher von Bruno Manser sind im Christoph Merian Verlag in drei Auflagen erschienen, derzeit sind sie vergriffen. Es ist geplant, Ende 2018 zum Start des Spielfilms über Bruno Manser die Gesamtausgabe der Tagebücher wieder aufzulegen.

Stadt und Basel-Landschaft, engagierten sich sehr aktiv und nahmen auch an einer Reise teil, die wir in einem Treffen mit einem Vertreter der Regierung von Malaysia vereinbart hatten.
Als damaliger Direktor des Gewerbeverbandes Basel-Stadt konnte ich auch Treffen zwischen Gewerbetreibenden und Bruno Manser ermöglichen. So waren die Fensterbauer bereit, statt dem besonders harten Tropenholz für gewisse Teile der Fenster künftig Metall zu verwenden, die Holzindustriellen hörten sich interessiert an, was sie bisher über die Herkunft des Holzes nicht wussten oder beachtet hatten. Bruno Manser fand offene Ohren und wohl auch Herzen. So wurde er von einem Berufsverband auf dessen Verbandsausflug eingeladen.

Es folgten noch einige weitere Treffen. Ich versuchte, die Ziele von Bruno Manser in die eidgenössische Politik zu tragen, mein Erfolg war mässig. Von Bruno Manser habe ich viel gelernt. Seine sympathische Hartnäckigkeit, sein Einsatz für Gerechtigkeit, für selbstbestimmte Lebensform, für den Erhalt der Mitwelt, für Menschenrechte sind beispielhaft. Seine Ideale inspirierten mich auch, einen Vorstoss einzureichen, der die Aufnahme der Nachhaltigkeit in die Bundesverfassung verlangt und der umgesetzt wurde. Ich bedaure noch immer, dass ich damals – es muss irgendwann im Frühjahr 2000 gewesen sein – nicht aus einer Besprechung beim Gewerbeverband Basel-Stadt hinausmarschiert bin, als mir eine Mitarbeiterin sagte, Herr Manser sei da. Es wäre die letzte Begegnung mit Bruno Manser gewesen. Wir wissen, dass er von seiner damaligen Reise nach Sarawak nicht zurückgekehrt ist.
Ein Lichtblick ist, dass ganz offensichtlich sein Einsatz Wirkung zeigt: Unlängst besuchte ich mit einer Delegation des Bruno Manser-Fonds und einer Vertretung der Regierung von Sarawak ein Bundesamt, um über mögliche Unterstützung heutiger Anliegen des Bruno Manser-Fonds und der indigenen Bevölkerung zu sprechen. Offenbar sind die lokalen Behörden von Malaysia der Schaffung eines Parks, in dem nicht abgeholzt werden darf, heute nicht abgeneigt. Was Bruno Manser vor fast 30 Jahren forderte und wofür er den grösstmöglichen Einsatz geleistet hat, scheint zaghaft realisierbar.
Ich wünschte mir, dass Bruno Manser – wo immer er auch ist – mitbekommt, wie sehr seine Anliegen weiterverfolgt werden und wie sich auch erste Erfolge seines Wirkens zeigen.

Marcel Tanner (geb. 1952) porträtiert von Lukas Meier: «Wer nur Visionen hat, sollte zum Psychiater»

Ebola-Krise, Malaria-Impfung, Medikamente gegen Krankheiten der Armut: Marcel Tanner ist einer der gefragtesten Gesundheitsexperten weltweit. Der ehemalige Direktor des Schweizerischen Tropen- und Public Health-Instituts (Swiss TPH) sprach über Sternstunden seiner akademischen Karriere und die Schönheit der Natur.
«No roots, no fruits.» Marcel Tanner versteht es, in einem prägnanten Satz auszudrücken, wofür andere Enzyklopädien benötigen. Seine Karriere verdankt der Epidemiologe nicht nur wissenschaftlicher Exzellenz. Genauso prägend war das Lernen von anderen Menschen – in der Schweiz und über kulturelle Grenzen hinweg.

Diegten, Baselland, 1950er-Jahre
An den Wochenenden und während der Ferien seiner Kindheit ging es in die Natur. «Lumpi», der Hund, sprang vorne weg, sein Grossvater hatte die Flinte geschultert, geschossen wurde nichts. Grossvater lehrte ihm die Namen von Pflanzen, er bestimmte die Vögel, die am Himmel über Diegten kreisten. Und er erzählte von seiner politischen Arbeit als Landrat und Verantwortlicher für die Armenfürsorge im Landkanton. «Diese Spaziergänge in meiner Kindheit haben mich stark geprägt», sagt Tanner. «Sie richteten meinen Blick aufs Ökosystem und soziale Fragen.» Für ihn war klar: Er wollte Medizin studieren. Doch dazu kam es nicht. Marcel Tanner besuchte die Handelsschule in Basel, dann schrieb er sich für ein Studium der medizinischen Parasitologie am Schweizerischen Tropeninstitut in Basel ein. In seiner Dissertation beschäftigte er sich mit der Kultivierung von Trypanosomen, den Erregern der Afrikanischen Schlafkrankheit.

Kamerun 1979
Marcel Tanner und sein Doktorvater waren auf der Suche nach Antigenen, um am Tropeninstitut bessere Diagnostika gegen die Flussblindheit zu entwickeln. Jeden Morgen fuhren sie mit einem mobilen Operationsteam in die Dörfer und operierten kleine Knoten aus der Haut der Patienten. Und verabreichten Medikamente gegen die Krankheit. Der Kontakt mit der Dorfbe-

völkerung führte zu einer wichtigen Einsicht: «Mir wurde klar, dass die Menschen noch andere Probleme hatten als Knoten unter der Haut, die sich mit scharfen Klingen entfernen liessen», erinnert er sich. Die Dorfbevölkerung litt an Malaria, Atemwegserkrankungen, Durchfall und faulen Zähnen, die Häuser waren ohne Strom, die Frauen schöpften das Trinkwasser aus einem abgelegenen Fluss. Diese Erkenntnis führte ihn weg von der Infektionsbiologie im Labor zur Epidemiologie und Public Health.

Ifakara, Tansania, 1981–1984

1981 wurde der damals knapp 30-jährige Marcel Tanner zum Leiter des Feldlabors des Tropeninstituts in Ifakara ernannt. Seit 1957 war das Tropeninstitut in der kleinen Stadt im ländlichen Kilombero-Distrikt in Tansania tätig. Eine von der Basler Industrie errichtete Schule für Medical Assistants und das St. Francis-Spital kümmerten sich um die Ausbildung von tansanischem Gesundheitspersonal sowie um die medizinische Behandlung von Patienten. Das Spital, die Schule, das Feldlabor. Jedes dieser Elemente stand für sich allein und etwas erratisch in der tansanischen Landschaft. Marcel Tanner entwarf ein Programm, das diesem Dreieck von Lehre, Forschung und Dienstleistungen Kohärenz verlieh. Sein Ziel: Forschungsresultate direkt bei der Bevölkerung in der ländlichen Region umzusetzen. «Heute haben alle immer nur Visionen», sagt Tanner. «Doch wer nur Visionen hat, sollte zum Psychiater.» Tanner liess seinen Ideen Taten folgen. Er knüpfte Kontakte zu der tansanischen Regierung, förderte die Zusammenarbeit mit den betroffenen Menschen im Kilombero-Distrikt und ermöglichte ersten einheimischen Wissenschaftlern eine Karriere am Feldlabor, das er über die Jahre der Zusammenarbeit und Partnerschaft zum Ifakara Health Institute (IHI) entwickeln sollte.

Erfolgreiches Swiss TPH

Das Konzept von integrierter Lehre, Forschung und Dienstleistungen setzte Marcel Tanner nach einer Public-Health-Ausbildung in London auch als Direktor des Schweizerischen Tropeninstituts in Basel erfolgreich um. Unter seiner Leitung entwickelte sich das Institut von einem überschaubaren Lehr- und Forschungsbetrieb in ein international anerkanntes Global-Health-Institut. Über 700 Mitarbeitende aus aller Welt arbeiten heute für das Swiss TPH; über 60 Studierende erwerben sich jährlich die Doktorwürde und an die 600 Publikationen gehen jedes Jahr auf das Konto des Instituts. Doch Tanner ging es vor allem auch darum, den Nachwuchs aus weniger privilegierten Wissenschaftsstandorten in Afrika und Asien zu fördern. «Die Ausbildung junger Studierender war mir immer wichtiger als diese unmöglichen

Impact-Factors und andere moderne Ratings, welche die Forschenden in eine falsche Richtung lenken und echtes Miteinander verunmöglichen», sagt er.

Renommierter Malaria-Forscher

Marcel Tanner ist einer der weltweit renommiertesten Malaria-Forscher. Er war zentral beim Aufbau sogenannter «public private partnerships» (PPPs), um die Entwicklung von neuen Wirk- und Impfstoffen gegen die Krankheit zu beschleunigen. Er ist Träger etlicher Preise und Ehrendoktorwürden, sitzt in allen massgeblichen Gremien der WHO und zuweilen am Frühstückstisch mit Bill Gates. Tanner beantwortet über 200 E-Mails zu allen Tages- und Nachtzeiten und verbringt so viel Zeit in einem Flugzeug wie andere auf ihrem Bürostuhl. Was treibt ihn an? Die Freude an seiner Arbeit springt auf alle über, die nur eine Minute in seiner Nähe verbringen. «Ich musste nie wirklich arbeiten, sondern konnte immer tun, was mir Spass machte, und ich gewinne die Kraft aus meiner lieben, stimulierenden Familie, die mich nicht nur stützt, sondern anregt», pflegt er zu betonen.

Faszination Natur

Doch ebenso wichtig wie Spass an der Arbeit ist die pure Faszination für die Natur. Der Malariaparasit Plasmodium falciparum ist natürlich gefährlich: Wie sollte es auch anders sein bei einem Einzeller, der jährlich eine halbe Million Menschen tötet? Doch für Tanner ist er in erster Linie ein faszinierendes Lebewesen, das einen komplexen Lebenszyklus in der Mücke und im Menschen vollzieht. Diese Lebensweise zu verstehen und darüber zu staunen und damit «gwunderig» zu werden, ist sein wahrer Antrieb. Zu staunen über die Vollendung der Natur, wie es ihm damals als kleiner Junge auf den Spaziergängen in Diegten beigebracht wurde.

Foto: Hugo Jaeggi

Dominik Wunderlin (geb. 1953) Überraschen, Sinne ansprechen, Emotionen wecken

Zugegeben: Als ich – sagen wir – gegen zwanzig Jahre alt war, machte ich mir keine Gedanken um meine Zukunft. Karriereplanung war für mich ein Fremdwort – und ich frage mich sogar, ob man damals, in der Nach-68er-Zeit und vor der Ölpreiskrise von 1973, dieses Wort überhaupt brauchte. Klar: Man wurde gefragt: «Was möchtest du werden?» Oder noch konkreter: «Was möchtest du studieren?» Das hatte ich allerdings rasch für mich entschieden, und ich wusste, dass ich etwas vielleicht «Brotloses» studieren möchte. Archäologie hatte mich schon als Kind interessiert, denn was war ich doch an schulfreien Nachmittagen auf Burgstellen im weiteren Umkreis von Liestal und sogar oft mit einem «Steiff»-Trottinett (da gab es keine platten Reifen) nach Augusta Raurica gerollt. Aber schon in der Primarschule – vor allem bei Lehrer Carl August Ewald – entdeckte ich meine Freude an Geografie und Geschichte und zudem fand ich etwas spannend, das ich damals noch nicht in eine Schublade tun konnte, sich aber viel später als das Studienfach Volkskunde entpuppte.

So belegte ich also an der Universität Basel die Fächer Volkskunde, Geschichte und Geografie, wobei ich mich hier bald explizit für die Humangeografie (bei Werner Gallusser und Erich Schwabe) entschieden habe. Ich wusste natürlich, wie die Berufsfelder eines Hauptfach-Volkskundlers aussehen: in der Lehre verbleiben, in einer Bibliothek oder in einem Museum tätig werden oder Medienschaffender werden. Nun, ich konnte mir alles vorstellen. Letzteres sowieso, denn ich habe mir doch schon als Gymnasiast ein Zubrot verdient mit dem Schreiben von Berichten für die Regionalpresse – von der Ladeneröffnung über die modernen Goldsucher am Napf bis zu Landratssitzungen und regierungsrätlichen Medienkonferenzen. Ich war für alles einsetzbar, ausser für die Berichterstattung vom Sportplatz. Und ich machte auch Erfahrungen in den elektronischen Medien. So habe ich bereits mit 22 Jahren – und das hiess damals etwas – eine erste längere Radiosendung machen können: Das Thema war Hirtenmusik in Italien und präsentierte die Dudelsackmusik in ihren verschiedenen regionalen Ausprägungen.

Den Journalismus sah ich ganz klar als möglichen künftigen Broterwerb. Ich konnte mir aber auch vorstellen, nach dem Studium das Seminar zu machen und Lehrer zu werden. Deswegen besuchte ich so viele Lehrangebote, die es mir auch erlaubt hätten, später als Oberlehrer für Geschichte und Geografie tätig zu werden. Hier ist also doch so etwas wie «Karriereplanung» erkennbar. Zunächst setzte ich mich an meine Doktorarbeit und verdiente daneben Geld als redaktioneller Mitarbeiter, später als Redaktor der Sissacher «Volksstimme». Und schliesslich profitierte ich von der studienbegleitenden Ausbildung in Museumsarbeit bei Theo Gantner im Schweizerischen Museum für Volkskunde: Kurz danach holte mich nämlich Jürg Ewald, Leiter des Kantonsmuseums Baselland, ins Projekt «Baselland unterwegs», die Wanderausstellung zum Kantonsjubiläum, und zur Mitarbeit für die Dauerausstellung über das Seidenband. Ausserdem hatte ich ein Mandat am Spielzeug- und Dorfmuseum Riehen, wo ich am Katalog arbeitete und auch eine Ausstellung realisierte, ja viel später (1990–1992) sogar die Neuaufstellung des Spielzeugmuseums und des Rebkellers kuratierte. 1980 durfte ich dann eine 50-Prozent-Stelle – sie wurde 1997 auf 100 Prozent aufgestockt – als Konservator am Schweizerischen Museum für Volkskunde antreten. Als akademisch geschulter Volkskundler eine Stelle in jenem Museum zu bekommen, das im Fach ein nationaler Leuchtturm ist (und dies nicht zuletzt auch wegen der Internationalität der Sammlung und der Verbindung zur aussereuropäischen Ethnologie unter dem gleichen Dach), das kann nur als Riesenglück bezeichnet werden. Der Schlussakkord: 2009 wurde ich zum stellvertretenden Direktor des Museums der Kulturen berufen. Während meiner Tätigkeit am Museum habe ich neben der Arbeit am Katalog und den Sammlungen rund fünfzig Ausstellungen realisiert. Mit ausgewählten Themen wollte ich das Publikum für spezielle Fragestellungen interessieren und auch mögliche Antworten geben. Gerne überraschte ich mit Aspekten, die man bisher nicht gesehen hatte, gerne versuchte ich auch verschiedene Sinne anzusprechen und Emotionen zu wecken. Ich glaube, dass mir dies sehr gut 2001 bei der Schoggi-Ausstellung gelang, wo Augen, Ohren, Nase und Gaumen voll auf ihre Rechnung kamen; bei meiner allerletzten Ausstellung «Vom Zimt zum Stern» erreichte ich, dass aufgrund der Exponate und der Gewürzgeruchsstationen viele Leute bekundeten, dass sie jetzt gleich nach Hause wollten, um «Gutzeli» zu backen.

Nun brach am 1. Mai 2017 ein neuer Abschnitt in meinem Leben an. Vieles wird aber nicht neu sein, denn manche Tätigkeit in ehrenamtlicher Funktion werde ich weiterführen, sei dies in der Gesellschaft für regionale Kulturgeschichte mit ihren «Baselbieter Heimatblättern», sei dies in Sachen Johann

Peter Hebel oder rund um Bild-Druck-Papier, sei es im internationalen Netzwerk der Geschichtsvereine, im Haus zum Dolder in Beromünster oder beim universitätsnahen Alemannischen Institut in Freiburg. Anderes kommt nun neu hinzu wie eine Position im Vorstand der Offenen Kirche Elisabethen und bei der Académie des Sciences, Lettres et Arts d'Alsace. Auch neue Ausstellungen sind in Sicht und einige Buchunternehmungen. Wie haben mir doch nicht wenige Leute gesagt, als sie von meinem Schritt ins dritte Lebensalter gehört haben: «Dir wird es sicher nicht langweilig werden.»

Bruno Baur (geb. 1955)
Biodiversität erhalten und fördern

Wie lassen sich Erkenntnisse aus Forschungsprojekten in der Praxis umsetzen? Liefern meine eigenen Forschungsprojekte auch einen Beitrag zur Lösung von Praxis-relevanten Problemen? Diese Fragen beschäftigten mich zunehmend, als ich – unterstützt von einem Nationalfonds-Stipendium – als junger «post-doc»-Forscher am Zoologischen Institut der Universität Uppsala in Schweden arbeitete. Es war die Zeit des «Waldsterbens», der Nuklearkatastrophe in Tschernobyl (26. April 1986) und der Sandoz-Brandkatastrophe in Schweizerhalle (1. November 1986). Mein Gastland Schweden litt sehr stark unter dem Atomkraftwerkbrand in der Ukraine. Durch den Brand gelangten radioaktive Stoffe in die Erdatmosphäre und wurden mit dem Wind verfrachtet. Einige Tage später wurden diese durch Regen über Lappland ausgewaschen. Jahrzehntelang waren dort der Boden und die darauf wachsenden Pflanzen und Flechten radioaktiv kontaminiert. Rund 73 000 Rentiere mussten getötet und entsorgt werden. Entsetzt war man in Schweden auch über die Brandkatastrophe bei Schweizerhalle: Wie kann so etwas in einem hoch entwickelten, reichen Land passieren?

Als Ökologe und Populationsbiologe faszinierten mich bis dahin Fragestellungen, die im Bereich der Grundlagen-Forschung angesiedelt waren und deren Ergebnisse nicht unmittelbar umgesetzt werden konnten. Die erwähnten Ereignisse dürften aber dazu beigetragen haben, dass ich begann, Umweltveränderungen und -zerstörungen bewusster wahrzunehmen. Fortan beschäftigte ich mich intensiver mit umsetzungsorientierter Forschung. In der ersten noch in Schweden durchgeführten Studie untersuchte ich zusammen mit meiner Frau den Barriereneffekt von unterschiedlich breiten Strassen auf die Ausbreitung von Tieren. Wir konnten zeigen, dass schon acht Meter breite Strassen mit grosser Verkehrsdichte von flugunfähigen wirbellosen Tieren kaum mehr überquert werden können, was einen Einfluss auf das langfristige Überleben der Populationen hat.

Später, als Assistent am Zoologischen Institut der Universität Basel und ab 1995 als Professor für Naturschutzbiologie, standen die Auswirkungen von Lebensraumzerstückelung, der Einfluss von intensiven Erholungs- und Sportaktivitäten auf naturnahe Lebensräume (Wald, Felsflühe) sowie von eingeführten exotischen Arten, die invasiv werden, auf die heimische Biodiversität im Fokus meiner Forschungstätigkeiten.

Als Student lernte ich, dass (Bio-)Diversität das quantitative Erfassen der verschiedenen Arten in Lebensgemeinschaften bedeutet. In den 1980er-Jahren, als die Bedrohung der biologischen Vielfalt immer mehr ersichtlich wurde, entstand der Begriff «Biodiversität», der auch gleichzeitig die Erarbeitung von Schutzmassnahmen beinhaltete. Diese relativ restriktive wissenschaftliche Bedeutung von Biodiversität wurde aber innert kurzer Zeit erweitert. Mit dem an der UNO-Konferenz über Umwelt und Entwicklung in Rio de Janeiro im Jahre 1992 verabschiedeten Übereinkommen wurde mit «Biodiversität» ein zusätzliches Zielpublikum angesprochen, nämlich politische Entscheidungsträger und die Öffentlichkeit. In der Konvention werden drei Hauptziele festgehalten: der Schutz der biologischen Vielfalt, deren nachhaltige Nutzung und die gerechte Verteilung der sich aus der Nutzung ergebenden wirtschaftlichen Vorteile. Die Biodiversitätskonvention ist eng mit dem Konzept der nachhaltigen Entwicklung verknüpft, stellt aber eine ökonomische Argumentation in den Vordergrund, mit der Annahme, dass derartige Argumente überzeugender sind als rein ökologische oder ethische. Biodiversität ist also weit mehr als ein neues Fachgebiet der Biologie. Biodiversität umfasst die ökonomische Nutzbarkeit der Natur, beinhaltet aber auch Aspekte der sozialen Gerechtigkeit sowie Schutzbestimmungen. Somit integriert Biodiversität auf faszinierende Weise Zahlen, ökologische Zusammenhänge, Wertungen und Forderungen. Mit einem einzigen Begriff wurde eine Verbindung zwischen der biologischen Vielfalt und ihrer Erforschung, Bedrohung, Erhaltung und Nutzung hergestellt.

Eine anthropozentrische Betrachtungsweise der Biodiversität setzt ihre Nutzbarkeit ins Zentrum und zielt auf die «Dienstleistungen» ab, die sie zum Gebrauch und Genuss durch den Menschen bereitstellt. So erbringt die Biodiversität der verschiedenen Ökosysteme immense Dienste für die Menschen. Wälder binden Kohlenstoff aus dem aufgenommenen Kohlendioxid (CO_2) und geben Sauerstoff frei, verhindern Erosion und das Abgleiten von Schnee sowie das Herunterstürzen von Felsblöcken an Steilhängen, speichern Wasser, produzieren Beeren, Pilze, Bau- und Brennholz und stellen einen Lebensraum für Pflanzen und Tiere sowie einen Erholungsraum für Menschen dar. Gewisse Aspekte der biologischen Vielfalt werden von vielen Leuten als ästhetisch schön empfunden (zum Beispiel Pflanzenvielfalt). Ohne die breite Palette an Ökosystem-Dienstleistungen ist menschliches Leben auf dem Planeten Erde nicht möglich. Die Eigenschaften eines Ökosystems werden weitgehend von der Summe der verschiedenen funktionellen Eigenschaften bestimmt, die in einer Lebensgemeinschaft vertreten sind. Zahlreiche Studien belegen, dass artenreiche Ökosysteme in der Regel funktionstüchtiger sind als artenarme Systeme.

In den 1990er-Jahren wurde in der Schweiz ein Teil der ursprünglichen Beiträge zur Anbauförderung in der Landwirtschaft (Subventionen) schrittweise in ökologische Ausgleichszahlungen umgewandelt. Mit dieser neuen Form der Beiträge wollte man unter anderem die Artenvielfalt im Landwirtschaftsgebiet fördern sowie den Einsatz von Dünger und Pflanzenschutzmitteln reduzieren. Aus meiner Sicht konnten mit den 1995 geltenden Vorgaben für die Auszahlung ökologischer Beiträge diese Ziele kaum erreicht werden. So beschloss ich zusammen mit drei Kollegen (Prof. Klaus Ewald, ETH Zürich; Prof. Bernhard Freyer, FiBL Frick, später Universität für Bodenkultur Wien; Prof. Andreas Erhardt, Universität Basel), eine auf biologischen Kenntnissen basierende Beurteilung der Öko-Ausgleichszahlungen vorzunehmen. Wir konnten belegen, dass zwischen der (damals) aktuellen und einer zur Förderung der Biodiversität sinnvollen Entschädigung deutliche Diskrepanzen bestanden, und schlugen deshalb eine Weiterentwicklung der Kriterien zur Vergabe der grossen Summen von Steuergeldern vor (Baur et al. 1997). Unser Buch stiess auf heftige Kritik. Wissenschaftler – und erst noch Biologen – wagten es, Verbesserungen an der schweizerischen Agrarpolitik vorzuschlagen! Interessanterweise wurden aber in den nachfolgenden Jahren die Kriterien für ökologische Ausgleichzahlungen in der Landwirtschaft schrittweise verändert und die Neuerungen folgten unseren Vorschlägen. Eine acht Jahre später durchgeführte Analyse durch das Agroscope FAL Reckenholz kam zum Schluss, dass die Agrarpolitik mehrheitlich die Empfehlungen aus unserem Buch aufgenommen hatte (Walter 2006).

Bei der Umsetzung neuer Erkenntnisse aus der Forschung helfen auch Institutionen wie das Forum Biodiversität Schweiz (www.biodiversity.ch), bei dessen Gründung ich mithelfen durfte. Dies ist eine thematische Plattform der Akademien der Naturwissenschaft (SCNAT) mit Geschäftsstelle in Bern. Zu ihren Aufgaben gehören die Aufbereitung und Verbreitung wissenschaftlicher Erkenntnisse an ausgewählte Zielgruppen, die Pflege des Dialogs zwischen Wissenschaft und verschiedenen Akteurgruppen, die Erstellung wissenschaftlicher Expertisen auf nationaler und internationaler Ebene und die Förderung des öffentlichen Bewusstseins für den Wert der Biodiversität und die Wichtigkeit ihrer Erhaltung.

Biodiversität ist inzwischen zu einem Modewort geworden. Umwelt- und NaturschützerInnen weisen auf ihre Bedrohung hin, Politiker verwenden den Begriff, um ihr naturfreundliches Image aufzuwerten, und Marketingstrategen wenden ihn zur besseren Vermarktung von «naturnahen» Produkten an. Empfohlene Massnahmen zur Erhaltung und Förderung der Biodiversität werden durchgeführt, falls sich eine Win-win-Situation aufzeichnen lässt. Sobald sich aber Einschränkungen in der Handlungsfreiheit oder Nachteile in geplanten Aktivitäten abzeichnen, wehren sich die entsprechenden Stakeholder vehement. Dann spielen weder wissenschaftliche Fakten noch gesetzliche Vorgaben eine Rolle. Sie werden einfach übergangen! Es gibt bedeutend mehr Wissen zur Erhaltung und Förderung der Biodiversität, als angewendet wird. Gleichzeitig nimmt die lokale Biodiversität aber weiterhin ab, auch in der Schweiz (Forum Biodiversität 2015). Diese Diskrepanz kann nur gelöst werden, wenn es uns gelingt, mehr Leute und besonders auch Stakeholder und Entscheidungsträger vom Wert der Biodiversität und der Wichtigkeit ihrer Erhaltung überzeugen zu können.

Literatur

Baur, B., Ewald, K.C., Freyer, B. & Erhardt, A.: «Ökologischer Ausgleich und Biodiversität». Basel 1997.
Forum Biodiversität: «Zustand der Biodiversität in der Schweiz 2014». Akademie der Naturwissenschaften, Bern 2015.
Walter, T.: «Ökologischer Ausgleich und Biodiversität. Ein Rückblick auf Empfehlungen aus dem Jahre 1997», 2006, in: Tanner, K.M. et al.: «Landschaftsqualitäten», Bern, S. 233–242.

Anita Fetz (geb. 1957)
«Den roten Faden sieht man erst im Rückspiegel»

In diesem Jahr bin ich 60 geworden. Statistisch gesehen habe ich damit etwa drei Viertel des Lebens erlebt und noch ein Viertel vor mir. Nun ist nicht mehr alles möglich.

Auf jeden Fall ist es ein guter Aufhänger, der Anfrage für ein paar biografische Notizen für dieses Buch nachzukommen. Viele Leute meinen, Karrieren in Beruf oder Politik seien geplant. Das ist Unsinn. Erst im Rückblick erscheint es so, als gäbe es einen roten Faden. Ich jedenfalls gehöre nicht zu jenen, die schon mit 20 an den Türen des Bundeshauses gerüttelt haben mit dem Ausruf: Hier will ich rein!

Wenn ich auf die drei Viertel Lebensschnitze zurückblicke, dann gab es manche Zufälle und viele Entscheide an Weggabelungen, die zu dem geführt haben, was ich bis jetzt erlebt und gemacht habe. Einen roten Faden gibt es dabei durchaus, nämlich meine Neugier auf alles Mögliche und meine Entschlossenheit und mein volles Engagement, wenn ich von etwas überzeugt bin.

Zuerst hat mich meine Neugier im Alter von zwölf Jahren zum Jugendzirkus Basilisk gebracht. Irgendwo sah ich den Hinweis, dass in Basel ein solcher Zirkus gegründet werden sollte. Also bin ich hin zum Vorturnen – heute würde man das Casting nennen – und konnte mitmachen. Ich habe mit Feuereifer und Disziplin Akrobatik trainiert und durfte in den Sommerferien mit auf Tournee. Noch heute zieht mich ein Zirkus magisch an – unterdessen natürlich als Zuschauerin.

Auch mein Sinn für Gerechtigkeit war früh da. So habe ich meine erste Demo in der Schule organisiert. Der Anlass: Ein neu eintretendes Mädchen, das Hosen trug, wurde deswegen vom Lehrer nach Hause geschickt – und zwar an ihrem ersten Schultag! Ich hatte mir vorher kaum Gedanken über den Rockzwang gemacht, aber das war ungerecht. Also sind wir Mädchen am nächsten Tag alle in Hosen gekommen. Das gab ein wenig «Lämpe», aber der alte Zopf wurde abgeschnitten, der Rockzwang fiel.

Mein Erstkontakt mit Politik erfolgte ebenfalls früh. Meine Eltern hatten im Basler Neubadquartier ein Radio- und Fernsehgeschäft, mein Vater war der Techniker, meine Mutter die Büro- und Verkaufschefin, Familie und Ge-

schäft im gleichen Haus. Dieses wurde aber bald zu klein, weil das Geschäft florierte, Angestellte und Lehrlinge dazukamen und die drei Töchter grösser wurden. Meine Eltern bauten in Münchenstein BL ein Geschäftshaus, in dem wir auch wohnten. So kam ich ans Gym Münchenstein. Dort war Mitte der 70er-Jahre eine engagierte Schülerschaft, die sich im April 1975 an der Besetzung des Geländes des geplanten AKW Kaiseraugst beteiligte. Für mich war es keine Frage, dass ich da mitmache. Alle waren gegen dieses AKW vor den Toren Basels, man fand das viel zu gefährlich und es war ungerecht, es der Bevölkerung aufzuzwingen. Wochenlang haben wir neben dem Schulbesuch das Gelände mitbesetzt. Das AKW wurde nie gebaut. Daraus habe ich viel Optimismus mitgenommen: Wenn etwas ungerecht ist, kann man es verändern, wenn sich viele hartnäckig einsetzen. Aber dazu braucht es Marathonfähigkeiten. Dass ich 13 Jahre später als junge Nationalrätin dieses AKW per Parlamentsbeschluss endgültig mitbegraben durfte, hätte ich mir damals nicht träumen lassen.
Auch dass ich noch unter 30 eine eigene Firma gründen und aufbauen würde, war nicht geplant. 1985 bin ich für Ruth Mascarin in den Nationalrat nachgerückt, was kein Zufall, sondern eine Folge davon war, dass die POB schon damals eine Frauenquote für ihre Parlamentslisten hatte. Wir haben einen fulminanten Frauenwahlkampf geführt, und weil damals in Basel eine sehr starke Frauenbewegung existierte, lagen bei den Wahlen alle Frauen auf der Liste vor den Männern. Dass Ruth Mascarin in der Mitte der Legislatur zurücktreten würde, damit hatte ich nicht gerechnet. Also stand ich vor einer neuen Weggabelung und habe mich entschieden, nachzurücken – ehrlich gesagt, ohne zu wissen, was genau da auf mich zukommen würde. Ich hatte damals eine befristete Stelle in einer staatlichen Institution. Kaum war ich im Nationalrat, hat man mir mitgeteilt, dass der Vertrag nicht verlängert würde. Ein «so linkes Aushängeschild» wollte man sich nicht leisten, teilte mir mein damaliger Chef mit. Es war die Zeit des Kalten Krieges mit Fichen und Berufsverboten. Es hat viele getroffen, damals. Bumms, da stand ich nun im Alter von 28 Jahren – mit einem abgeschlossenen Studium und einem Nationalratsmandat, aber ohne Job. Ich wusste, ich würde nirgends mehr in der Schweiz eine Anstellung finden: Als linke Feministin wurde man eher nach «Moskau einfach» geschickt als angestellt. Also habe ich zusammen mit einer Kollegin eine eigene Firma gegründet. Mit einem Darlehen meines Vaters. Wir haben uns spezialisiert auf die Entwicklung von Frauenförderprogrammen in Firmen und haben frauenorientierte Weiterbildungen angeboten. Und wie immer, wenn ich mich für etwas entschieden habe, hab ich mich reingekniet in die Arbeit. Aufbauen, akquirieren, Konzepte entwickeln, referieren an Tagungen, um unser Angebot bekannt

zu machen. Denn so etwas war damals in der Schweiz noch unbekannt. Bald zeigte sich, es war die richtige Zeit mit dem richtigen Angebot, denn viele Firmen brauchten qualifiziertes weibliches Potenzial. Nach zwei Jahren harter Arbeit segelten wir in die Gewinnzone. Die Arbeit machte viel Freude. Bald hatten wir auch Aufträge in Deutschland und Österreich.
Nach fünf Jahren mit Sechs- bis Siebentagewochen hatte ich genug. Es blieb neben dem Arbeiten und Politisieren einfach zu wenig Zeit zum Leben. Ende 1989 bin ich aus dem Nationalrat zurückgetreten. Dass ich zehn Jahre später wieder einsteigen würde, war nicht absehbar. Noch heute arbeite ich gerne für meine Firma, neben dem Ständeratsmandat. Ich mag die Vielfalt meiner Tätigkeiten.
Das Älterwerden empfinde ich bis jetzt als angenehm. Ich bin viel gelassener, kann besser einschätzen, was wichtig ist und was nicht, und die grosse Erfahrung ist enorm entstressend.

Ich habe das Glück, in einem wohlhabenden Land geboren zu sein, und zwar zu einer Zeit, als Aufbruchsstimmung in der Luft lag. Ich habe das Glück, zur ersten gut ausgebildeten Frauengeneration zu gehören, welche die Gelegenheit und den Mumm hatte, mit Engagement und Hartnäckigkeit viel mehr Gleichberechtigung durchzusetzen. Erreicht haben wir das alles, weil wir auf den Schultern unserer Vorkämpferinnen stehen konnten, die sich jahrzehntelang für das Frauenstimmrecht eingesetzt hatten.
Zurzeit haben viele, auch ich, das Gefühl, die Welt sei aus den Fugen. Ein gewisser Pessimismus sowie die Sorge um die Zukunft sind verbreitet. Für mich steht jedoch fest: Die Zukunft ist offen und gestaltbar. Der Unterschied zu früher: Uns bleibt wegen des rasanten Tempos nicht nur des Klimawandels und der damit verbundenen Zunahme von Konflikten überall auf der Welt wenig Zeit. Diese Probleme lassen sich nicht mit Sündenbockpolitik und Nationalismus bewältigen. Es wird also wieder wichtiger, dass sich viele engagieren.
Was wohl das statistisch letzte Viertel meines Lebens bringt? Es ist meine letzte Legislatur im Ständerat. Dann höre ich auf, nicht mit der Politik, aber mit ihrer parlamentarischen Form. Für meine Firma arbeiten will ich so lange, wie es mir gefällt. Darüber hinaus gibt es viel, das mich ebenfalls interessiert. Das alles immer unter dem Vorbehalt, dass man gesundheitlich Glück hat. Auf jeden Fall will ich am Schluss selbst entscheiden, wann ich gehe: Zur Selbstbestimmung gehört für mich auch der letzte Tag des Lebens.

Markus Ramseier (geb. 1965) «Auf den Spuren der Fluren»

Meine erste blitzlichthafte Erinnerung führt mich zu einer Pfütze vor dem Kindergarten. Ich bücke mich, belade die roten Schnecken am Rand mit Stecklein und Blättern. Die Schnecken sind meine Schiffe. Die Pfütze wird mir zum Meer. Natürlich kommt der Hochseekapitän zu spät. Die Kindergärtnerin nimmt mir die Znünitasche ab, sperrt mich in die Besenkammer, löscht das Licht und zieht den Schlüssel. Im Fachjargon nennt sich das Sozialisierung. Angst habe ich keine an diesem kohlrabenschwarzen Morgen. Aber fortan rede ich kein Wort mehr mit meiner Kindergärtnerin. Einmal sagt sie zu meiner Mutter: «Der Bub ist zu dumm für die Schule.» Beinahe ziehen meine Eltern darauf die Anmeldung für die erste Klasse zurück. Am Elternabend wagt meine Mutter kaum aufzuschauen, als ihr die Primarlehrerin meinen ersten Aufsatz zeigt. «Der Rabe ist Schlau», habe ich auf holpriger Schreibspur festgehalten. «Wenn man in ergert Beist er. Erläst nüsse vallen das sie aufgehen.» – «Ihr Sohn ist auch ein Rabe», hat meine Lehrerin damals geschmunzelt. Raben müssen ab und zu über alle Berge fliegen, um ihr Futter zu suchen. Ja, manchmal hängt alles an einem seidenen Faden. Hätte ich eine Lehrerin vom Kaliber meiner Kindergärtnerin erwischt, wäre ich kaum Sprachwissenschafter und Schriftsteller geworden, sondern hätte – wer weiss – als Zundelheiner im tiefsten Kleinbasel mein Unwesen getrieben. Meine Primarlehrerin hat mir Raum und Zeit gelassen, meine Welt und ihre Wörter zu finden. Seitdem glaube ich an die Schlauheit der Raben und an Geschichten. Raben krähen, krächzen, knarren, quarren, rollen, plärren, rattern, quäken, trillern, pfeifen, rätschen. Manchmal bleibe ich noch heute unter ihrem Schlafbaum stehen und warte, dass es dunkel wird.

Mein zweites Blitzlicht richte ich auf die Basler Fasnacht. Dort habe ich vor einigen Jahren folgenden Vers gesungen: «D Frau Fridli het gebore hüt, e Fritzli und voll Luscht/rieft da Fritzli mäm-mäm – und stürzt an d Mueterbruscht./D Hebamme hebt der Finger uf und mahnt der Fritzli: Schatz,/ bitte sags auf Hochdeutsch und mach einen ganzen Satz!» Bis zur Matur habe ich Hochdeutsch als gesprochene Sprache verweigert. Ich war ein Widerstandskämpfer und habe dafür bezahlt – mit bösen Notenabzügen und giftigen Bemerkungen unter «Betragen». Heute schäme ich mich ein bisschen, aber nur ein bisschen. Ich habe gespürt, dass das Hochdeutsch, das wir reden mussten, ein Schriftdeutsch war, papieren, steif. Eben: Wir mussten die ganze Zeit ganze Sätze machen. In der Mundart kümmert sich niemand um ganze Sätze. Da zählen ganz andere Regeln für das Verstehen. Nicht zuletzt darum war und bin ich in der Mundart so daheim. Sie ist nicht nur meine Muttersprache, sondern auch die Sprache der Freiheit in einem guten Sinn: der Anarchie. Niemand macht mir Vorschriften und flickt an mir herum.

Mein drittes Blitzlicht gilt meinem ersten kurzen Aufsatz über die Raben. Ich habe von der ersten Deutschstunde an gern geschrieben. Gegen Hochdeutsch als Schriftsprache habe ich mich nie gestemmt – im Gegenteil. Bereits in der Primarschule habe ich freiwillig ein Tagebuch geführt. Am Gymnasium habe ich beim Aufsatzschreiben jede Erörterung, jeden Gedichtvergleich zu einer Kurzgeschichte umgewandelt, und meine Deutschlehrerin, das Fräulein Buser selig, hat beide Augen zugedrückt und mich fabulieren lassen. Ich wollte nicht Aufsätze schreiben, wie man sie noch heute in vielen Schulstuben schreiben muss: nach Schema, stromlinienförmig, uninspiriert, ganz aufs Formale konzentriert. Als langjähriger Maturexperte scheint es mir, der Sprachunterricht erziehe viele junge Menschen nach wie vor zu patentierten Langweilern, noch schlimmer: zu verängstigten Wesen, die als Erwachsene kaum einen Brief zu schreiben wagen. Ich selbst habe mit nicht ganz zwanzig für meine erste veröffentlichte Geschichte einen kleinen Literaturpreis erhalten. Zwar hat es mir danach in der Rekrutenschule noch gründlicher als im Kindergarten die Sprache verschlagen – und komischerweise ist dieser Klotz im Hals auch nicht verschwunden, als ich an der Universität Basel Deutsch, Englisch und Italienisch studierte. Das Sezieren, Analysieren hat nicht zum Kern meiner Sprache geführt. Trotzdem habe ich eine Dissertation zum Thema «Mundart und Standardsprache im Radio der deutschen und rätoromanischen Schweiz» geschrieben. Dabei wurde mir klar: Oft gebrauchen wir Sprache völlig unbewusst, und eigentlich misslingt Kommunikation viel öfter, als dass sie glückt. Das ist der Stoff für Schriftsteller.

An der Uni wurde ich nicht glücklich. 1987 habe ich das Angebot meines Doktorvaters, Professor Robert Schläpfer, angenommen, bin Flurnamenforscher geworden, habe mit dem Velo und zu Fuss praktisch jeden Quadratmeter des Kantons Baselland abgestrampelt, Bauern, Förster, Jäger in allen Gemeinden befragt, mit einem kleinen Team Hunderttausende historische Belege gesammelt und als publizistischen Zwischenschritt für jede

Gemeinde ein Büchlein mit den Deutungen der noch gebräuchlichen Namen verfasst. Über 35 000 Exemplare dieser Ortsmonografien wurden verkauft, was auf das grosse Interesse weiter Bevölkerung an dieser vertrackten Spurensuche schliessen lässt. Ich habe als Namenforscher und Dialektologe auch an vielen Heimatkunden mitgearbeitet, weit über hundert Vorträge gehalten und Exkursionen durchgeführt und zu guter Letzt 2017 mit einem neuen Team das siebenbändige Baselbieter Namenbuch herausgegeben, mein «Lebenswerk», 6500 Seiten, acht Kilogramm Forschung, von Alete, Bummele, Chätschger, Dänische, Elbis, Freisnecht, Galms bis Zielämpe, Zig, ZU, Zuckschwärt, Zwiller. Jeder Flurname erzählt eine kleine Geschichte. Aneinandergereiht leisten diese kleinen Geschichten einen wichtigen Beitrag zur Erhellung der Siedlungs-, Wirtschafts-, Sozial- und Sprachgeschichte unseres Kantons. Dieser Kanton und seine 86 Gemeinden sind mir – nicht zuletzt in kultureller Hinsicht – weit über die Forschung hinaus eine Herzensangelegenheit. Deshalb engagiere ich mich auf kantonaler Ebene im Kulturrat und auf kommunaler Ebene in der Kulturkommission meiner Wohngemeinde Pratteln.

Neben meiner Forschungstätigkeit war ich unter anderem Redaktor des «Birsfelder Anzeigers», habe als Lektor und Redaktor rund 70 Lehrmittel betreut und herausgebracht und das Dichter- und Stadtmuseum in Liestal geleitet. Meine letzte Sonderausstellung trug den Titel «Doppelzunge. Im Spannungsfeld von Mundart und Hochdeutsch». Ich habe sie Johann Peter Hebel gewidmet. Wie ihm ist mir unsere doppelte Muttersprache ans Herz gewachsen: die gemeinsamen Wurzeln von Dialekt und Standardsprache, die charakteristischen Unterschiede auf allen Sprachebenen, das heutige Spannungsverhältnis im gesellschaftlichen Bereich. Ich greife diese Spannungen immer wieder auf, am liebsten humorvoll, sei es als Mundart-Kolumnist in der «Volksstimme» oder an der Fasnacht als «völkerverbindender, Gräben überwindender» Schnitzelbänkler, der sowohl in der Stadt als auch auf dem Land singt: «Gell, Fritzli, du musst jetzt Hochdeutsch schwatzen,/sonscht kriegscht du im Chindsgi von mir auf die Tatzen./Jo, Frölain Marti, ich habe begriffen,/ha wele go brünzle – jetz muss ich gehn schiffen.»

Doch am meisten bei mir selbst bin ich als Geschichtenerzähler. Das Baselbiet enthält die Elemente meines Herkommens und meiner Aufbrüche. Fast jeden Tag laufe ich um den Madie, den Prattler Hausberg. Dort hatte ich schon unzählige Begegnungen mit Wildschweinen, habe ein Wettrennen mit einem Dachs veranstaltet, und ein Bussard hat mir eine wie mit dem Lineal gezogene, haarfeine Schramme auf der Kopfhaut hinterlassen. Auf

Das Hagebächli in Pratteln – eine der Lieblingsfluren des Namenforschers/Autors und eine der Inspirationsquellen für seinen Roman «Vogelheu». Die Flur verdankt ihren Namen Pfarrer Christoph Hagenbach, der sich im 17. Jahrhundert am Rand der Bergreben an bester Aussichtslage einen zweistöckigen Riegelbau errichten liess, der ihm als Studierstube diente.

diese Heimat reagiere ich, auch dort, wo sie rissig, wo das Daheim zum Daneben wird. Nicht das, was aufgeht, kümmert mich, sondern der Punkt, wo ich eine Person, eine Landschaft nicht mehr verstehe, an dem ihr Geheimnis beginnt. Immer wieder zieht es mich an die Ränder, nach Schweizerhalle zum Beispiel, zu den Laboratorien, Werkstätten, Fabrikationsanlagen am Rhein, umhüllt von ihrem Hochsicherheitssystem. Vier Romane und zwei Bände mit Kurzgeschichten habe ich bisher veröffentlicht. Geschichten für alle Schichten möchte ich schreiben – in der Sprache der vielen und doch unverwechselbar, gerade in Zeiten medialer Dauerberieselung, mit einem gesellschaftspolitischen Anspruch, aber ohne erhobenen Zeigefinger. Im Baselbiet gibt es 24 Fluren, die den Namen Paradies tragen. In meinem letzten Roman «Vogelheu» habe ich mir mein eigenes Paradies erschaffen, das 25. im Kanton, einen Rebberg mit einem verwitterten Rebhäuschen hoch über allem, gehegt und gepflegt von Grossvater Schneck, einem kauzig-autonomen Nischengänger und passionierten Geschichtenerzähler. Der Roman schliesst mit dem Satz: «Paradies heisst die Welt, wenn sie noch jung ist, heisst Schritt für Schritt älter werden, in einem Glitzern, einem Funkeln, in den Geschichten am Grund.»

Autorinnen und Autoren

Bruno Baur (geb. 1955), Professor für Naturschutzbiologie und Leiter des Instituts für Natur-, Landschafts- und Umweltschutz an der Universität Basel. Er ist Mitgründer und Mitglied des Beirats des Forums Biodiversität der Schweizerischen Akademie der Naturwissenschaften. Seine Forschungsschwerpunkte sind anthropogene Veränderungen der Biodiversität, invasive Arten und die Biologie von seltenen und gefährdeten Arten.

Heinz Durrer (geb. 1936), Oberwil. Biologie-Studium an der Universität Basel. Dissertation bei Prof. Ad. Portmann. Lehrer am Mathematisch-Naturwissenschaftlichen Gymnasium Basel und am Lehrerseminar (Methodik, Biologie). 1975 Habilitation an der Medizinischen Fakultät. 1984–2001 ao. Professor für medizinische Biologie. 2007 Wissenschaftspreis der Stadt Basel. Leiter der Forschungsstation in der «Petite Camargue Alsacienne».

Christoph Eyman (geb. 1951), Basel. Jurist. 1984–2001 Direktor des Gewerbeverbands. 2001–2017 Regierungsrat BS, Vorsteher des Erziehungsdepartements. Nationalrat von 1991 bis 2001 und ab 2015.

Anita Fetz (geb. 1957), Basel. Studium der Geschichtswissenschaft mit Lizenziatsabschluss, heute selbstständige Unternehmungsberaterin. 1984–1989 Mitglied des Grossen Rates BS, ab Mitte 1985 bis Ende 1989 Nationalrätin. 1997 bis 2004 erneut Grossrätin und von 1999 bis 2003 wieder Nationalrätin. Seit Februar 2012 Ständerätin BS.

Werner Gallusser (geb. 1929), Basel. Studium an der Universität Basel: Naturwissenschaften und Germanistik. 1954 Mittellehrerdiplom. Lehramt. Weiterstudium Geografie (Promotion 1960, Habilitation 1969). 1972–1974 Professor für Wirtschaftsgeografie und Raumplanung an der Universität St. Gallen. 1974–1994 Professor für Humangeografie an der Universität Basel. Studien in Bonn, Madison WI (USA), Adelaide (Südaustralien).

Georg Kreis (geb. 1943), Basel. Historiker. Geschichtsprofessor an der Universität Basel. Ehemals Leiter des interdisziplinären Europainstitutes und Präsident der Eidgenössischen Kommission gegen Rassismus. Mitglied der Unabhängigen Expertenkommission Schweiz-Zweiter Weltkrieg. Profunder Kenner der neueren Schweizer Geschichte.

Helen Liebendörfer (geb. 1943), Muttenz. Autorin von historischen Romanen und zahlreichen Stadtführern. 2008 Ehrendoktor der Philosophisch-Historischen Fakultät der Universität Basel für die Vermittlung von soziokulturellen Besonderheiten der Stadt Basel.

Annemarie Monteil-Schöpfer (geb. 1925 in Solothurn), wohnhaft in Basel. Studium in Paris. Kunstkritikerin. Beiträge für Zeitungen, Zeitschriften, Lexiken in der Schweiz und in Deutschland. Bücher und Kataloge über Kunst und Künstler.

Markus Ramseier (geb. 1955), Pratteln. Studium Phil. I und Promotion in Germanistik an der Universität Basel. Danach Redaktor, Lektor in einem Schulbuchverlag. Museumsleiter und Projektleiter der Stiftung für Orts- und Flurnamenforschung BL, die 2017 das siebenbändige Baselbieter Namenbuch veröffentlichte. Schriftsteller. Zahlreiche Auszeichnungen für das wissenschaftliche, didaktische und literarische Werk, zuletzt Kulturpreis des Kantons Basel-Landschaft 2014.

René Rhinow (geb. 1942), aufgewachsen in Basel, heute wohnhaft in Liestal. Jurist, ab 1978 Privatdozent an der Universität Basel. 1978–1981 Verwaltungsgerichtspräsident BL. 1982–2006 o. Prof. für Staats- und Verwaltungsrecht. 1979–1984 Mitglied des Verfassungsrates BL. 1987–1999 Ständerat BL. 2001–2011 Präsident des Schweizerischen Roten Kreuzes.

Paul Richener (geb. 1925) wurde 1949 als sechstes Kind in eine Grossfamilie geboren. Als er vier Jahre alt war, verliess die Mutter ihre Familie, der Vater war mit der Familienführung überfordert, weshalb Paul Richener durch die Vormundschaftsbehörde immer wieder fremdplatziert wurde. Nach einer aufgezwungenen Gärtnerlehre entschied er sich, den Polizistenberuf zu ergreifen, dem er 37 Jahre lang treu blieb. In seiner Wohngemeinde Nusshof ist er seit 17 Jahren Gemeindepräsident.

René Salathé (geb. 1927), Reinach. Studium an der Universität Basel (Geschichte, Geografie und Deutsch), Dissertation bei Prof. Bonjour. Gründungsrektor des Gymnasiums Oberwil (1972–1993). 1979–1984 Mitglied des Verfassungsrates BL. Mitherausgeber der neuen Baselbieter Kantonsgeschichte «Nah dran, weit weg». Zahlreiche Publikationen zur Geschichte und Kultur der Regio. Träger des kantonalen Kulturpreises.

Jörg Schild (geb. 1946, in Basel und Liestal aufgewachsen). Studium der Jurisprudenz. Nach diversen Tätigkeiten an Baselbieter Gerichtsinstanzen Staatsanwalt in Basel. Leiter der Zentraldienststelle bei der Bundesanwaltschaft. 1992–2006 Regierungsrat in Basel. 2006–2015 Präsident von Swiss Olympic.

John Schmid (geb. 1925), Basel. Werber. Förderer der Jazzszene in Basel. Im Verlauf der 90er-Jahre verschieben sich die Gewichte in Richtung Kunstförderung. Erwerb des Klosters Schönthal bei Langenbruck, Einrichtung des Skulpturenparks «Sculpture at Schönthal», der europäische Bedeutung erlangt. Publikationen zu Schönthal, unter anderem die über die Entwicklung von Schönthal orientierenden «Klosterbriefe» sowie 2017 «Himmel, Erde, Kunst – Das Kloster Schönthal als Gesamtkunstwerk».

Peter Schmid (geb. 1951), Muttenz. Dr. theol. h.c. Von 1989 bis 2003 Regierungsrat des Kantons Basel-Landschaft und Vorsteher der Erziehungs- und Kulturdirektion. Später unter anderem Präsident des Fachhochschulrates der Fachhochschule beider Basel und der Fachhochschule Nordwestschweiz. Gegenwärtig Vizepräsident des Schweizerischen Evangelischen Kirchenbundes und Präsident der Freunde des Zoos Basel.

Marcel Tanner (geb. 1952), Basel. Direktor Emeritus des Schweizerischen Tropen- und Public-Health-Instituts (Swiss TPH). Der Gesundheitsexperte hat massgeblich das Ifakara Health-Institute in Tansania und das Centre Suisse de Recherches an der Côte d'Ivoire aufgebaut. Mitglied des Verwaltungsrates der Universitätsspitals Basel und Stiftungsrat in zahlreichen Non-Profit-Organisationen. Seit 2016 Präsident der Akademie der Naturwissenschaften Schweiz (SCNAT). Ehrendoktor der Universität Neuchâtel, Ordinarius für Epidemiologie, medizinische Parasitologie und Public Health an der Universität Basel und Gastprofessor an den Universitäten von Harvard (USA), Brisbane (Australien) und Townsville (Australien).

Heinrich Wiesner (geb. 1925), Reinach. Schriftsteller. Aufgewachsen in Zeglingen (BL). Lehrerseminar Schiers. 1945–1948 Heimerzieher, zuletzt Lehrer einer Kleinklasse in Reinach. Schreiben nicht als Hobby, sondern als existenzielle Notwendigkeit.

Dadi Wirz (geb. 1931), Reinach. Sohn des Basler Ethnologen Paul Wirz, begleitet Eltern 1934–1946 auf Reisen im Mittleren und Fernen Osten sowie in Afrika. 1940–1945 Aufenthalt in Santo Domingo. 1947–1952 Kunstgewerbeschule Basel, Fotografenlehre, Weiterbildung in Paris. 1952–1954 Neuguinea und Brasilien. 1955 eigene Neuguinea-Expedition. 1966–1996 Dozent an amerikanischen Kunstschulen und der Schule für Gestaltung Basel.

Dominik Wunderlin (geb. 1953 in Liestal), wohnhaft in Basel. Nach Studium der Volkskunde, Geschichte und Geografie zunächst als Journalist tätig, dann 1986–2017 Kurator am Museum der Kulturen Basel, seit 2009 zusätzlich auch stellvertretender Direktor. Zahlreiche Publikationen.

Abbildungen

S. 131 Lachs/Salm, Maifisch und Nase (René Salathé: «Augst und Kaiseraugst – zwei Dörfer, eine Geschichte», Liestal 2007, Band 2, S. 246)

S. 132 Plakat von Herbert Leupin (René Salathé: «Neue Baselbieter Merkwürdigkeiten», Liestal 2007, S. 85)

S. 143 Heinrich Koechlin und Margrit Peter vor dem Antiquariat am Basler Spalenberg (Franziska Schürch und Isabel Koellreuter: «Heiner Koechlin 1918–1996, Porträt eines Basler Anarchisten», Basel 2013, S. 178)

S. 150 Brief von Jean Tinguely an Paul Sacher (Margrit Hahnloser (Hrsg.): «Briefe von Jean Tinguely an Paul Sacher und gemeinsame Freunde», Pratteln 1996)

S. 153 Fondation Beyeler in Riehen

S. 157 Gemälde des Giessen-Wasserfalls von Jürg Kreienbühl (René Salathé: «Neue Baselbieter Merkwürdigkeiten», Liestal 2016, S. 34)

S. 160 «Venus und Amor» von Pablo Picasso (Kunstmuseum Basel)

S. 166 Zeichnung aus Bruno Mansers Tagebuch («Tagebücher aus dem Regenwald», Basel 2004, Band 4: Tagebuch 13–16, S. 59)

S. 175 «Die Bürger von Calais» von Auguste Rodin im Hof des Kunstmuseums Basel (Foto: Kurt Wyss)

S. 181 Feldweg (Foto: Christoph Neumüller)

S. 184 Seite aus dem Tagebuch von René Salathé

S. 190 «Albero d'arancio» von Claudio Baccalà (Foto: Gerhard Gasser)

S. 193 Männer mit Kanu in Papua, Fly river, 1930 (Foto: Paul Wirz)

S. 196 Gitter der Melaninstäbe im Innern einer Pfauenfeder / Rufendes Männchen des Laubfrosches in Riehen (Foto: A. Ochsenbein)

Jugendjahre in der Nordwestschweiz 1930–1950

René Salathé (Hrsg.)
Jugendjahre in der Nordwestschweiz 1930–1950
264 Seiten, kartoniert
CHF 19.80
ISBN 978-3-7245-1790-0

Sie liegen über ein halbes Jahrhundert zurück, diese Jugendjahre. Geprägt durch Krise, Krieg und Aufbruchstimmung sind sie indessen bei Alten und Älteren immer noch erinnerungslebendig und für Junge und Jüngere vielleicht gerade deshalb erinnerungswürdig. Doch mit jedem Jahr, mit jedem Tag rücken sie weiter weg und verblassen. Was vor Jahren gelebte Wirklichkeit war, ist heute Geschichte. Die Anthologie steht unter dem Motto «Wider das Vergessen» und will Gegensteuer geben. Mehr als 20 Persönlichkeiten aus Stadt und Land schauen zurück und bündeln ihre Jugenderfahrungen. Entstanden ist so ein buntes Mosaik ganz unterschiedlicher und sehr persönlicher Vergangenheitsbilder.